오픽노잼

주제편

오픽노잼
주제편

초판 1쇄 인쇄 2025년 12월 22일
초판 1쇄 발행 2025년 12월 31일

지 은 이 | 오픽노잼
펴 낸 이 | 박서진
펴 낸 곳 | **PAGODA Books** 파고다북스
감 수 | 방혜지, 황예은, 천재민
출판등록 | 2005년 5월 27일 제 300-2005-90호
주 소 | 06614 서울특별시 서초구 강남대로 419, 19층(서초동, 파고다타워)
전 화 | (02) 6940-4070
팩 스 | (02) 536-0660
홈페이지 | www.pagodabook.com

저작권자 | ⓒ 2025 오픽노잼

ISBN 978-89-6281-019-6 (13740)

파고다북스　　　www.pagodabook.com
파고다 어학원　　www.pagoda21.com
파고다 인강　　　www.pagodastar.com
테스트 클리닉　　www.testclinic.com

낙장 및 파본은 구매처에서 교환해 드립니다.

오픽노잼

주제편

PREFACE

2018년에 유튜브에서 오픽 여정을 시작한 이후로, 수많은 학생에게서 IH와 AL 레벨 콘텐츠를 만들어 달라는 요청을 받아왔습니다. 그래서 자연스럽게 제 노력의 대부분도 그 부분에 집중하게 되었죠.

그런데 시간이 지나면서 점점 많은 학생이 이렇게 말하기 시작했습니다.
"선생님, IM 목표로 공부하는 초보자를 위한 책은 없나요?"
득히, 혼자서 공부하고 싶어 하는 학생들의 목소리가 컸습니다. 그래서 IM 학생을 위한 책이 정말 필요하다고 느끼게 되었고 〈오픽노잼 주제편〉을 제작하게 되었습니다.

이 책의 목표는 아주 간단합니다.
초보자들이 스트레스 없이 IM에 도달할 수 있도록 돕는 것
나아가 IH까지 자연스럽게 도전할 수 있도록 돕는 것

실제 시험에 가장 자주 등장하는 주제들을 엄선해, 주제별로 나올 수 있는 거의 모든 질문 유형을 담았습니다. 또한, 실제로 IM / IH 레벨을 목표로 공부했던 학생과 함께 작업하면서, 그 학생의 답변에 제가 직접 피드백을 주고, 이 책의 전략을 적용해 '원본 답변'과 '수정된 답변'을 하나하나 비교할 수 있도록 구성했습니다. 여러분이 전략을 제대로 활용했을 때, IM / IH 답변이 어떻게 달라지는지 눈으로 직접 확인하길 바랐어요.

For IM Students

수년간 학생들을 가르치며 알게 된 사실이 하나 있습니다. IM1을 받기 위해서는 최소 5문장은 말해야 한다는 것입니다. 그래서 저는 IM 샘플 답변을 7문장 내외로 구성했습니다. 이 정도 길이라면 자연스럽게 IM3 수준까지 충분히 도전해 볼 수 있습니다. 또한, 이 책은 어떤 질문이 나와도 적용할 수 있는 간단한 3단계 전략을 기반으로 합니다. 이 구조에 익숙해지면, 어느새 여러분도 모르게 문장이 길어지고 자신감 있게 말하는 자신을 발견하게 될 거예요.

For IH Students

재미있는 점이 하나 있어요. IM을 받은 학생들은 종종 이렇게 묻습니다. "그럼, 이제 IH도 받을 수 있을까요?"
그 궁금증을 해결해 주기 위해 IM과 IH 답변을 비교할 수 있도록 구성했습니다. IM 학생과 똑같은 질문에 답했지만, 전략을 적용한 후 깊이감, 흐름, 문장 수에서 얼마나 차이가 나는지를 보여주었죠. IH 단계에서는 보통 10문장 이상 말해야 하고, 4단계 전략을 따라야 합니다. 이 부분을 책 전체에서 명확하게 설명했습니다.

IM과 IH 답변을 비교하면서, 여러분 스스로 가장 현실적이고 달성할 수 있는 목표가 무엇인지 판단할 수 있을 거예요. 이전 두 권이 IH와 AL 학습자 중심이었다면, 이번 책은 IM에서 IH로 가는 단계에 초점을 맞췄습니다. 쉽게 따라올 수 있으면서도, 내용은 매우 탄탄하게 구성했습니다.

IM 학생 → 3단계 전략
IH 학생 → 4단계 전략

그런데 아마 이런 생각이 들 수도 있습니다. "AL 답변도 같이 있으면 더 좋지 않을까?" 저도 처음엔 그렇게 생각했습니다. 하지만 현실적으로 IM과 IH는 가깝지만, IH와 AL은 완전히 다른 세계입니다. IM에서 IH로 가는 길이 부산에서 서울 정도라면, IH에서 AL로 가는 건 한국에서 캐나다로 가는 거리라고 할 수 있어요. AL 답변까지 모두 담았다면 이 책은 아마 사전만큼 두꺼워졌을 겁니다. 그래서 AL 파트는 별도의 책으로 따로 준비하기로 했어요.

오픽 시험 때문에 스트레스받는 학생들을 보면, 저도 속상합니다. 저는 영어가 즐겁게 배워야 하는 언어라고 믿거든요. 이 책의 전략들이 여러분이 원하는 점수를 받는 데 도움이 되길 진심으로 바랍니다. 그래서 언젠가 오픽을 쓰레기통에 던져버리고, 진짜 자신을 위한 영어 공부를 시작했으면 해요. 그때부터 영어는 훨씬 더 즐거워질 거예요.

그리고 만약 이 책으로 목표를 달성했다면, 라면 받침대로 써도 좋고, 인증샷을 인스타에 올려 축하해주세요. 저는 아마 입이 귀에 걸릴 만큼 웃고 있을 거예요. 부디 저를 웃게 해주세요.

INTRO

1 오픽 시험 한눈에 보기

OPIc(Oral Proficiency Interview Computer)은 영어 말하기 능력을 평가하는 시험이에요. 문법이나 독해보다 실제 말하기 실력만을 기준으로 점수를 받게 됩니다.

① 오픽의 등급 체계

AL	Advanced Low	고급(최고 등급)
IH	Intermediate High	중급 상
IM3	Intermediate Mid 3	중급 중 3
IM2	Intermediate Mid 2	중급 중 2
IM1	Intermediate Mid 1	중급 중 1
IL	Intermediate Low	중급 하
NH	Novice High	초급 상

② OPI와 OPIc의 차이

OPIc(Oral Proficiency Interview Computer)에서 Computer는 시험이 컴퓨터를 통해 진행된다는 뜻이에요. 즉, 질문을 듣고 답변을 녹음하면, 그 파일이 무작위 채점자에게 전송돼 채점되는 방식이죠. 비슷한 시험으로 OPI가 있는데, 이는 실제 사람과(보통 시험장에서 전화로) 대화를 하는 시험이에요.

③ 시험 구성

오픽 시험은 공식적으로 'OT 20분 + 본 시험 40분, 총 60분'으로 진행됩니다. 하지만 저는 답변 길이를 한 문제당 1분~1분 30초 정도로 맞추는 것을 추천하며, 질문 듣는 시간과 문제 전환 시간을 포함하면, 본 시험은 보통 25~35분 안에 자연스럽게 마무리됩니다.

④ 문항 수와 구성

오픽 시험 은 총 15문항으로 이루어져 있습니다. 이 중 1번은 인트로(자기소개)라 채점되지 않고, 실제 채점되는 문항은 14개입니다. 1번 자기소개는 점수에 반영되지는 않지만, 본격적인 답변에 들어가기 전에 입을 풀 수 있는 워밍업용으로 아주 좋습니다.

- **1번:** 인트로 – 자기소개(채점 없음)
- **2, 3, 4번:** 첫 번째 세트(주제 1)
- **5, 6, 7번:** 두 번째 세트(주제 2)

- **8, 9, 10번:** 세 번째 세트(주제 3)
- **11, 12, 13번:** 롤플레이 세트(주제 4)
- **14, 15번:** IHU 세트(주제 5) ···▶ 저는 14, 15번이 너무 싫어서 IHU(I Hate You)라고 써요!

⑤ 질문 유형

▶ 4가지 카테고리

롤플레이(11, 12번)를 제외한 모든 질문은 다음 네 가지 유형으로 나눌 수 있습니다.

- **묘사(Description) – 중급**
  눈에 보이는 것을 설명하는 유형(예: 집, 카페, 주변 환경)

- **습관(Habit) – 중급**
  평소에 반복적으로 하는 행동을 말하는 유형(예: 주말 습관, 운동 습관)

- **과거 경험(Past Experience) – 고급**
  과거에 했던 경험을 구체적으로 말하는 유형(예: 여행 경험, 특별한 사건)

- **비교(Comparison) – 고급**
  현재와 과거, 혹은 A와 B를 비교하는 유형(예: 지금의 집 vs 예전 집, 좋아하는 가수 A vs 좋아하는 가수 B)

이 중에서 묘사 · 습관은 중급 수준, 과거 경험 · 비교는 고급 수준 질문이에요. 각 유형별 답변 전략은 뒤에서 자세히 다루겠습니다.

▶ 롤플레이(Role Play)

오픽 시험에서 롤플레이는 실제 상황을 연기하듯 답변하는 유형입니다. 전화 통화를 하거나, 가상의 상대와 대화하는 것처럼 말해야 하며, 시험에서는 11, 12, 13번 문제로 항상 출제됩니다. 13번은 롤플레이에서 나온 비슷한 문제를 극복했던 자신의 과거 경험에 대해 설명하는 질문이에요.

① 스크립트 금지

오픽은 실제 말하기 시험이기 때문에, 암기한 스크립트로는 절대 고득점을 받을 수 없습니다. 예전에는 외운 답변만으로 AL을 받는 경우도 있었지만, 지금은 같은 답변으로 IM 이하 점수를 받는 경우가 많습니다. 스크립트 티가 나는 순간 바로 감점되기 때문입니다.

SCRIPT = RIP(점수 RIP)

스크립트를 외우면 점수가 RIP 난다!
RIP는 Rest In Peace의 줄임말로, 누군가 돌아가셨을 때
그 사람이 편히 쉬기를 바라는 마음으로 쓰는 말이에요.

② 난이도는 6−6 추천

시험 시작 전, 1부터 6까지 중에서 난이도를 선택해야 합니다. AL 목표 학생은 물론이고, IM 점수를 원하는 학생에게도 저는 6−6을 추천합니다. 난이도 6을 선택하면 고급 질문이 상대적으로 더 많이 나올 가능성이 있어서 점수가 불필요하게 낮아지는 상황을 어느 정도 막아주는 역할을 해요.

반면 난이도 5는 고급 질문의 개수가 일정하지 않아서 점수가 들쭉날쭉할 수 있습니다. 6−6은 이런 부분이 비교적 일정해서 원하는 점수대를 노리기가 조금 더 안정적인 편이에요.

- **난이도 1−1:** 원어민도 대체로 IL이 최대치
- **난이도 4−4:** 대체로 IH가 최대치
- **난이도 5−5:** AL 가능(단, 고급 질문 수에 따라 점수 변동 큼)
- **난이도 6−6:** AL 가능(항상 고급 질문이 충분히 제공됨 → 안정적)

난이도 6이 너무 어렵지 않을까 걱정하는 학생들이 많은데, 실제로 난이도 4~6은 체감 난이도 차이는 크지 않아요. 난이도 4가 어렵게 느껴진다면, 난이도 6도 어렵게 느껴질 거예요. 그렇다면 차라리 난이도 6을 선택해 고급 질문을 받을 기회를 늘리는 것이 더 유리하다고 저는 생각합니다. 실제로 제가 지도했던 학생들 중에서도, 난이도 5−5를 계속 선택해서 같은 점수만 받던 학생이, 단순히 6−6으로 바꾸자 점수가 오른 사례도 여러 번 있었습니다.

▶ 연습 방법 & 추천 자료

난이도 6이 부담스럽게 느껴진다면, 해결책은 꾸준한 연습과 듣기 훈련이에요. 온라인에서 쉽게 찾을 수 있는 다양한 오픽 문제을 듣고 → 따라 말하고 → 복습하는 루틴을 꼭 실천해 보세요.

오픽노잼 모의고사 플레이리스트
준비가 되었을 때는 물론, 단순히 연습하고 싶을 때도 언제든지 활용하세요.

난이도 4를 이해할 수 있다면 난이도 6도 충분히 소화할 수 있습니다. 반대로 난이도 6이 너무 어렵게 느껴진다면, 난이도 4도 어렵게 느껴질 가능성이 높아요. 이 경우 필요한 것은 난이도 조정이 아니라 '듣기 연습'의 양과 질을 늘리는 것입니다. 처음 난이도를 6으로 선택하고 시험을 시작하면, 시험 도중에 "난이도를 낮추겠냐, 유지하겠냐, 높이겠냐"라는 질문이 나오는데, 무조건 유지를 선택하세요. (참고로, 난이도 7은 존재하지 않습니다.)

▶ 고급 질문 출제 수의 차이

- 6−6을 선택하면 고급 질문이 가장 많이 나오며, 최대치(총 10문제)를 받을 수 있습니다.
- 5−5를 선택하면 고급 질문 수가 일정하지 않을 수 있으며, 7~10문제 정도를 받을 수 있습니다.

해당 수치는 여러분이 개념을 더 쉽게 이해할 수 있도록 설명용으로 제시한 값입니다.

③ 설문조사는 말하기 편한 주제를 선택하기

본격적인 시험 시작 전, 컴퓨터 화면에 여러 가지 주제 리스트가 나타납니다. 여기서 자신이 관심 있거나 경험이 많은 주제를 선택하면, 이후 문제들이 그 주제와 연관되어 출제됩니다. 다만, 시험 중에는 선택하지 않은 주제나 예상치 못한 상황에 대한 '돌발 질문'도 함께 출제될 수 있어요. 하지만 이 책에서 다루는 답변 전략만 제대로 익히면 돌발 질문 역시 충분히 대응할 수 있습니다. 많은 학생들이 인터넷에서 본 '혼자 산다/무직이다/학생이 아니다 전략'처럼, 특정 유형의 질문만 나오게 하려 하지만, 이런 방식은 결국 수십~수백 개 질문을 암기해야 하는 비효율적인 방법이에요. 그래서 이 책에서는 여러분이 실제로 말하기 편한 주제를 선택하는 것을 권장합니다.

④ 스킵할 수 있는 질문 수

- **AL 목표:** 보통 최대 3문항까지 스킵 가능
- **IH 목표:** 보통 최대 4문항까지 스킵 가능

스킵에 대해 꼭 기억해야 할 점이 있습니다. 스킵은 '무조건 해야 하는 것'이 절대 아닙니다. 시험을 보다가 도저히 답변이 떠오르지 않거나, 억지로 말하면 더 감점될 것 같을 때 사용하는 최후의 선택지라고 생각하면 돼요.

스킵할 때는 아무 말도 하지 말고, 약 10초 정도 기다리면 자동으로 "NEXT" 버튼이 떠요. 일부러 말을 하면서 스킵하려고 하면 암기처럼 들릴 위험이 있어서 저는 추천하지 않아요. 학생들이 스킵을 무서워하는 경우가 많은데, 실제로는 이 정도 스킵을 해도 AL이나 IH를 받은 사례가 많이 있습니다. 즉, 필요할 때 적절히 사용하는 것은 전혀 문제가 되지 않습니다.

⑤ 연습과 자연스러움

스크립트는 금지지만, 연습은 반드시 필요합니다. 다만, 최대한 자연스럽게 말하려는 노력이 필요해요. 방법은 간단합니다. 한국어로 대답한다면 어떻게 말할까? 를 떠올리면 됩니다. 제가 수천 개의 녹음을 들어본 결과, 대부분 사람들은 즉석에서 답할 때 이런 패턴을 보였어요.

- 초반에는 말 속도가 조금 느리다.
- 답변이 이어지면서 점차 안정적인 속도로 돌아온다.

따라서 어떤 문제든, 아무리 자신 있어도 답변 초반에는 평소보다 조금 느리게 시작하고 점차 본인의 평소 말하기 속도로 돌아오는 것이 좋습니다. 이렇게 하면 채점자가 여러분이 즉석에서 자연스럽게 말하는 것처럼 느끼게 됩니다.

② 오픽 시험 전에 꼭 알아야 할 것 에서 정리된 내용은 강의 경험과 실제 응시 사례를 기반으로 출간 시점의 경향을 정리한 것으로, 이후 시험 운영에 따라 일부 내용이 달라질 수 있습니다.

① FACT 채점 기준

오픽(OPIc)은 ACTFL(미국외국어교육평의회)에서 만든 시험으로, 채점 기준 또한 ACTFL이 제시한 FACT을 기반으로 해요. 이 책은 오픽의 채점 기준인 FACT에 맞춰 학습할 수 있도록 만들었으며, 궁극적인 목적은 학생들이 원하는 등급을 최대한 쉽게 얻을 수 있도록 돕는 것이에요. 그만큼 채점자들이 원하는 요소를 그대로 보여주는 전략에 집중했습니다.

▶ FACT란?

F - Function	기능	질문에 맞게 말할 수 있는지 *IM, IH 전략의 Step 1—MP 말하기 단계로, 답변의 핵심 아이디어를 분명하게 전달하는 능력
A – Accuracy	정확성	문법, 시제, 발음 등 전반적인 영어 실력 *단기간에 개선되지 않고, 꾸준한 연습 필요한 부분
C – Content & Context	내용과 맥락	답변이 MP를 중심으로 일관성 있게 말하는지 *IM 전략의 Step 2—MP 관련 예시 말하기, IH 전략의 Step 3—MP로 돌아와 관련 예시 말하기 단계로, MP와 관련된 맥락을 유지하며 구체적으로 설명하는 능력
T – Text Type	답변 구조	답변을 얼마나 체계적으로 정리했는지 *IH 전략의 Step 2—MP와 다른 예시 말하기 단계로, 단순히 아이디어를 말하는 게 아니라 MP와 관련된 다른 예시를 말하는 능력 *IM 전략의 Step 3, IH 전략의 Step 4—MP와 연결하며 마무리 단계로, MP로 답변을 깔끔하게 정리하는 능력

시험 중에 FACT를 하나하나 의식하며 답변하기는 쉽지 않습니다. 그래서 이 책에서는 FACT를 자연스럽게 반영할 수 있도록 단계별 전략을 만들었습니다.

- **IM 목표 → 3 Steps 전략**
- **IH 목표 → 4 Steps 전략**
- **AL 목표 → 5 Steps 전략**

IM, IH 단계에서도 Accuracy(정확성)는 물론 중요하지만, 채점에서 특히 눈에 띄는 부분은 Function, Content & Context, Text Type(FCT)이에요. 반면 AL 단계는 이 세 가지에 더해 Accuracy까지 완벽히 보여줘야 FACT 전체가 충족되면서 고득점을 받을 수 있습니다.

이번 책에서는 모든 내용을 다 담을 수 없어 AL 전략은 별도의 책으로 제작할 예정이에요. 다만, IH 전략을 충실히 따라간다면 운이 좋을 경우 AL까지도 받을 수 있는 기반을 충분히 마련할 수 있습니다.

이 책은 총 10개 주제로 이루어져 있으며, 각 주제마다 9가지 질문 유형을 다룹니다.

❶ Description
❷ Habit
❸ Past Experience
❹ Comparison
❺ RP11
❻ RP12
❼ RP13
❽ IHU14
❾ IHU15

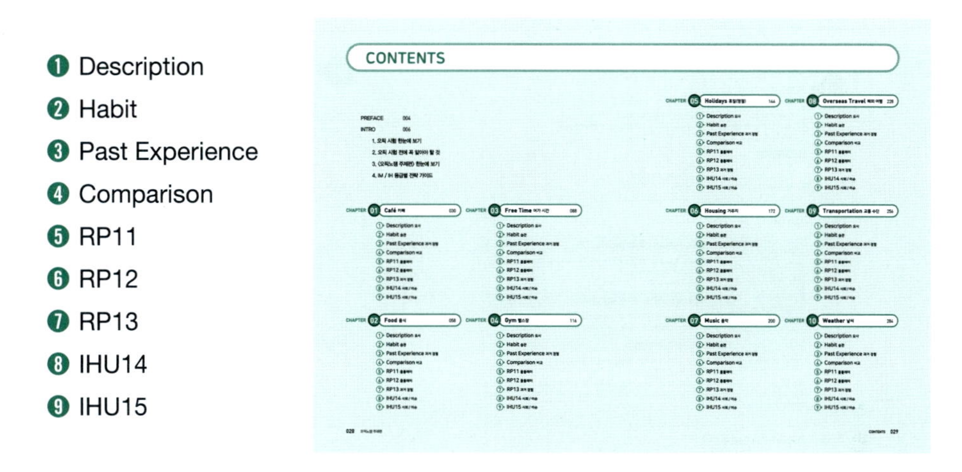

한 주제를 공부하더라도, 실제 시험에 나올 수 있는 대부분의 질문 유형을 연습할 수 있고 전체적으로는 90개 질문과 160개의 답변 샘플을 학습할 수 있습니다. IM / IH 점수를 목표로 한다면, 이 한 권으로 충분히 대비할 수 있어요. 참고로, 오픽 시험의 주제들은 서로 겹치거나 비슷한 경우가 많습니다. 예를 들어 카페/식당, 해외 여행/국내 여행, 여가 시간/지리/공원/해변처럼 다른 주제처럼 보이는 주제들도 실제로는 비슷한 성격을 가지고 있어요. 그래서 이 책은 이처럼 겹치는 주제들 중에서도 출제 빈도가 높은 핵심 10개 주제만 선정했습니다.

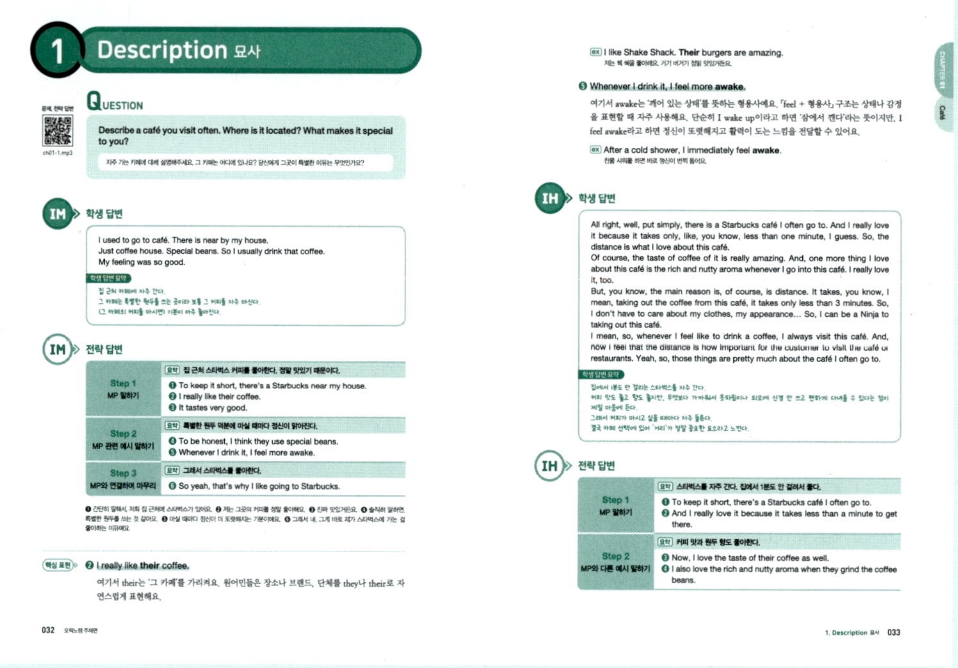

각 질문에는 IM 학생 답변, IH 학생 답변, 그리고 각 난이도별 전략 답변이 함께 담겨 있습니다. 여기서 중요한 점은, 이 답변들이 단순히 만들어낸 예시가 아니라 실제 학생들의 답변을 바탕으로 정리했다는 거예요. 이렇게 구성한 이유는 간단합니다.

❶ 실제 IM·IH 답변 수준을 확인할 수 있고,

❷ 같은 답변을 전략적으로 어떻게 고치면 좋은지 바로 비교할 수 있으며,

❸ 자신이 목표로 하는 레벨에서 어떤 점을 보완해야 하는지 바로 알 수 있습니다.

즉, 같은 질문이라도 '실제 답변 → 전략 적용 답변'의 흐름을 통해, IM을 준비하는 학생은 IM 전략 답변을, IH를 목표로 하는 학생은 IH 전략 답변을 참고할 수 있도록 했습니다. 전략 답변의 길이는 IM은 보통 7문장 내외, IH는 10문장 내외로 구성했어요. IH 목표 학생은 15문장 정도 말해도 괜찮습니다. 오히려 답변이 풍부해질 수 있어요. 단, 반드시 1분~1분 30초 안에 마무리해야 합니다.

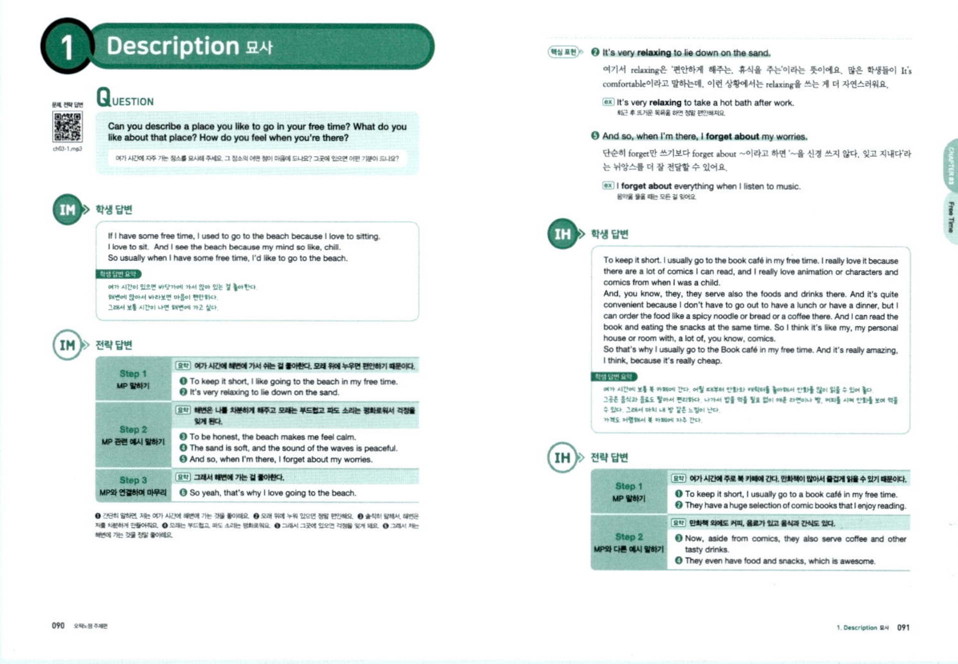

이 책에서는 IM 전략 답변, IH 전략 답변을 따로 제공합니다.

여기서 말하는 전략 답변은 단순히 예시를 보여주는 것이 아니라, 동일한 트랜지션(transition)을 일정하게 사용하여 답변의 흐름을 패턴처럼 익히도록 만든 훈련용 답변이에요. 모든 답변에서 같은 트랜지션을 반복적으로 쓴 이유는, 여러분이 답변의 구조(3 Steps / 4 Steps)를 직관적으로 파악하고, 자연스럽게 말하는 습관을 빠르게 기르도록 하기 위함입니다.

실전 시험에서는 굳이 같은 표현만 반복할 필요는 없어요. 모든 문항에서 같은 표현을 계속 쓰면 오히려 감점이 됩니다. 여기서는 자연스럽게 말하는 것이 더 중요해요. 하지만 연습 단계에서는 이렇게 통일된 트랜지션을 사용하면 답변의 뼈대를 눈에 익히기 쉽고, 나중에 Master Replacement List에 있는 다양한 표현으로 바꿔 쓰면서 답변을 훨씬 풍부하게 만들 수 있습니다.

정리하자면, 전략 답변은 훈련용 패턴 답변이고, 실제 시험에서는 이를 바탕으로 자신만의 자연스러운 답변을 만들어 가면 됩니다. 이 책의 답변은 암기용이 아닙니다. 전략을 활용해 여러분만의 답변을 만드는 게 핵심이에요. 암기한 티가 나면 오히려 감점되니 자연스러움과 본인만의 스타일을 유지하는 것이 가장 중요합니다.

4 **트랜지션과 Master Replacement List**

오픽 답변에서 트랜지션(transition)은 각 단계를 자연스럽게 이어주는 연결 표현이에요.

트랜지션 없이도 답변은 가능하지만, 단계와 단계가 끊겨 들리기 때문에 유창성이 떨어져 보일 수 있습니다. 반대로 간단한 트랜지션만 넣어줘도, 답변이 훨씬 부드럽게 들리고 채점자에게 "아, 이 학생은 답변을 조리있게 이어가는구나"라는 인상을 줄 수 있습니다.

물론, 어떤 상황에서는 트랜지션을 사용하지 않는 편이 오히려 자연스러울 수도 있습니다. 하지만 대부분의 경우에는 트랜지션을 활용하는 것이 훨씬 낫고, 오픽을 준비하기 초기하는 단계부터 연습하는 것이 좋아요. 단순히 트랜지션을 넣는 것만으로도 학생들이 유창성 점수(fluency points)를 추가로 받는 경우가 많았고 초급자도 큰 어려움 없이 적용할 수 있었어요.

그래서 이 책에서는 모든 답변에 동일한 트랜지션을 사용했습니다.

학생들이 구조를 쉽게 눈에 익히고, 답변 흐름을 직관적으로 따라갈 수 있도록 하기 위함이에요. 즉, 연습 단계에서는 통일된 트랜지션으로 패턴을 몸에 익히고, 실전에서는 Master Replacement List의 다양한 표현으로 변화를 주면 자연스러운 답변이 됩니다.

따라서 반드시 기억해야 할 점은, 채점자에게 준비된 답변을 그대로 외워서 말한다는 인상을 주면 안 된다는 것입니다. 연습 단계에서는 트랜지션 패턴을 통해 답변의 뼈대를 익히고, 실전에서는 다양한 표현으로 자연스럽게 변화를 주어야 진짜 유창성이 드러납니다.

> **IM 트랜지션 패턴** IM 단계에서는 트랜지션이 길고 복잡할 필요가 없어요. 짧고 단순한 연결어만 사용해도 답변의 구조가 분명하게 드러납니다.

묘사 / 습관 / 과거 경험 / RP13

Step 1	MP 말하기	To keep it short
Step 2	MP 관련 예시 말하기	To be honest
Step 3	MP와 연결하며 마무리	So yeah

비교

Step 1	MP 말하기(현재)	To keep it short
Step 2	MP와 반대 예시 말하기 (과거)	In the past
Step 3	MP로 돌아와 예시 말하기(현재)	But these days
Step 4	MP와 연결하며 마무리	So yeah

> **IH 트랜지션 패턴** IH 단계부터는 답변이 길어지고 내용이 다양해지기 때문에, 트랜지션을 통해 흐름을 정리하는 능력이 더 중요해집니다.

묘사 / 과거 경험 / RP13 / IHU15(NEWS)

Step 1	MP 말하기	To keep it short
Step 2	MP와 다른 예시 말하기	Now
Step 3	MP로 돌아와 관련 예시 말하기	But
Step 4	MP와 연결하며 마무리	So yeah

습관 / 비교

Step 1	MP 말하기	To keep it short
Step 2	빠른 비교 전략	In the past
Step 3	MP로 돌아와 관련 예시 말하기	But these days
Step 4	MP와 연결하며 마무리	So yeah

비교		
Step 1	MP 말하기(현재)	To keep it short
Step 2	MP와 반대 예시 말하기 (과거)	In the past
Step 3	MP로 돌아와 관련 예시 말하기(현재)	But these days
Step 4	MP와 연결하며 마무리	So yeah

IHU14(NON – TIME)	
Step 1	To keep it short
Step 2	
Step 3	
Step 4	So yeah

▶ Master Replacement List

각 단계에서 꼭 To keep it short만 써야 하는 건 아니에요. 아래 표현들 중 마음에 드는 걸 바꿔 써도 충분히 자연스럽습니다.

- **To keep it short** → In short, Simply put, Truth be told
- **Now** → Actually, In fact, The thing is
- **To be honest** → Honestly, The truth is, You see
- **But** → On the other hand, Still, Yet
- **So yeah** → All in all, Anyway, Overall
- **In the past** → Back then, Years ago, When I was younger
- **But these days** → Nowadays, Currently, But now

▶ 트랜지션 사용 시 주의사항

- 같은 표현만 반복하면 외운 티가 나기 때문에 실전에서는 다양한 표현으로 바꿔 쓰는 게 좋아요.
- 억지로 넣기보다는, 답변을 자연스럽게 이어줄 때 활용하는 게 핵심이에요.
- 항상 필요한 것은 아닙니다! 어떤 상황에서는 트랜지션 없이 바로 이어가는 것이 더 자연스러울 수 있어요.
- 중요한 건 "끊기지 않고 매끄럽게 이어지는 흐름"이지, 정해진 트랜지션 단어를 꼭 쓰는 건 아니에요.
- IM 단계부터 연습하면 IH/AL 단계에서 훨씬 매끄럽게 적용할 수 있습니다.

정리하면, 트랜지션은 공식이 아니라 말을 매끄럽게 이어주는 도구예요.
이번 책에서는 연습을 위해 모든 답변에 같은 트랜지션을 사용했지만, 실전에서는 꼭 필요할 때만 쓰거나 자연스럽게 생략하는 게 더 좋습니다. 또한, Master Replacement List의 다양한 표현을 섞어 활용하면 답변이 훨씬 풍부해집니다.

> **트랜지션은 필수 X, 상황에 맞게 선택 O**
> - **연습할 때:** 패턴을 익히려고 반드시 사용
> - **실전에서:** 자연스럽게 이어진다면 생략 가능
> - **핵심:** 매끄러운 흐름을 보여주는 것

①▶ IM 답변 전략 한눈에 보기

IM 등급을 받기 위해서는 3단계로 구조화하면 돼요. 단, 비교 질문만 예외적으로 4단계가 필요합니다.

▶ Description(묘사), Past Experience(과거 경험), RP13 답변 전략

Step 1 MP 말하기 [Function]	MP는 Main Point, 즉 답변의 핵심 아이디어예요. 답변의 초반부(보통 20~30초 이내)에 간결하고 깔끔하게 말해야 합니다. MP에는 What(무엇을 말하고 싶은지) / Feeling(나의 감정이나 의견) / Why(그렇게 느끼는 이유)가 모두 들어가야 해요.
	❶ To keep it short, there's a **Starbucks** near my house. ❷ I really **like** their coffee. ❸ It **tastes very good**.
	What: 스타벅스　　　**Feeling:** 좋다　　　**Why:** 맛있어서 이렇게 정리하면, 답변의 핵심 구조가 명확히 드러나요. "무엇(Starbucks), 어떻게 느끼는지(like), 왜(tastes very good)"가 모두 들어가면 Step 1이 완성됩니다.
Step 2 MP 관련 예시 말하기 [Content & Context]	Step 1에서 간단히 말한 MP를 구체적으로 풀어주는 단계예요. 행동을 포함한 예시를 들면 답변이 더 자연스러워요. (예: 저는 카페에 가면 항상 사진을 찍어요.)
	❹ To be honest, I think they use **special beans**. ❺ Whenever I **drink** it, I **feel more awake**.
	Step 1에서 말한 MP(Starbucks의 커피 맛이 좋다)를 뒷받침하는 예시(특별한 원두, 깨어나는 기분)를 말하면서, 행동 예시(커피를 마시다)로 답변을 풍부하게 만듭니다.
Step 3 MP와 연결하며 마무리 [Text Type]	이것이 카페에서 보통 하는 일이다.
	❻ So yeah, that's why I **like** going to **Starbucks**.
	Step 1에서 말한 MP(Starbucks)로 깔끔하게 정리하면서 마무리합니다. 짧은 문장이어도 앞뒤 맥락이 잘 이어진다면 충분히 효과적입니다.

❯ Habit(습관) 답변 전략

Step 1
MP 말하기
(행동 중심)

Function

습관 카테고리는 내가 반복적으로 하는 행동을 보여주는 질문이기 때문에 Step 1에서는 What / Feeling / Why가 모두 들어가지 않아도 돼요. What만 말해도 충분합니다. (Tip. 습관에서는 행동 중심으로 MP(What)를 말하는 것이 핵심이에요.)

❶ To keep it short, I **love going to a café to study**, especially in the summer.

What: 공부하러 카페 가는 것 　　　　**Feeling:** 좋다

습관 카테고리에서는 What만 말해도 충분하지만, 상황에 따라 Feeling, Why가 자연스럽게 덧붙여져도 괜찮습니다.

Step 2
MP 관련 예시 말하기

Content
&
Context

Step 1에서 간단히 말한 MP를 구체적으로 풀어주는 단계예요. 행동을 포함한 예시를 들면 답변이 더 자연스러워요.

❷ To be honest, when I drink **iced coffee** while studying, it really helps me to **focus**.
❸ Honestly, I think it's **better than going to the library**.
❹ And in the summer, cafés are **cool** inside.
❺ And so, when I need to study, I usually go **at least 3 times a week**.

Step 1에서 말한 MP(카페에 공부하러 가는 것을 좋아한다)를 뒷받침하는 예시(아이스커피 마시면 집중 잘 됨, 도서관보다 나음, 여름에 시원함, 일주일에 3번 이상 감)를 말하면서, 행동이나 경험을 담아 답변을 풍부하게 만듭니다.

Step 3
MP와 연결하며 마무리

Text Type

MP에서 말한 내용을 다시 한번 언급하며 정리합니다.

❻ So yeah, that's **what I normally do at a café**.

Step 1에서 말한 MP(카페에 공부하러 가는 것)를 다시 언급하며, 간단히 정리해서 답변을 깔끔하게 마무리합니다.

Step 1 MP 말하기 (현재) Function	비교 카테고리의 MP는 반드시 현재만 말해야 합니다. 현재와 과거를 섞으면 답변이 혼란스러워 보일 수 있어요. 묘사, 과거 경험 카테고리와 동일하게 What / Feeling / Why가 모두 들어가야 해요. ❶ To keep it short, **these days, many cafés are small**. ❷ And **I don't like it because it's hard to study** there. **What:** 요즘 카페들은 작다 **Feeling:** 싫다 **Why:** 공부하기 힘들기 때문에 요즘 카페들은 작아서 공부하기 힘들다는 점을 말하며, What / Feeling / Why를 모두 포함해 비교 카테고리 MP를 완성합니다.
Step 2 MP와 반대 내용 말하기 (과거) Text Type	현재와 대조되는 경험을 말해야 합니다. 완전히 반대되는 내용일수록 비교가 더 명확해집니다. ❸ **In the past**, many cafés were **bigger**. ❹ And so, it was easy to sit inside and **study for many hours**. 과거에는 카페 공간이 넓어서 자리를 잡고 오래 편하게 공부할 수 있었던 점을 강조합니다. 이는 현재 "카페가 작아서 공부하기 힘들다"라는 MP와 뚜렷하게 대조되어, 차이를 명확히 보여줍니다. 　**현재**　　　**(대조1)**　　　**과거** 좁고 공부하기 힘들다　⇔　　넓고 공부하기 편했다
Step 3 MP로 돌아와 관련 예시 말하기 (현재) Content & Context	다시 현재로 돌아와 MP를 구체적으로 말합니다. 이렇게 하면 답변 안에서 두 번의 대조를 보여줄 수 있습니다. 일부 학생들은 "과거로 시작해도 두 번의 대조를 보여줄 수 있지 않나요?" 라고 생각할 수 있어요. 하지만 과거로 시작하면 흐름이 과거 → 현재 → 다시 과거로 이어져야 하고, 결국 과거 내용으로 마무리해야 하는데 이 부분이 쉽지 않아요. 반대로, 현재 → 과거 → 현재 구조로 답변하면 훨씬 자연스럽고 마무리하기도 수월합니다. 따라서 답변은 현재로 시작해서, 과거를 언급하고, 다시 현재로 돌아오는 방식이 가장 좋습니다. ❺ **But these days**, I think most cafés **focus on takeout**. ❻ They **don't want people staying inside** too long. 현재로 돌아와 MP(카페가 작다)를 확장하며, "요즘 카페들은 테이크아웃 위주라 오래 머물 수 없다"라는 구체적 예시를 덧붙여 답변 안에서 두 번의 대조를 자연스럽게 완성합니다. 　**현재**　　　**(대조1)**　　　**과거**　　　**(대조2)**　　　**현재** 좁고 공부하기 힘들다　⇔　넓고 공부하기 편했다　⇔　테이크아웃 위주라 　　　　　　　　　　　　　　　　　　　　　　　　오래 머물 수 없다
Step 4 MP와 연결하며 마무리 Text Type	MP에서 말한 내용을 다시 한번 언급하며 정리합니다. ❻ So yeah, that's why **I don't like small cafés** these days. 마지막에는 처음 MP(카페가 작아서 싫다)를 다시 언급하며, 답변을 깔끔하게 정리해 마무리합니다.

Step 1
간단한 상황 설명

질문에 나온 단어를 활용해서 주어진 상황을 짧게 설명합니다.

❶ Hey Rachel, there's a new café downtown.
❷ We should check it out!

"새로 생긴 카페가 있다"라는 짧은 상황을 제시하며 답변을 자연스럽게 시작합니다.

Step 2
첫 번째 질문하기
긍정 반응

1. **질문하기:** 상대방이 긍정적으로 대답할 만한 질문으로 하세요.
2. **상대방 말 반복하기:** 상대방의 목소리는 들리지 않으므로, 상대방이 한 말을 반복해서 말하고 혼자 대화하듯 연기하는 게 중요해요.
3. **상대방 말에 반응하기:** 상대방이 한 말에 반응해주세요.

Tip 혼자 대화하듯 연기하는 게 중요합니다. 어이없는 질문이라도 상관없습니다. 즐겁게 연기하면 답변 퀄리티가 올라가요.

❸ I'm wondering... are you free this weekend? 질문
❹ Oh really? 반응
❺ You're free? 상대방 말
❻ That's great! 반응

첫 번째 질문에서는 상대방이 긍정적으로 답할 수 있는 질문을 하고, 상대방의 대답을 반복하고 나의 반응으로 연결해 혼자 대화하듯 자연스럽게 연기합니다.

Step 3
두 번째 질문하기
긍정 반응

1. **질문하기:** 상대방이 긍정적으로 대답할 만한 질문으로 하세요.
2. **상대방 말 반복하기**
3. **상대방 말에 반응하기**

❼ Would it be ok if I bring another friend as well? 질문
❽ Yeah? 반응
❾ No problem? 상대방 말
❿ Perfect. 반응

두 번째 질문도 같은 흐름으로, 긍정 대답을 유도하는 질문 → 반복 → 반응을 이어가며 혼자 대화하듯 자연스럽게 연기합니다.

Step 4
마무리

대화를 자연스럽게 마무리합니다. Thank you 같은 인사를 덧붙여도 좋아요.

⓫ See you soon!

마지막에는 "See you soon!" 같이 짧고 자연스러운 인사로 대화를 마무리하면 됩니다. 필요하다면 "Thanks, bye!" 같은 표현을 덧붙여도 좋아요.

> **RP12 답변 전략**

<table>
<tr><td rowspan="3">Step 1
간단한 상황 설명</td><td>질문에 나온 단어를 활용해서 주어진 상황을 짧게 설명합니다.</td></tr>
<tr><td>❶ I'm really sorry, but I left my wallet at home.</td></tr>
<tr><td>"지갑을 두고 왔다"라는 간단한 상황을 제시하며 답변을 자연스럽게 시작합니다.</td></tr>
<tr><td rowspan="3">Step 2
첫 번째 제안하기
부정 반응</td><td>1. 제안하기: 상대방이 부정적으로 대답할 만한 제안을 하세요.
2. 상대방 말 반복하기: 상대방의 목소리는 들리지 않으므로, 상대방이 한 말을 반복해서
　말하고 혼자 대화하듯 연기하는 게 중요해요.　[Tip] 반드시 상대방이 거절할 만한 제안을
3. 상대방 말에 반응하기: 상대방이 한 말에 반응해주세요.　해야 합니다. 그래야 두 번째 제안으로
　　　　　　　　　　　　　　　　　　　　　　　　　이어갈 수 있어요.</td></tr>
<tr><td>❷ I'm wondering... do you happen to have Samsung Pay? 제안
❸ Oh, you don't? 상대방 말
❹ Ok, I understand. 반응</td></tr>
<tr><td>첫 번째 제안은 상대방이 거절할 만한 제안을 하고, 상대방 말을 반복하고 나의 반응으로
이어가며 혼자 대화하듯 연기합니다.</td></tr>
<tr><td rowspan="3">Step 3
두 번째 제안하기
긍정 반응</td><td>1. 제안하기
2. 상대방 말 반복하기　[Tip] 두 번째 제안에서 문제를 해결해야
3. 상대방 말에 반응하기　　　　答변이 완성됩니다.</td></tr>
<tr><td>❺ Then could you please wait about 10 minutes? 제안
❻ My friends will be here soon.
❼ That's ok? 상대방 말
❽ Really? 반응
❾ Great, thank you so much. 반응</td></tr>
<tr><td>두 번째 제안에서는 실제로 문제를 해결할 수 있는 제안을 하고, 상대방이 긍정적으로 답
했다고 가정해 반복 → 반응으로 마무리합니다.</td></tr>
<tr><td rowspan="3">Step 4
마무리</td><td>대화를 자연스럽게 마무리합니다.</td></tr>
<tr><td>❿ I'll order again once they arrive.
⓫ Thanks again for your help!</td></tr>
<tr><td>마지막에는 "I'll order again once they arrive." 같이 짧고 자연스럽게 말하며 대화를
마무리하면 됩니다. 필요하다면 "Thanks for waiting!" 같은 인사를 덧붙여도 좋아요.</td></tr>
</table>

> **IHU14, IHU15 답변 전략**

스킵하기! IM에서는 IHU14와 IHU15를 과감히 스킵하는 것을 추천합니다. 그 이유는 다음과 같아요.

- **IHU14**: 보통 비교(Comparison) 유형이 나오는데, 콤보 세트(2~10번)에서 나오는 비교보다 난도가 훨씬 높습니다. IM 단계 학생들에게는 아직 다루기 어려운 문제이기 때문에, 답변을 시도하기보다는 스킵하는 것이 안전합니다.

- **IHU15**: 사람/사회 이슈 관련 질문이 랜덤으로 나오는데, 특히 뉴스 · 기사 · 사회 문제는 IM 단계 학생들에게는 버거운 주제입니다. 답변이 짧거나 단순해지기 쉬워서 점수에 도움이 되지 않습니다.

IM 목표 학생은 IHU14, IHU15를 스킵해서 안정적인 답변에 집중하는 것이 더 유리합니다.

② **IH 답변 전략 한눈에 보기**

IH 단계에서는 답변을 4단계로 구조화해야 해요. IM보다 한 단계가 더 늘어나면서 예시와 비교가 다양해지고, 구조가 더 탄탄해집니다.

> **Description(묘사), Past Experience(과거 경험), RP13 답변 전략**

IM 전략과 유사하지만, IH에서는 MP와 다른 예시(Step 2)를 추가해야 합니다. 이렇게 해야 FACT에서 요구하는 Text Type을 더 잘 드러낼 수 있습니다.

Step 1 MP 말하기 **Function**	MP는 Main Point, 즉 답변의 핵심 아이디어예요. 답변의 초반부(보통 20~30초 이내)에 간결하고 깔끔하게 말해야 합니다. MP에는 What(무엇을 말하고 싶은지) / Feeling(나의 감정이나 의견) / Why(그렇게 느끼는 이유)가 모두 들어가야 해요. ❶ To keep it short, there's a **Starbucks café** I often go to. ❷ And I really **love** it because it **takes less than a minute to get there**. **What:** 스타벅스 카페　　**Feeling:** 좋다　　**Why:** 집에서 가까워서 이렇게 세 가지 요소를 Step 1에서 말하면, 답변이 명확하고 완성도 있게 시작됩니다.
Step 2 MP와 다른 예시 말하기 **Text Type**	Step 1(MP)에서 말한 것과는 다른 예시를 말합니다. 이렇게 하면 채점자에게 다른 예시도 말할 수 있는 능력을 보여줄 수 있어요. IM 목표라면 생략해도 되지만, IH 이상 목표라면 꼭 필요한 단계예요. ❸ Now, I love **the taste of their coffee** as well. ❹ I also love **the rich and nutty aroma** when they grind the coffee beans. Step 1에서 말한 MP(스타벅스 카페가 집에서 가깝다)와는 다른 예시를 덧붙입니다. 커피의 맛뿐만 아니라 원두를 갈 때의 고소한 향까지 언급해 답변이 더욱 풍부해졌습니다.
Step 3 MP로 돌아와 관련 예시 말하기 **Content & Context**	Step 2에서 잠깐 다른 이야기를 했으니 반드시 MP로 돌아와야 합니다. Step 1의 MP를 다시 언급하고 관련 예시를 자세히 말합니다. ❺ But the main reason I love **Starbucks** is **how close** it is to my place. ❻ I once timed myself and it only **took 47 seconds**! ❼ To be honest, I sometimes get take out **in my pjs**... ❽ A quick in and out **like a ninja**. Step 2에서 다른 예시를 말했다가, 다시 Step 1의 MP(집 근처라서 좋다)로 돌아와 관련 예시를 구체적으로 말합니다. 47초 만에 도착한 경험, 파자마 차림으로 다녀온 일, 닌자처럼 빨리 다녀온 모습을 덧붙이며 MP를 더 생생하게 보여줍니다.
Step 4 MP와 연결하며 마무리 **Text Type**	Step 1에서 말한 내용을 다시 한번 언급하며 정리합니다. 이렇게 하면 답변이 깔끔하게 정리되고, 채점 기준의 Text Type도 충족할 수 있어요. ❾ So yeah, that's pretty much **why I love Starbucks**. Step 1에서 말한 MP(스타벅스를 좋아한다)를 간단히 다시 언급하며 깔끔하게 정리해 마무리합니다. 짧은 문장이어도 앞뒤 맥락이 잘 이어진다면 충분히 효과적입니다.

▶ 습관(Habit) 답변 전략

IM 전략과 유사하지만, IH에서는 Step 2 빠른 비교 전략을 추가해야 합니다.

Step 1 MP 말하기 (행동 중심 – 현재) Function	습관 카테고리는 내가 반복적으로 하는 행동을 보여주는 질문이기 때문에 Step 1에서는 What / Feeling / Why가 모두 들어가지 않아도 돼요. What만 말해도 충분합니다. **Tip** 습관에서는 행동 중심으로 MP(What)를 말하는 것이 핵심이에요. ❶ To keep it short, I think there are a few things I usually do at a café. ❷ But the main thing is probably just **having a conversation with my girlfriend** while enjoying some coffee. **What:** 여자친구와 카페에서 대화하는 것 카페에서는 보통 여자친구와 대화를 한다라고 행동 중심의 MP(What)을 말합니다.
Step 2 빠른 비교 전략 (MP와 반대 내용 – 과거) Text Type	Step 1(MP)에서 말한 현재 습관과 반대되는 과거 경험을 짧게 언급해 차이를 보여주세요. IH 습관 카테고리에서는 묘사 전략의 Step 2처럼 다른 예시를 말하는 것도 좋지만 어렵게 느껴진다면, Quick Comparison Strategy(빠른 비교 전략)을 활용하는 것을 추천해요. (예: "예전에는 혼자 갔는데, 요즘은 항상 친구랑 같이 가요.") ❸ **In the past**, I almost always went to cafés **alone**. ❹ For some reason, I liked **studying** by myself. 예전에는 혼자 가서 공부했다라는 점을 짧게 언급해 현재와 대조를 보여줍니다. 여기에서 주의할 점은 정말 간단히 짧게 말해야 합니다. 그렇지 않으면 과거 경험 질문에 답변하는 것처럼 들릴 수 있어요.
Step 3 MP로 돌아와 관련 예시 말하기 (현재) Content & Context	Step 2에서 과거 이야기를 했으니, 반드시 다시 현재 MP로 돌아와 현재 습관을 더 구체적으로 설명합니다. ❺ **But these days**, I prefer **hanging out with my girlfriend over studying**. ❻ Most of the time, we just like to **drink coffee and chat** about all kinds of things. ❼ She's really good at keeping the conversation going, which I **absolutely love**. ❽ Honestly, I'm pretty introverted... ❾ But when I'm at a café with her, **she helps me be a little more extroverted**. Step 2에서 과거 이야기를 한 후, 반드시 현재로 돌아와 MP(여자친구와 카페에 간다)와 관련된 예시(커피를 마시며 대화하는 모습, 내성적인 성격을 보완해주는 여자친구의 도움)를 언급하며 구체적으로 설명합니다.
Step 4 MP와 연결하며 마무리 Text Type	MP에서 말한 내용을 다시 한번 언급하며 정리합니다. ❿ So yeah, that's mainly **why I love going to cafés with my girlfriend**. Step 1에서 말한 MP(여자친구와 카페에 간다)를 다시 언급하며, 전체 답변을 자연스럽게 마무리합니다.

➤ **비교(Comparison) 답변 전략** ↝ IMIM 비교 답변 전략과 동일합니다.

Step 1 MP 말하기 (현재) Function	비교 카테고리의 MP는 반드시 현재만 말해야 합니다. 현재와 과거를 섞으면 답변이 혼란스러워 보일 수 있어요. 묘사, 과거 경험 카테고리와 동일하게 What / Feeling / Why가 모두 들어가야 해요. ❶ To keep it short, cafés in my country, I think, are changing every single day. ❷ Many cafés these days offer **delivery through apps**. ❸ And I really **appreciate** that **because it saves me a lot of time**. **What:** 카페에서 배달 앱을 제공한다 **Feeling:** 좋다 **Why:** 시간 절약할 수 있어서 카페들이 앱을 통해 배달 서비스를 제공한다고 말하면서, 그것이 시간을 절약해 줘서 좋다고 답변의 핵심 아이디어를 분명하게 보여줍니다.
Step 2 MP와 반대 내용 말하기 (과거) Text Type	현재와 대조되는 경험을 말해야 합니다. 완전히 반대되는 내용일수록 비교가 더 명확집니다. ❹ In the past, whenever I wanted coffee, I had to **visit a café in person**. ❺ And many cafés I liked were quite **far** from where I lived. 과거에는 커피를 마시려면 직접 카페에 가야 했고, 좋아하던 카페들도 집에서 멀리 있어서 불편했다는 점을 말하며, 현재(앱으로 쉽게 배달 주문 가능)와 정반대되는 경험을 보여줍니다. 　　현재　　　　　(대조1)　　　과거 　배달 앱　　　　⇔　　직접 카페에 갔다 시간 절약할 수 있어서 좋다　⇔　　　멀었다
Step 3 MP로 돌아와 관련 예시 말하기 (현재) Content & Context	다시 현재로 돌아와 MP를 구체적으로 말합니다. 이렇게 하면 답변 안에서 두 번의 대조를 보여줄 수 있어요. ❻ But these days, I can order coffee from home **using my phone**. ❼ And **while I'm waiting, I can do other things**. ❽ It's quiet **convenient**, right? 현재로 돌아와 MP(카페에서 앱 배달이 가능하다)를 더 구체적으로 설명하며, 집에서 주문하고 기다리는 동안 다른 일을 할 수 있다는 예시를 덧붙여 두 번의 대조(현재 ↔ 과거 ↔ 현재 구체화)를 완성합니다. 　　현재　　　　(대조1)　　과거　　(대조2)　　　현재 　배달 앱　　　⇔　직접 카페에 갔다　⇔　휴대폰을 주문(배달 앱) 시간 절약할 수 있어서 좋다　⇔　멀었다　　⇔　기다리면서 다른 걸 할 수 있다
Step 4 MP와 연결하며 마무리 Text Type	MP에서 말한 내용을 다시 한번 언급하며 정리합니다. ❾ So yeah, **cafés are so much better now all thanks to delivery apps**. Step 1에서 말한 MP(카페들이 앱 배달 서비스를 제공한다)를 다시 언급하면서, 현재 기준으로 답변을 깔끔하게 마무리합니다.

Step 1 간단한 상황 설명	질문에 나온 단어를 활용해서 주어진 상황을 짧게 설명합니다. ❶ Hey honey, good morning. ❷ Guess what? ❸ A new café just opened right in front of my place. ❹ It looks quite amazing. ❺ We should totally check it out. "새로 생긴 카페가 있다"라는 짧은 상황을 제시하며 답변을 자연스럽게 시작합니다.
Step 2 첫 번째 질문하기 긍정 반응	1. **질문하기:** 상대방이 긍정적으로 대답할 만한 질문으로 하세요. 2. **상대방 말 반복하기:** 상대방의 목소리는 들리지 않으므로, 상대방이 한 말을 반복해서 말하고 혼자 대화하듯 연기하는 게 중요해요. [Tip] 혼자 대화하듯 연기하는 게 중요합니다. 어이없는 질문이라도 상관없습니다. 즐겁게 연기하면 답변 퀄리티가 올라가요. 3. **상대방 말에 반응하기:** 상대방이 한 말에 반응해주세요. ❻ Are you free this Saturday? 질문 ❼ Oh, you are? 상대방 말 ❽ Sounds good. 반응 첫 번째 질문에서는 상대방이 긍정적으로 답할 수 있는 질문을 하고, 상대방의 대답을 반복하고 나의 반응으로 연결해 혼자 대화하듯 자연스럽게 연기합니다.
Step 3 두 번째 질문하기 긍정 반응	1. **질문하기**　　2. **상대방 말 반복하기**　　3. **상대방 말에 반응하기** ❾ Let's meet early in the morning to beat the line. ❿ What about 9am? 질문 ⓫ Yeah? 반응 ⓬ It's no problem? 상대방 말 ⓭ Sounds great. 반응 두 번째 질문도 긍정 대답을 유도하는 '질문 → 반복 → 반응'으로 혼자 대화하듯 연기합니다.
Step 4 세 번째 질문하기 긍정 반응	1. **질문하기**　　2. **상대방 말 반복하기**　　3. **상대방 말에 반응하기** ⓮ Oh, and one more thing, let's take the subway, ok? 질문 ⓯ I think parking might be tough. ⓰ Yeah? 반응 ⓱ You agree? 상대방 말 ⓲ Nice. 반응 세 번째 질문도 긍정 대답을 유도하는 '질문 → 반복 → 반응'으로 혼자 대화하듯 연기합니다.
Step 5 마무리	대화를 자연스럽게 마무리합니다. Thank you 같은 인사를 덧붙여도 좋아요. ⓳ Alright, thanks honey. ⓴ See you then! 마지막에는 "See you then!" 같이 짧고 자연스러운 인사로 대화를 마무리하면 됩니다. 필요하다면 "Thank you!" 같은 표현을 덧붙여도 좋아요.

Step 1
간단한 상황 설명

질문에 나온 단어를 활용해서 주어진 상황을 짧게 설명합니다.

❶ Hi, sorry about this.
❷ I think I forgot my wallet.
❸ Ok yeah... I definitely did.
❹ It's not in my bag.

"지갑을 두고 와서 곤란한 상황"임을 짧게 설명하며 답변을 자연스럽게 시작합니다.

Step 2
첫 번째 제안하기
부정 반응

1. **제안하기**: 상대방이 부정적으로 대답할 만한 제안을 하세요.
2. **상대방 말 반복하기**: 상대방의 목소리는 들리지 않으므로, 상대방이 한 말을 반복해서
   말하고 혼자 대화하듯 연기하는 게 중요해요.　Tip 반드시 상대방이 거절할 만한
   　제안을 해야 합니다. 그래야
3. **상대방 말에 반응하기**: 상대방이 한 말에 반응해주세요.　두 번째 제안으로 이어갈 수 있어요.

❺ Well, at least I have my watch.
❻ Do you guys accept Apple Pay? 제안
❼ No? 상대방 말
❽ Only Samsung Pay? 상대방 말
❾ Alright, got it... 반응

첫 번째 제안은 상대방이 거절할 만한 제안을 하고, 상대방 말을 반복하고 나의 반응으로
이어가며 혼자 대화하듯 연기합니다.

Step 3
두 번째 제안하기
긍정 반응

1. 제안하기　　　　2. 상대방 말 반복하기　　　　3. 상대방 말에 반응하기

Tip 두 번째 제안에서 문제를 해결해야 답변이 완성됩니다.

❿ Then would it be ok if I wait for my girlfriend? 제안
⓫ She should be here in about 15 minutes.
⓬ Yeah? 반응
⓭ That's no problem? 상대방 말
⓮ Ok, thank you. 반응

두 번째 제안에서는 실제로 문제를 해결할 수 있는 제안을 하고, 상대방이 긍정적으로 답
했다고 가정해 반복 → 반응으로 마무리합니다.

Step 4
마무리

대화를 자연스럽게 마무리합니다.

⓯ We'll order as soon as she gets here.
⓰ Thanks again for your help!

마지막에는 "We'll order as soon as she gets here. Thanks again for your help!"
같이 짧고 자연스럽게 말하며 대화를 마무리합니다.

IHU14는 비교(Comparison) 카테고리에 속합니다. 콤보 세트(2~10번)에서 나오는 비교 질문은 보통 현재 vs 과거 비교인데, IHU14에서는 시간 비교 또는 A/B 비교가 랜덤으로 출제돼요. 이 책에서는 이미 콤보 세트에서 시간 비교 전략을 다뤘기 때문에, IHU14는 특히 많은 학생들이 어려워하는 A/B 비교 질문에 집중합니다.

Step 1 MP 말하기 (A, B)	IHU14의 MP는 간단히 What만 포함해도 충분합니다. 비교할 대상 A와 B를 분명하게 말하세요. ❶ To keep it short, I think people go to cafés and enjoy them for different reasons. ❷ For instance, **some like to study** while **others like to hang out**. IHU14의 MP에서는 What만 말해도 충분하므로, 비교 대상 A(공부하러 가는 사람들)와 B(친구와 어울리러 가는 사람들)를 분명하게 제시하며 답변을 시작합니다.
Step 2 A를 자세히 설명	A만 집중해서 설명합니다. 이때 B를 함께 언급하면 답변이 복잡해지므로, 오직 A에 대해서만 말하세요. ❸ People who prefer studying at mainly enjoy the **atmosphere**. ❹ The **white noise** helps them to **concentrate**. ❺ And of course, the **coffee** gives them a little **extra focus**. A에 집중해 공부하러 카페에 가는 사람들만 설명하면서, 분위기, 백색소음, 집중과 커피와 같은 구체적인 이유를 덧붙여 답변을 풍부하게 합니다.
Step 3 B를 자세히 설명	B만 설명합니다. 필요하다면 A와 간단히 비교해도 좋아요. ❻ Now, on the other hand, people who like to hang out enjoy having **casual conversations**. ❼ It's fun to **talk about random things** over a cup of **coffee**. ❽ It's also **a cheaper option** compared to going to a bar or a restaurant. 이번에는 B(친구와 어울리러 카페에 가는 사람들)만 설명하면서, 일상 대화, 수다 떨기, 커피, 그리고 술집·식당보다 저렴하다는 장점을 구체적으로 보여줍니다. 필요하다면 A(공부하러 가는 사람들)과 간단히 대비해 다른 매력 포인트를 강조할 수 있습니다.
Step 4 MP와 연결하며 마무리	다시 A와 B를 언급하면서 답변을 정리하세요. 이렇게 하면 답변이 깔끔하게 정리되고, 채점자가 두 대상을 쉽게 구분할 수 있습니다. ❾ So yeah, I think those are some of the **main reasons why people enjoy spending time at cafés**. 마지막에는 다시 A(공부하러 가는 사람들)와 B(어울리러 가는 사람들)를 함께 언급하며 정리해야 답변이 깔끔하게 마무리되고, 채점자가 두 대상을 분명히 구분할 수 있습니다.

IHU15는 크게 두 가지 유형으로 나뉩니다.

1. 사람에 관한 질문(예: 존경하는 인물, 주변 사람)은 다른 카테고리 전략(묘사, 습관, 경험, 비교)을 적용하면 충분합니다.
2. 뉴스 · 기사 · 사회 이슈 질문은 이 책에서는 이 유형에 집중합니다. 많은 학생들이 가장 부담스러워하는 영역이기 때문이에요.

Step 1 MP 말하기	"뉴스에서 ~한 내용을 봤는데, ~한 감정이 들었다."처럼 과거형으로 간단히 시작하세요. What / Feeling / Why가 모두 들어가야 합니다. ❶ To keep it short, I watched a news clip on YouTube the other day **about coffee prices**, and I was **shocked**. ❷ A lot of coffee shops these days are **charging over 7 dollars** for coffee! ❸ That's **absolutely insane**! **What:** 커피 가격 **Feeling:** 충격이었다 **Why:** 커피값이 7달러가 넘어서 뉴스에서 본 내용을 기반으로 What / Feeling / Why를 모두 포함해 MP를 말합니다.
Step 2 MP와 다른 예시 말하기	MP에서 말한 것 외에 뉴스에서 언급된 다른 내용도 간단히 덧붙이세요. ❹ Now, what's worse is that nothing else has improved. ❺ For example, **the quality of the beans** is the same. ❻ And **the amount of coffee** you get is also the same. MP에서 말한 가격 인상 외에, 뉴스에 나온 다른 문제점(품질 · 양이 그대로)을 덧붙여 답변을 확장합니다.
Step 3 MP로 돌아와 관련 예시 말하기	그래도 가장 인상 깊었던 건 Step1(MP)에서 언급한 뉴스라고 강조합니다. 예시나 본인의 의견을 덧붙여 구체적으로 설명하면 좋습니다. ❼ But the only thing that **went up is the price**. ❽ And people are complaining because that's about **the same price as a full meal, like a burger combo**. ❾ And so, now, a lot of people are starting to **look for cheaper ways** to get their coffee. 다시 Step 1의 MP(커피값이 너무 비싸 충격받았다)로 돌아와, 가격 문제를 가장 인상 깊게 본 뉴스라고 강조합니다. 이어서 구체적 예시(버거 세트만큼 비싼 가격)와 결과(사람들이 더 저렴한 대안을 찾기 시작함)를 덧붙여 답변을 풍부하게 합니다.
Step 4 MP와 연결하며 마무리	마지막에는 MP를 다시 언급하며 답변을 정리하세요. ❿ So yeah, **that's what I remember regarding the news I saw on coffee**. 앞에서 말한 MP(커피값이 너무 비싸 충격을 받았다)를 전체적으로 정리하며 답변을 마무리합니다.

CONTENTS

Café(카페) 질문 한눈에 보기

❶ Description 묘사	Describe a café you visit often. Where is it located? What makes it special to you?
❷ Habit 습관	What do you normally do when you go to coffee shops? Do you have meetings or gatherings there? Tell me what you like to do.
❸ Past Experience 과거 경험	Tell me about a memorable incident that happened at a coffee shop. What happened? Who was involved? Tell me everything about what happened from beginning to end.
❹ Comparison 비교	How have cafés in your country changed over time? What were cafés like in the past? How are they different these days?
❺ RP11 롤플레이	I'd like to give you a situation to act it out. You're planning to visit a new café this weekend. Call your friend and ask three or four questions to decide where to go and what to try there.
❻ RP12 롤플레이	I'm sorry, but there's a problem I need you to resolve. You're at a café, and you just realized you forgot your wallet. Talk to the staff, explain what happened, and suggest two or three ways they might help you.
❼ RP13 과거 경험	That's the end of the situation. Have you ever gone to a café and been disappointed by the service or drinks? What exactly happened, and how did you deal with it? Tell me everything you remember about that experience.
❽ IHU14 사회 / 이슈	People go to cafés for different reasons. What are some common ways people use cafés? What are the similarities and differences between them?
❾ IHU15 사회 / 이슈	Think about a time you saw or read some news related to a café. What was the news about, and where did you see or read it? How did people react to the news, and what did you think about it?

문제, 전략 답변

ch01-1.mp3

QUESTION

Describe a café you visit often. Where is it located? What makes it special to you?

자주 가는 카페에 대해 설명해주세요. 그 카페는 어디에 있나요? 당신에게 그곳이 특별한 이유는 무엇인가요?

IM ▷ 학생 답변

I used to go to café. There is near by my house.
Just coffee house. Special beans. So I usually drink that coffee.
My feeling was so good.

학생 답변 요약

집 근처 카페에 자주 간다.
그 카페는 특별한 원두를 쓰는 곳이라 보통 그 커피를 자주 마신다.
(그 카페의 커피를 마시면) 기분이 아주 좋아진다.

IM ▷ 전략 답변

Step 1 MP 말하기	요약 **집 근처 스타벅스 커피를 좋아한다. 정말 맛있기 때문이다.** ❶ To keep it short, there's a Starbucks near my house. ❷ I really like their coffee. ❸ It tastes very good.
Step 2 MP 관련 예시 말하기	요약 **특별한 원두 덕분에 마실 때마다 정신이 맑아진다.** ❹ To be honest, I think they use special beans. ❺ Whenever I drink it, I feel more awake.
Step 3 MP와 연결하며 마무리	요약 **그래서 스타벅스를 좋아한다.** ❻ So yeah, that's why I like going to Starbucks.

❶ 간단히 말해서, 저희 집 근처에 스타벅스가 있어요. ❷ 저는 그곳의 커피를 정말 좋아해요. ❸ 진짜 맛있거든요. ❹ 솔직히 말하면, 특별한 원두를 쓰는 것 같아요. ❺ 마실 때마다 정신이 더 또렷해지는 기분이에요. ❻ 그래서 네, 그게 바로 제가 스타벅스에 가는 걸 좋아하는 이유예요.

핵심 표현 ▷ ❷ I really like **their** coffee.

여기서 their는 '그 카페'를 가리켜요. 원어민들은 장소나 브랜드, 단체를 they나 their로 자연스럽게 표현해요.

[ex] I like Shake Shack. **Their** burgers are amazing.
저는 쉑 쉑을 좋아해요. 거기 버거가 정말 맛있거든요.

❺ Whenever I drink it, I feel more awake.

여기서 awake는 '깨어 있는 상태'를 뜻하는 형용사예요. 「feel + 형용사」 구조는 상태나 감정을 표현할 때 자주 사용해요. 단순히 I wake up이라고 하면 '잠에서 깬다'라는 뜻이지만, I feel awake라고 하면 정신이 또렷해지고 활력이 도는 느낌을 전달할 수 있어요.

[ex] After a cold shower, I immediately feel **awake**.
찬물 샤워를 하면 바로 정신이 번쩍 들어요.

IH ▷ 학생 답변

All right, well, put simply, there is a Starbucks café I often go to. And I really love it because it takes only, like, you know, less than one minute, I guess. So, the distance is what I love about this café.

Of course, the taste of coffee of it is really amazing. And, one more thing I love about this café is the rich and nutty aroma whenever I go into this café. I really love it, too.

But, you know, the main reason is, of course, is distance. It takes, you know, I mean, taking out the coffee from this café, it takes only less than 3 minutes. So, I don't have to care about my clothes, my appearance… So, I can be a Ninja to taking out this café.

I mean, so, whenever I feel like to drink a coffee, I always visit this café. And, now I feel that the distance is how important for the customer to visit the café or restaurants. Yeah, so, those things are pretty much about the café I often go to.

학생 답변 요약

집에서 1분도 안 걸리는 스타벅스를 자주 간다.
커피 맛도 좋고 향도 좋지만, 무엇보다 가까워서 옷차림이나 외모에 신경 안 쓰고 편하게 다녀올 수 있다는 점이 제일 마음에 든다.
그래서 커피가 마시고 싶을 때마다 자주 들른다.
결국 카페 선택에 있어 '거리'가 정말 중요한 요소라고 느낀다.

IH ▷ 전략 답변

Step 1 MP 말하기	[요약] 스타벅스를 자주 간다. 집에서 1분도 안 걸려서 좋다. ❶ To keep it short, there's a Starbucks café I often go to. ❷ And I really love it because it takes less than a minute to get there.
Step 2 MP와 다른 예시 말하기	[요약] 커피 맛과 원두 향도 좋아한다. ❸ Now, I love the taste of their coffee as well. ❹ I also love the rich and nutty aroma when they grind the coffee beans.

<table>
<tr>
<td>Step 3
MP로 돌아와
관련 예시 말하기</td>
<td>요약 거길 좋아하는 가장 큰 이유는, 집과 매우 가까워서 잠옷 차림으로도 다녀올 수 있기 때문이다.

❺ But the main reason I love Starbucks is how close it is to my place.
❻ I once timed myself and it only took 47 seconds to arrive!
❼ To be honest, I sometimes get takeout in my pjs…
❽ A quick in and out like a ninja.</td>
</tr>
<tr>
<td>Step 4
MP와 연결하며 마무리</td>
<td>요약 그래서 스타벅스를 좋아한다.

❾ So yeah, that's pretty much why I love Starbucks.</td>
</tr>
</table>

❶ 간단히 말해서, 제가 자주 가는 스타벅스 카페가 있어요. ❷ 그곳을 정말 좋아하는 이유는 가는 데 1분도 안 걸리기 때문이에요. ❸ 물론, 그곳 커피 맛도 정말 좋아해요. ❹ 그리고 원두를 갈 때 나는 고소하고 진한 향도 정말 좋아해요. ❺ 그렇지만 제가 스타벅스를 정말 좋아하는 가장 큰 이유는 집에서 정말 가깝다는 점이에요. ❻ 한 번은 시간을 재 봤는데, 겨우 47초밖에 안 걸렸어요! ❼ 솔직히 말하면, 가끔은 잠옷 입은 채로 테이크아웃하러 가기도 해요… ❽ 닌자처럼 후다닥 다녀오는 거죠. ❾ 그래서 그런 이유들 때문에 저는 스타벅스를 정말 좋아해요.

핵심 표현 ❷ **And I really love it because it takes less than a minute to get there.**

여기서 get는 '~에 도착하다'라는 뜻이에요. 많은 학생들이 get을 단순히 '얻다'라는 의미로만 알고 있어서, '도착하다'라는 의미로 쓰지 못하는 경향이 있어요. 원어민들은 go 대신 get을 써서 '어디에 도착하다'라는 말을 자연스럽게 표현하는 경우가 많아요.

ex **What time did you get home last night?**
너 어젯밤에 몇 시에 집에 도착했어?

❺ **But the main reason I love Starbucks is how close it is to my place.**

많은 학생들은 그냥 the fact that it is close처럼 딱딱하게 쓰는데, 원어민들은 how를 써서 '정도'나 '방식'을 훨씬 자연스럽게 표현해요. 즉, how는 문장에서 '얼마나 ~한지'라는 느낌을 줄 수 있어요.

ex **You won't believe how delicious this cake is.**
이 케이크가 얼마나 맛있는지 넌 못 믿을 거야.

❻ **I once timed myself and it only took 47 seconds to arrive!**

여기서 time은 '시간을 재다'라는 뜻의 동사로 쓰였어요. 많은 학생들이 time을 '시간'이라는 명사 뜻으로만 알고 있지만, 원어민들은 시험, 운동, 요리 등에서 time을 자주 동사로 써요.

ex **I timed how long it took me to solve the problem.**
내가 그 문제를 푸는 데 얼마나 걸리는지 시간을 쟀어요.

오픽 필수 영어 표현

(IM) ❶ to keep it short 간단히 말하면 ❺ whenever ~할 때는 언제든지, ~할 때마다 ❺ awake 깨어 있는 ❻ that's why ~ 그래서 ~한 것이다

(IH) ❹ rich 진한, 풍부한 ❹ nutty 고소한 ❹ grind 갈다, 분쇄하다 ❺ how close 얼마나 가까운지 ❻ timed 시간을 쟀다(time의 과거형) ❼ pjs 잠옷(pajamas의 줄임말) ❾ that's pretty much why ~ 그게 바로 ~ 하는 이유다

2 Habit 습관

문제, 전략 답변

ch01-2.mp3

QUESTION

What do you normally do when you go to coffee shops? Do you have meetings or gatherings there? Tell me what you like to do.

보통 카페에 가면 무엇을 하나요? 거기서 회의나 모임을 하나요? 카페에서 무엇을 하는 것을 좋아하는지 말해주세요.

학생 답변

I love cafés.
And the café atmosphere gives some chilling moments to me. That's why I usually have some bad situations or I have to study, I find some chill space like a café.
And also I enjoy to drink some coffee.

학생 답변 요약

나는 카페를 좋아한다.
카페 분위기가 편안함을 주기 때문에, 힘든 일이 있거나 공부해야 할 때 카페를 찾는다.
거기서 커피 마시는 것도 즐긴다.

전략 답변

Step 1 MP 말하기 (행동 중심)	요약 여름에 공부하러 카페에 가는 것을 좋아한다. ❶ To keep it short, I love going to a café to study, especially in the summer.
Step 2 MP 관련 예시 말하기	요약 아이스커피와 시원한 환경 덕분에 집중이 잘된다. 일주일에 세 번 이상 간다. ❷ To be honest, when I drink iced coffee while studying, it really helps me to focus. ❸ Honestly, I think it's better than going to the library. ❹ And in the summer, cafés are cool inside. ❺ And so, when I need to study, I usually go at least 3 times a week.
Step 3 MP와 연결하며 마무리	요약 이것이 카페에서 보통 하는 일이다. ❻ So yeah, that's what I normally do at a café.

❶ 간단히 말해서, 저는 공부하러 카페에 가는 걸 좋아해요. 특히 여름에요. ❷ 솔직히 말하면, 공부하면서 아이스커피를 마시면 집중하는 데 정말 도움이 돼요. ❸ 사실, 도서관에 가는 것보다 더 좋은 것 같아요. ❹ 그리고 여름에는 카페 안이 시원하잖아요. ❺ 그래서 공부해야 할 때는 보통 일주일에 세 번 이상은 가요. ❻ 네, 그래서 그게 카페에서 제가 보통 하는 일이에요.

❷ To be honest, when I drink **iced coffee** while studying, it really helps me to focus.

여기서 iced coffee는 '얼음을 넣은 커피', 즉 '아이스커피'라는 뜻이에요. 보통 ice coffee라고 쓰는데, 이것은 틀린 표현이에요. 올바른 표현은 iced coffee이고 이는 '얼음이 들어가 차가운 커피'라는 의미예요. 원어민들은 반드시 -d가 붙은 iced coffee를 사용해요.

ex Let's grab an **iced coffee** before class.
수업 전에 아이스커피 한 잔 마시자.

학생 답변

> Okay, I think, well… I think there are a few things I usually do at a café. But I think the main thing is chatting with my girlfriend and I really love it. Because you know what? My girlfriend, I mean, she's very talkative. So, she has always, the new topics to chat with me at a café. And to be honest, the new topics are always interesting. And, yeah, so, there are other things, like… Sometimes we play the mobile game or sometimes we just order some cakes and just having a rest. But we usually chat together because she always… she usually have a new topic she want to chat with me. And I really love it.
> Because there are not many things I can do at a café, right? There are only tables and chairs. So I'm so thankful about, you know, my girlfriend is talkative. Because I'm introvert person, so I'm not that talkative.
> So, now I realize that two people and, talkative person and not talkative person makes a good synergy, right? So, chatting with my girlfriend is I usually do at a café. Yeah, listening about the story, what she says is that I usually do at a café.

카페에서 주로 여자 친구와 대화를 한다. 여자 친구는 늘 새로운 주제를 가져와 흥미롭다.
가끔 게임을 하거나 케이크를 먹기도 한다. 그래도 보통은 대화가 중심이다.
카페에서 할 수 있는 건 많지 않다. 그래서 여자 친구가 말이 많은 게 고맙다. 나는 내성적인 편이라 말이 적다.
말이 많은 사람과 적은 사람이 함께하면 균형이 생긴다고 느낀다. 카페에서는 보통 여자 친구와 대화하고 이야기를 듣는다.

전략 답변

Step 1 MP 말하기 (행동 중심 – 현재)	요약 카페에서 주로 여자 친구와 대화한다. ❶ To keep it short, I think there are a few things I usually do at a café. ❷ But the main thing is probably just having a conversation with my girlfriend while enjoying some coffee.
Step 2 빠른 비교 전략 (MP와 반대 내용 – 과거)	요약 예전에는 혼자 공부하는 걸 좋아했다. ❸ In the past, I almost always went to cafés alone. ❹ For some reason, I liked studying by myself.

Step 3
MP로 돌아와
관련 예시 말하기
(현재)

[요약] 지금은 여자 친구와 대화를 즐긴다. 여자 친구와 있으면 성격도 달라진다.

❺ But these days, I prefer hanging out with my girlfriend over studying.
❻ Most of the time, we just like to drink coffee and chat about all kinds of things.
❼ She's really good at keeping the conversation going, which I absolutely love.
❽ Honestly, I'm pretty introverted…
❾ But when I'm at a café with her, she helps me be a little more extroverted.

Step 4
MP와 연결하며 마무리

[요약] 그래서 여자 친구와 카페 가는 걸 좋아한다.

❿ So yeah, that's the main reason I love going to cafés with my girlfriend.

❶ 간단히 말해서, 제가 카페에서 보통 하는 일은 몇 가지가 있어요. ❷ 하지만 주로 하는 건 아마 여자 친구와 커피를 마시면서 대화하는 것일 거예요. ❸ 예전에는 거의 항상 혼자 카페에 갔어요. ❹ 왠지 모르게 혼자 공부하는 걸 좋아했거든요. ❺ 그런데 요즘은 공부보다 여자 친구와 함께 시간을 보내는 게 더 좋아해요. ❻ 대부분은 그냥 커피를 마시면서 이런저런 얘기를 나누는 걸 즐겨요. ❼ 여자 친구는 대화를 이어가는 데 정말 능숙해서, 저는 그게 너무 좋더라고요. ❽ 사실 저는 꽤 내성적인 편이에요… ❾ 하지만 카페에서 여자 친구와 함께 있으면, 여자 친구 덕분에 조금 더 외향적으로 변하곤 해요. ❿ 그래서 네, 그게 제가 여자 친구와 함께 카페 가는 걸 좋아하는 가장 큰 이유예요.

핵심 표현 ❼ She's really good at keeping the conversation going, **which** I absolutely love.

여기서 which는 앞 문장 전체(그녀가 대화를 잘 이어가는 것)를 받아서 추가 설명을 덧붙이는 관계대명사예요. 즉, '그녀가 대화를 잘 이어가는 것이 내가 정말 좋아하는 부분이다'라는 의미가 돼요. which를 단순히 '어느 것'이라고만 쓰는 경향이 있는데, 이렇게 앞 문장 전체를 받아서 설명하는 용법도 자주 쓰여요.

[ex] He always makes jokes, **which** makes everyone laugh.

그는 항상 농담을 해요, 그리고 그것이 모두를 웃게 만들어요.

오픽 필수 영어 표현

(IM) ❶ especially 특히 ❺ at least 적어도 ❻ normally 보통, 평소에
(IH) ❷ the main thing 가장 중요한 건 ❹ for some reason 왠지 모르게 ❹ by myself 혼자서 ❺ hang out 어울리다, 놀다
❼ absolutely 완전히, 정말로 ❽ introverted 내향적인 ❾ extroverted 외향적인 ❿ main 가장 큰, 주된

3 Past Experience 과거 경험

문제, 전략 답변
ch01-3.mp3

QUESTION

Tell me about a memorable incident that happened at a coffee shop. What happened? Who was involved? Tell me everything about what happened from beginning to end.

카페에서 있었던 기억에 남는 사건에 대해 이야기해 주세요. 무슨 일이 있었나요? 누가 그 일에 관련되었나요? 처음부터 끝까지 그때 있었던 일을 모두 말해주세요.

IM 학생 답변

One day I went to the café. There's a beautiful man.
So I wanted to get his number, but I couldn't. Because I was so shy.
So I just gave up.

학생 답변 요약

카페에 갔는데 멋있는 남자가 있었다.
번호를 받고 싶었지만 그러지 못했다.
부끄러워서 결국 포기했다.

IM 전략 답변

Step 1 MP 말하기	요약 카페에서 어떤 매력적인 남자에게 번호를 물어보고 싶었는데, 너무 부끄러워서 못했다.
	❶ To keep it short, I once went to a café. ❷ There was a very attractive guy drinking coffee. ❸ I wanted to ask for his number, but I was too shy.
Step 2 MP 관련 예시 말하기	요약 혼자 있던 그에게 가고 싶었지만, 긴장돼 아무것도 하지 못했다.
	❹ To be honest, he was sitting alone, and I wanted to go to his table. ❺ But in the end, I didn't do anything because I got too nervous.
Step 3 MP와 연결하며 마무리	요약 이것이 가장 기억에 남는 카페 경험이다.
	❻ So yeah, that's one of my most memorable café experiences.

❶ 간단히 말해서, 제가 한 번 카페에 간 적이 있는데요. ❷ 아주 매력적인 남자가 커피를 마시고 있었어요. ❸ 번호를 물어보고 싶었는데 너무 부끄러웠어요. ❹ 사실 그 남자는 혼자 앉아 있었고, 그쪽 테이블로 가고 싶었어요. ❺ 그런데 결국 너무 긴장돼서 아무것도 하지 못했어요. ❻ 그래서 네, 그게 가장 기억에 남는 카페 경험 중 하나예요.

핵심 표현 ❺ But in the end, I didn't do anything because I **got too nervous**.

여기서 got too nervous는 '너무 긴장하게 됐다'라는 뜻이에요. 많은 학생들이 I was too nervous라고만 쓰는데, 원어민들은 「get + 형용사」를 자주 써서 '그렇게 되다, 그렇게 변하다'라는 뉘앙스를 자연스럽게 표현해요.

ex I usually **get nervous** before giving a presentation.
저는 보통 발표하기 전에 긴장하게 돼요.

 **학생 답변**

Well, to keep it short, once there was a time I ordered a hot café latte, but my coffee came out wrong. So I was so embarrassed because I only drink hot coffee. Of course, yeah, I know there are always a lot of people in a café, so the staffs are always busy. So, every kinds of mistakes can occur. But I really don't drink the iced coffee.
So, I should have asked for a change about the coffee, but I couldn't. Because I'm really introvert person. So, I'm not good at complaining about something. And also, if I ask about a change, maybe they might throw away the iced café latte, right?
So, what a waste. I don't want to waste the coffee. So, I just drank the iced café latte for the first time…
But I think I have to, you know, improve myself about complaining about something. Because it wasn't my mistake, right? So that was the embarrassing moments I remember about the café.

학생 답변 요약

카페에서 핫 카페라테를 주문했는데 아이스로 잘못 나왔다. 나는 따뜻한 커피만 마시기 때문에 난처했다.
직원들이 바빠서 실수는 있을 수 있다고 생각하지만, 나는 아이스커피는 못 마신다.
내성적인 성격이라 교환을 요청하지 못했고, 커피를 버리게 될까 봐 그냥 아이스 라테를 마셨다.
나의 잘못이 아니었으니 불만을 말하는 법을 배워야겠다고 느꼈다.

 **전략 답변**

Step 1 MP 말하기	**요약** 아이스 카페라테를 처음 마셨는데, 맛이 끔찍해서 정말 싫었다. ❶ To keep it short, I once had an iced café latte for the first time. ❷ I absolutely hated it because it tasted awful.
Step 2 MP와 다른 예시 말하기	**요약** 냄새와 음악 때문에도 실망스러웠다. ❸ Now, to be honest, there were some other things that were also disappointing about the café that day. ❹ For example, the restroom had a bad odor. ❺ I also felt the music was a little too loud.

Step 3 MP로 돌아와 관련 예시 말하기	요약 따뜻한 라테를 주문했지만, 직원 실수로 아이스 라테가 나왔다. 그냥 마셨지만, 맛이 너무 별로였다.
	❻ But the most annoying part was that they served me cold coffee. ❼ I had actually ordered a hot latte, but they made a mistake and gave me an iced latte instead. ❽ I'm not good at complaining about things like this, so I just decided to drink it. ❾ But wow, it was really bad.
Step 4 MP와 연결하며 마무리	요약 그래서 그게 내 처음이자 마지막 아이스 라테 경험이었다.
	❿ So yeah, looking back, that was my first and last iced latte experience.

❶ 간단히 말해서, 제가 아이스 카페라테를 처음 마신 적이 있었어요. ❷ 맛이 끔찍해서 정말 싫었어요. ❸ 사실 그날은 카페에서 다른 부분들도 실망스러웠어요. ❹ 예를 들어, 화장실에서 안 좋은 냄새가 났고 ❺ 음악 소리도 좀 너무 크게 느껴졌어요. ❻ 하지만 가장 짜증 났던 건 차가운 커피가 나왔다는 거예요. ❼ 사실 저는 따뜻한 라테를 주문했는데, 직원이 실수로 아이스 라테를 준 거죠. ❽ 저는 이런 문제에 대해 불평을 잘 못해서, 그냥 마시기로 했어요. ❾ 그런데 와, 정말 형편없는 맛이었어요. ❿ 그래서 네, 되돌아보면, 그게 저의 첫 번째이자 마지막 아이스 라테 경험이었네요.

핵심 표현 ❺ I also felt the music was **a little too loud.**

여기서 a little too loud는 '조금 많이 시끄러웠다'라는 의미예요. 보통 too loud만 쓰는데, 앞에 a little을 붙이면 '약간 과하다'라는 뉘앙스를 부드럽게 표현할 수 있어요.

ex The movie was **a little too long**, but I still enjoyed it.
영화가 조금 길긴 했지만 그래도 재미있었어요.

❾ But **wow**, it was really bad.

감탄사 wow를 이처럼 문장 중간에 넣어서 놀람이나 감정을 강조할 수 있어요. 학생들이 보통 문장 맨 앞에서만 Wow!라고 쓰는데, 이렇게 문장 중간에 넣어주면 훨씬 자연스럽게 들려요.

ex I tried the new pizza place, and **wow**, it was amazing.
새로 생긴 피자 가게에 가봤는데, 와, 정말 맛있었어요.

오픽 필수 영어 표현

(IM) ❷ attractive 매력적인 ❻ memorable 기억에 남는
(IH) ❷ absolutely 정말로, 확실히 ❷ awful 끔찍한 ❸ disappointing 실망스러운

4 Comparison 비교

문제, 전략 답변

ch01-4.mp3

QUESTION

How have cafés in your country changed over time? What were cafés like in the past? How are they different these days?

당신 나라의 카페는 시간이 지나면서 어떻게 변해왔나요? 과거의 카페는 어땠나요? 요즘은 어떻게 달라졌나요?

IM ▷ 학생 답변

These days, the cafés is changed compared to before. I don't know why.
Before we have some… Before we have many cafés, like, we can sit inside. But now, some of the cafés just… They sell, like, takeaway coffee.
I don't know why but I love before style than now.

학생 답변 요약

요즘 카페가 예전과 달라졌다.
예전에는 안에서 앉을 수 있는 카페가 많았지만, 지금은 테이크아웃만 하는 곳도 있다.
그래서 예전 스타일을 더 좋아한다.

IM ▷ 전략 답변

Step 1 MP 말하기 (현재)	요약 요즘 카페는 작아서 공부하기 불편하다. 그래서 좋아하지 않는다. ❶ To keep it short, these days, many cafés are small. ❷ And I don't like it because it's hard to study there.
Step 2 MP와 반대 내용 말하기 (과거)	요약 예전 카페는 넓어서 오래 공부하기 좋았다. ❸ In the past, many cafés were bigger. ❹ And so, it was easy to sit inside and study for many hours.
Step 3 MP로 돌아와 관련 예시 말하기(현재)	요약 요즘 카페는 테이크아웃 위주라 오래 머물기 어렵다. ❺ But these days, I think most cafés focus on takeout. ❻ They don't want people staying inside too long.
Step 4 MP와 연결하며 마무리	요약 그래서 작은 카페를 좋아하지 않는다. ❼ So yeah, that's why I don't like small cafés these days.

❶ 간단히 말해서, 요즘 카페들은 작은 곳이 많아요. ❷ 그래서 거기서 공부하기가 힘들어서 별로 좋아하지 않아요. ❸ 예전에는 많은 카페들이 더 컸어요. ❹ 그래서 안에 앉아서 오랫동안 공부하기가 쉬웠죠. ❺ 그런데 요즘은 대부분의 카페가 테이크아웃 위주인 것 같아요. ❻ 사람들이 오래 머무는 걸 원하지 않는 거죠. ❼ 그래서 네, 그게 바로 요즘 작은 카페들이 마음에 들지 않는 이유예요.

❹ And so, it was easy to sit inside and study **for many hours.**

'오랫동안'이라는 뜻으로 보통 for a long time만 쓰는데, 공부나 활동처럼 구체적인 시간을 강조할 때는 for many hours가 훨씬 자연스러워요. 문맥상 더 구체적이고 생생하게 들려요.

ex She worked on the project **for many hours** without a break.
그녀는 쉬지 않고 몇 시간 동안 프로젝트를 했어요.

 학생 답변

Oh, okay, the cafés in my country… I think, I think they are changing every single day. And I really love it because, you know, the application and picking up service, they are really save my time a lot and I really love this kind of changing.
Back in the day, whenever I want to drink a coffee, I had to visit a coffee in person. And it took a lot of time because the café was quite far from my house.
But, you know, these days I can order a coffee in my house with the application. And even they let me know when my coffee comes out. It's quite convenient, right? It saves my time a lot.
So this kind of technology is the biggest change I think. So, the cafés in the past and the cafés nowadays is quite different.

우리나라 카페는 매일 변하고 있다. 앱과 픽업 서비스 덕분에 시간을 절약할 수 있어 이런 변화가 좋다.
예전에는 커피를 마시려면 직접 카페에 가야 했고, 집에서 멀어 시간이 많이 걸렸다.
하지만 요즘은 앱으로 주문할 수 있고, 커피가 나올 때도 알려준다. 아주 편리해서 시간을 절약할 수 있다.
그래서 이런 기술이 가장 큰 변화라고 생각하며, 과거와 지금의 카페는 많이 다르다.

 전략 답변

Step 1 MP 말하기 (현재)	요약 한국의 카페들은 앱 배달 서비스를 제공한다. 덕분에 시간을 절약할 수 있어서 만족한다. ❶ To keep it short, cafés in my country, I think, are changing every single day. ❷ Many cafés these days offer delivery through apps. ❸ And I really appreciate that because it saves me a lot of time.
Step 2 MP와 반대 내용 말하기 (과거)	요약 예전에는 카페에 직접 가야 했고, 집에서 멀리 떨어져 있었다. ❹ In the past, whenever I wanted coffee, I had to visit a café in person. ❺ And many cafés I liked were quite far from where I lived.
Step 3 MP로 돌아와 관련 예시 말하기 (현재)	요약 지금은 휴대폰으로 주문하고 기다리는 동안 다른 일을 할 수 있다. ❻ But these days, I can order coffee from home using my phone. ❼ And while I'm waiting, I can do other things. ❽ It's quite convenient, right?

Step 4
MP와 연결하며 마무리

요약 **배달 앱 덕분에 카페가 더 좋아졌다.**

❾ So yeah, cafés are so much better now all thanks to delivery apps.

❶ 간단히 말해서, 제 생각에 우리나라의 카페들은 매일매일 변하고 있는 것 같아요. ❷ 요즘 많은 카페들이 앱을 통해 배달 서비스를 제공해요. ❸ 덕분에 시간을 많이 절약할 수 있어서 아주 만족하고 있어요. ❹ 예전에는 커피가 마시고 싶으면 매번 카페에 직접 가야 했었죠. ❺ 그리고 제가 좋아하는 카페들은 집에서 꽤 멀리 떨어져 있기도 했어요. ❻ 하지만 요즘은 집에서 휴대폰으로 커피를 주문할 수 있어요. ❼ 기다리는 동안에는 다른 일도 할 수 있고요. ❽ 꽤 편리하죠, 그렇죠? ❾ 그래서 네, 요즘 카페는 배달 앱 덕분에 훨씬 더 좋아졌어요.

핵심 표현 ❶ To keep it short, cafés in my country, **I think**, are changing every single day.

I think를 이렇게 문장 중간에 넣으면 훨씬 자연스러워요. 보통 문장 맨 앞에서만 I think를 쓰는데, 이렇게 중간에 삽입하면 영어가 더 유연하게 들려요.

ex The food, **I think**, was a little too salty.
음식이, 제 생각에는, 조금 짰어요.

❺ And many cafés I liked were quite far from **where I lived**.

여기서 where I lived는 '내가 살던 곳'이라는 뜻이에요. 보통 from my home이나 from my place라고만 쓰는데, 원어민들은 이렇게 from 뒤에 「where + 주어 + 동사」 형태를 써서 더 자연스럽게 말해요.

ex The restaurant is far from **where I work**.
그 식당은 제가 일하는 곳에서 멀어요.

❾ So yeah, cafés are so much better now **all thanks to** delivery apps.

여기서 all thanks to는 '완전히 ~ 덕분에'라는 의미예요. 단순히 thanks to라고 하면 '~ 덕분에'인데, 앞에 all을 붙이면 강조가 돼서 '다 ~ 덕분이다'라는 뉘앙스를 줄 수 있어요.

ex I passed the test **all thanks to** your help.
제가 시험에 합격한 건 전적으로 당신의 도움 덕분이에요.

오픽 필수 영어 표현

(IM) ❺ focus on ~에 집중하다 ❻ inside 실내, 안쪽
(IH) ❶ every single day 매일같이 ❷ through ~을 통해 ❸ appreciate 감사하다, 소중히 여기다 ❽ convenient 편리한

QUESTION

문제, 전략 답변

ch01-5.mp3

I'd like to give you a situation to act it out. You're planning to visit a new café this weekend. Call your friend and ask three or four questions to decide where to go and what to try there.

상황을 드릴 테니 연기를 해주세요. 이번 주말에 새 카페를 가려고 계획하고 있습니다. 친구에게 전화를 걸어 어디로 갈지, 거기서 무엇을 먹어볼지 결정하기 위한 서너 가지 질문을 하세요.

 **학생 답변**

I'm just wondering, do you have free time on this weekends? I don't want to bother you, but in the city, they have a new café in this week.
So I want to go there with you. They have signature menu with Matcha latté.
Do you like that one? Do you want to come with us?

학생 답변 요약

주말에 시간 있어?
새로 생긴 카페가 있는데 같이 가자.
그 카페의 시그니처 메뉴인 말차 라테를 같이 마셔보는 거 어때?

 **전략 답변**

Step 1 간단한 상황 설명	요약 새로운 카페가 생겼어. ❶ Hey Rachel, there's a new café downtown. ❷ We should check it out!
Step 2 첫 번째 질문 긍정 반응	요약 이번 주말에 시간 돼? YES ❸ I'm wondering… are you free this weekend? 질문 ❹ Oh really? 반응 ❺ You're free? 상대방 말 ❻ That's great! 반응
Step 3 두 번째 질문 긍정 반응	요약 다른 친구도 데려가도 돼? YES ❼ Would it be ok if I bring another friend as well? 질문 ❽ Yeah? 반응 ❾ No problem? 상대방 말 ❿ Perfect. 반응

Step 4 마무리	요약 곧 보자! ⓫ See you soon!

❶ 있잖아, 레이첼, 시내에 새 카페가 생겼어. ❷ 우리 한번 가보자! ❸ 그런데 이번 주말에 시간 있어? ❹ 아, 정말? ❺ 시간 된다고? ❻ 잘 됐네! ❼ 다른 친구도 데려가도 괜찮을까? ❽ 그래? ❾ 괜찮다고? ❿ 좋아. ⓫ 곧 보자!

핵심 표현 ❼ **Would it be ok if** I bring another friend as well?

여기서 Would it be ok if ~ ?는 정중하게 허락을 구하는 표현이에요. 보통 Can I ~ ?만 쓰는데, 이 패턴을 쓰면 부탁이나 요청이 훨씬 부드럽고 공손하게 들려요.

ex **Would it be ok if** I leave a little early today?
제가 오늘 조금 일찍 퇴근해도 괜찮을까요?

IH 학생 답변

Hi, honey, good morning. You know what? There is a new café right in front of my house. And the exterior is quite amazing. It's quite beautiful. So, I really want to try there with you, together.
So, do you have time on this weekends? Oh, you are? Oh, sounds good.
So, when do you usually wake up these days? 9 a.m... Oh, okay. You know, because it's a new café, so there would be a long line. So, I want to go there in the morning. So, is the morning okay for you? Okay? Oh, Sounds great.
So, why don't we visit this café on this Saturday 9 a.m. together? Oh, you love it? Oh, okay.
Okay, so, I will call you, Saturday morning, and I will pick you up from your house. Okay, okay, thank you. Okay, see you then.

학생 답변 요약

자기야, 우리 집 앞에 새로 생긴 예쁜 카페에 같이 가자.
주말에 시간 있어?
요즘 몇 시에 일어나? 줄이 길 것 같으니까 아침에 가는 게 어때?
토요일 아침 9시에 같이 가자.
내가 집에 데리러 갈게.

IH 전략 답변

Step 1 간단한 상황 설명	요약 집 바로 앞에 카페가 새로 생겼어, 가자. ❶ Hey honey, good morning. ❷ Guess what? ❸ A new café just opened right in front of my place. ❹ It looks quite amazing. ❺ We should totally check it out.

Step 2 첫 번째 질문하기 긍정 반응	요약 **토요일에 시간 돼? YES** ❻ Are you free this Saturday? 질문 ❼ Oh, you are? 상대방 말 ❽ Sounds good. 반응
Step 3 두 번째 질문하기 긍정 반응	요약 **아침 9시 괜찮아? YES** ❾ Let's meet early in the morning to beat the line. ❿ What about 9 a.m.? 질문 ⓫ Yeah? 반응 ⓬ It's no problem? 상대방 말 ⓭ Sounds great. 반응
Step 4 세 번째 질문하기 긍정 반응	요약 **지하철 타고 가도 괜찮아? YES** ⓮ Oh, and one more thing, let's take the subway, ok? 질문 ⓯ I think parking might be tough. ⓰ Yeah? 반응 ⓱ You agree? 상대방 말 ⓲ Nice. 반응
Step 5 마무리	요약 **고마워, 그때 보자!** ⓳ Alright, thanks honey. ⓴ See you then!

❶ 자기야, 좋은 아침이야. ❷ 있잖아, 그거 알아? ❸ 우리 집 바로 앞에 카페가 새로 생겼어. ❹ 정말 멋져 보이더라. ❺ 우리 꼭 가봐야 해. ❻ 이번 토요일에 시간 돼? ❼ 아, 된다고? ❽ 좋아. ❾ 대기 줄이 길어지기 전에 아침 일찍 만나자. ❿ 아침 9시 어때? ⓫ 그래? ⓬ 괜찮다고? ⓭ 완벽하네. ⓮ 아, 그리고 한 가지 더, 우리 지하철 타고 가자, 괜찮지? ⓯ 주차가 좀 힘들 것 같아. ⓰ 그래? ⓱ 너도 그렇게 생각한다고? ⓲ 좋아. ⓳ 알았어, 고마워, 자기야. ⓴ 그럼 토요일에 보자!

핵심 표현 ❾ Let's meet early in the morning to **beat the line.**

여기서 beat the line은 직역하면 '줄을 이기다'이지만, 실제로는 사람들이 몰리기 전에 먼저 가서 '줄 서는 상황을 피한다'라는 뜻으로 자주 써요.

ex I got there before 9 a.m. and **beat the line.**
아침 9시 전에 도착해서 줄 서는 걸 피했어요.

6 RP12 롤플레이

문제, 전략 답변

ch01-6.mp3

QUESTION

I'm sorry, but there's a problem I need you to resolve. You're at a café, and you just realized you forgot your wallet. Talk to the staff, explain what happened, and suggest two or three ways they might help you.

죄송하지만 당신이 해결해야 할 문제가 있습니다. 카페에 있는데 지갑을 놓고 온 걸 깨달았습니다. 직원에게 말해서 상황을 설명하고, 도움을 받을 수 있는 방법을 두세 가지 제안해 보세요.

IM 학생 답변

I really, really don't want to bother you, but I have some problem right now. Actually, I think I left my wallet in the house, so…
But I can handle it, don't worry. But yes, I have my smartphone so I can send you the money. So can I do this?

학생 답변 요약

정말 죄송하지만 지갑을 집에 두고 왔어요.
스마트폰으로 돈을 바로 송금해 드려도 괜찮을까요?

IM 전략 답변

Step 1 간단한 상황 설명	요약 지갑을 두고 왔어요. ❶ I'm really sorry, but I left my wallet at home.
Step 2 첫 번째 제안하기 부정 반응	요약 삼성페이 가능한가요? NO ❷ I'm wondering… do you happen to have Samsung Pay? 제안 ❸ Oh, you don't? 상대방 말 ❹ OK, I understand. 반응
Step 3 두 번째 제안하기 긍정 반응	요약 10분 정도 기다려줄 수 있나요? YES ❺ Then could you please wait about 10 minutes? 제안 ❻ My friends will be here soon. ❼ That's OK? 상대방 말 ❽ Really? 반응 ❾ Great, thank you so much. 반응
Step 4 마무리	요약 친구들이 도착하면 주문할게요. ❿ I'll order again once they arrive. ⓫ Thanks again for your help!

❶ 정말 죄송한데, 지갑을 집에 두고 왔어요. ❷ 혹시… 삼성페이 결제가 되나요? ❸ 아, 안 된다고요? ❹ 알겠습니다. ❺ 그러면 한 10분 정도만 기다려주실 수 있을까요? ❻ 제 친구들이 곧 올 거예요. ❼ 괜찮다고요? ❽ 정말요? ❾ 와, 너무 감사합니다. ❿ 친구들이 도착하면 다시 주문할게요. ⓫ 다시 한번 도와주셔서 감사해요!

핵심 표현 ❶ I'm really sorry, but **I left** my wallet **at** home.

이런 경우 흔히 I didn't bring my wallet이라고 말하는데, 원어민들은 I left ~ at/in ~을 훨씬 자주 써요. 이 표현은 '놓고 왔다, 두고 왔다'라는 뉘앙스를 줄 수 있어서 더 자연스럽게 들려요.

[ex] **I left** my phone **in** the car.
휴대폰을 차에 두고 왔어요.

❷ I'm wondering... do you **happen to** have Samsung Pay?

「happen to + 동사」는 '혹시 ~하다, 마침 ~하다'라는 뜻이에요. 질문을 더 부드럽게 만들어주기 때문에 정중하게 들려요.

[ex] Do you **happen to** know where the restroom is?
혹시 화장실이 어디 있는지 아세요?

❿ I'll order again **once** they arrive.

여기서 once는 '~하자마자, ~하면 곧'이라는 뜻이에요. 학생들은 보통 when만 쓰는데, once를 쓰면 좀 더 즉각적인 느낌을 줄 수 있어요.

[ex] I'll call you **once** I get home.
집에 도착하자마자 전화할게요.

IH > 학생 답변

Um, excuse me. I'm so sorry, I forgot to bring my wallet, I think. So, would you give me, would you give me just 30s to check my bag? You can? Oh, okay, thank you so much. Okay… There is no wallet in my bag.
So, can I pay with this Apple Pay? By my Apple Watch? I can not? Oh, so you mean, you don't have the devices for Apple Pay?
I got it.
All right. My girlfriend is coming. So, can I pay for my coffee when my girlfriend arrived here? Oh, you can wait? Oh, thank you so much.
I'm so sorry. I forgot to bring my wallet. Okay, so, I will let you know when my girlfriend arrive here. Okay. Thank you so much.

학생 답변 요약

정말 죄송하지만 지갑을 집에 두고 온 것 같아요.
혹시 애플 페이가 되나요?
안 된다고요?
그럼 제 여자 친구가 오면 주문해도 될까요?
감사합니다.

 **전략 답변**

Step 1 간단한 상황 설명	요약 지갑을 두고 왔어요. ❶ Hi, sorry about this. ❷ I think I forgot my wallet. ❸ OK yeah… I definitely did. ❹ It's not in my bag.
Step 2 첫 번째 제안하기 부정 반응	요약 애플워치로 결제 가능한가요? NO ❺ Well, at least I have my watch. ❻ Do you guys accept Apple Pay? 제안 ❼ No? 상대방 말 ❽ Only Samsung Pay? 상대방 말 ❾ Alright, got it… 반응
Step 3 두 번째 제안하기 긍정 반응	요약 여자 친구가 오면 주문해도 될까요? YES ❿ Then would it be ok if I wait for my girlfriend? 제안 ⓫ She should be here in about 15 minutes. ⓬ Yeah? 반응 ⓭ That's no problem? 상대방 말 ⓮ OK, thank you. 반응
Step 4 마무리	요약 여자 친구가 오면 바로 주문할게요. ⓯ We'll order as soon as she gets here. ⓰ Thanks again for your help!

❶ 안녕하세요, 정말 죄송하지만… ❷ 제가 지갑을 두고 온 것 같아요. ❸ 아, 네… 확실히 안 가져왔네요. ❹ 가방 안에도 없어요. ❺ 그래도 애플워치는 있는데… ❻ 혹시 애플 페이 되나요? ❼ 안 돼요? ❽ 삼성페이만 가능하다고요? ❾ 아, 알겠습니다… ❿ 그러면 제 여자 친구를 기다려도 괜찮을까요? ⓫ 한 15분 후면 도착할 거예요. ⓬ 네? ⓭ 괜찮다고요? ⓮ 네, 감사합니다. ⓯ 여자 친구가 도착하면 바로 주문할게요. ⓰ 다시 한번 도와주셔서 감사합니다!

핵심 표현 ❻ Do you guys **accept** Apple Pay?

여기서 accept는 '받다, 결제를 허용하다'라는 뜻이에요. 학생들은 보통 Can I pay with Apple Pay?라고만 하는데, 원어민들은 Do you accept ~ ?라고 물어보는 경우도 아주 많아요.

ex This store doesn't **accept** cash.
이 가게는 현금을 받지 않아요.

 오픽 필수 영어 표현

IM ❶ left 두고 왔다(leave의 과거형) ❷ Do you happen to have ~? 혹시 ~ 있어요? ❿ once ~하자마자, ~할 때

IH ❸ definitely 확실히, 분명히 ❿ Would it be ok if I ~? 제가 ~해도 괜찮을까요? ⓫ about 약, ~쯤

RP13 과거 경험

ch01-7.mp3

QUESTION

That's the end of the situation. Have you ever gone to a café and been disappointed by the service or drinks? What exactly happened, and how did you deal with it? Tell me everything you remember about that experience.

이것으로 상황 종료입니다. 카페에 갔다가 서비스나 음료 때문에 실망한 적이 있나요? 정확히 무슨 일이 있었고, 그때 어떻게 대처했나요? 그 경험에 대해 기억나는 모든 것을 말해주세요.

 **학생 답변**

One day I went to a café. And I ordered three shot of iced long black.
But actually I got the coffee… The tasty is not a… Three shot.
So I asked them, "Can you change this order? I think it's wrong." After that, they didn't say anything to me. They just changed my order.

학생 답변 요약

카페에서 아이스 롱 블랙 3샷을 주문했다.
받은 커피 맛이 3샷이 아니었다.
잘못된 것 같다고 말하자, 직원이 아무 말 없이 주문을 바꿔줬다.

 **전략 답변**

Step 1 MP 말하기	요약 카페에서 주문이 잘못 나와 답답했다. ❶ To keep it short, I once went to a café, and they made a mistake with my order. ❷ I was frustrated because they gave me the wrong coffee.
Step 2 MP 관련 예시 말하기	요약 커피가 잘못 나와 다시 받았는데, 10분 넘게 걸려 짜증이 났다. ❸ To be honest, I ordered an iced long black with 3 shots. ❹ But when I drank it, it tasted weak. ❺ And so, I told them, and they made it again. ❻ But it was annoying because it took more than 10 minutes.
Step 3 MP와 연결하며 마무리	요약 그래서 답답한 경험으로 남았다. ❼ So yeah, that's why I was frustrated that day.

❶ 간단히 말해서, 제가 예전에 카페에 갔는데 주문이 잘못 나온 적이 있어요. ❷ 커피가 잘못 나와서 좀 답답했어요. ❸ 사실 저는 샷 세 개짜리 아이스 롱 블랙을 주문했거든요. ❹ 그런데 마셔보니까 맛이 연했어요. ❺ 그래서 직원에게 말했더니, 다시 만들어줬어요. ❻ 그런데 10분 넘게 걸려서 좀 짜증이 났어요. ❼ 그래서 네, 그날은 그런 이유로 좀 답답했어요.

핵심 표현 ❶ **To keep it short, I once went to a café, and they made a mistake with** my order.

여기서 make a mistake with는 '~에 대해 실수를 하다'라는 뜻이에요. 보통 학생들이 make a mistake라고만 쓰는데, with를 붙이면 구체적으로 어떤 부분에서 실수를 했는지 자연스럽게 표현할 수 있어요.

ex I **made a mistake with** his name.
제가 그의 이름을 잘못 말했어요.

❹ **But when I drank it, it tasted weak.**

여기서 weak은 '맛이나 향이 약하다, 연하다'라는 뜻이에요. 특히 커피, 차, 술 같은 음료에 대해 자주 쓰이는 표현이에요.

ex I don't like **weak** tea.
저는 연한 차는 좋아하지 않아요.

 학생 답변

Well, yeah, you know, there are a lot of famous cafés on Instagram, right? And they look always delicious. So, I tried the one café among the cafés on the Instagram, but it didn't taste like I expected. It was quite disappointed.
Yes, once, me and my girlfriend usually go to the café when we're on a dating. And I don't know why, but for some reason we wanted to try just a new café.
So, we searched about the cafés on Instagram and we found delicious cheesecake on the on the post. So, we visited there, but the taste was not that good. To be honest, it, the taste was quite bad. So, we really disappointed.
So, from the day we decided to visit just the cafés, we often go to. Yes, that's pretty much about the memorable disappointed situation about the café before.

학생 답변 요약

인스타그램에서 본 유명한 카페에 갔지만 기대와 달리 맛이 없어서 실망했다.
여자 친구와 데이트 중 새로운 카페를 가보고 싶었다.
인스타그램에서 본 치즈케이크가 맛있어 보여서 갔지만, 실제 맛은 별로였고 많이 실망했다.
그 후로는 늘 가던 카페만 가기로 했다.

전략 답변

Step 1 MP 말하기	[요약] 여자 친구와 카페에 갔는데, 치즈케이크가 정말 별로라서 실망스러웠다. ❶ To keep it short, my girlfriend and I once went to a café I found on Instagram. ❷ Long story short, we were pretty disappointed with their cheesecake. ❸ It tasted quite bad.
Step 2 MP와 다른 예시 말하기	[요약] 인테리어와 바다 전망 때문에 기대가 컸다. ❹ Now, before we got there, we had high expectations. ❺ The pictures showed a beautiful interior. ❻ They also had big windows with an amazing view of the ocean.
Step 3 MP로 돌아와 관련 예시 말하기	[요약] 비싼 치즈케이크가 맛없고 퍽퍽해서 충격이었다. ❼ But everything changed once we tried the cheesecake. ❽ It was quite expensive, around 20 dollars, and it looked delicious. ❾ But it was far from it. ❿ We were honestly shocked by how dry it was.
Step 4 MP와 연결하며 마무리	[요약] 그래서 전체적으로 실망스러운 카페 경험이었다. ⓫ So yeah, that ended up being a pretty disappointing café experience.

❶ 간단히 말해서, 여자 친구와 함께 인스타그램에서 본 카페에 간 적이 있어요. ❷ 결론부터 말하면, 그 카페의 치즈케이크에 꽤 실망했어요. ❸ 별로 맛이 없었거든요. ❹ 사실 거기 가기 전에는 기대가 컸어요. ❺ 사진에는 인테리어가 정말 예쁘게 나와 있었거든요. ❻ 또 바다가 멋지게 보이는 큰 창도 있었어요. ❼ 그런데 치즈케이크를 먹어본 순간 모든 게 달라졌어요. ❽ 가격도 꽤 비쌌어요, 20달러 정도였는데 보기에는 맛있어 보였죠. ❾ 하지만 전혀 그렇지 않았어요. ❿ 얼마나 퍽퍽한지 정말 충격받을 정도였어요. ⓫ 그래서 결국 그건 꽤 실망스러운 카페 경험으로 남았어요.

[핵심 표현] ❹ Now, before we got there, we had **high expectations.**

여기서 high expectations는 '큰 기대, 높은 기대'라는 뜻이에요. 이를 big hope라고 표현하면 어색해요. 원어민들은 보통 high expectations라고 표현해요.

[ex] We all had **high expectations** before the trip.
우리는 여행 전에 모두 큰 기대를 했어요.

❼ But everything changed **once** we tried the cheesecake.

여기서 once는 '~하자마자, ~하면 곧'이라는 뜻이에요. 학생들은 보통 when만 쓰는데, once는 좀 더 즉각적이고 드라마틱한 느낌을 줘요.

[ex] **Once** you taste it, you'll love it.
한 번 맛보면, 분명 좋아하게 될 거예요.

⓫ So yeah, that **ended up** being a pretty disappointing café experience.

여기서 end up -ing는 '결국 ~하게 되다'라는 뜻이에요. 예상과는 다른 결과를 표현할 때 자주 쓰여요.

[ex] We **ended up** cancel**ing** the trip.
우리는 결국 여행을 취소하게 됐어요.

(IM) ❷ frustrated 답답한, 좌절한 ❹ weak 약한 ❼ that day 그날

(IH) ❷ Long story short 간단히 말하면 ❹ expectations 기대 ❺ interior 실내, 인테리어 ❻ view of the ocean 바다 전망 ❾ it was far from it 전혀 아니었다 ⓫ end up -ing 결국 ～하게 되다

8   IHU14 사회 / 이슈

ch01-8.mp3

QUESTION

People go to cafés for different reasons. What are some common ways people use cafés? What are the similarities and differences between them?

사람들이 카페에 가는 이유에는 여러 가지가 있습니다. 사람들이 카페를 주로 어떻게 이용하나요? 그 이용 방식들 사이의 공통점과 차이점은 무엇인가요?

IH ▷ 학생 답변

Okay, well, I think there are some people who use the cafés for studying or you know, working. And there are also some people who use the cafés for chatting with their friends or having a rest.

And I think the similarity between these two kinds of purpose is, you know, they need a specific area that they can do something, working, studying, chatting, whatever.

And I think difference is… I think the difference is about the noise and sounds, right? The people who studies or who works, they need some silence and, you know, cozy mood, right?

But the people who, who are chatting with their friends and having a rest, and they cannot be silent. They want to, you know, chat about something with their friends. So, I think the similarity is about the space or area they need. And different is about the sounds and noise and the kinds of mood I think.

학생 답변 요약

카페를 공부나 일을 위해 사용하는 사람도 있고, 친구와 수다를 떨거나 쉬기 위해 사용하는 사람도 있다.
두 경우 모두 무언가를 할 수 있는 특정 공간이 필요하다는 공통점이 있다.
차이점은 소음과 분위기다. 공부하거나 일하는 사람은 조용하고 아늑한 분위기를 원한다.
대화하거나 쉬는 사람은 조용할 수 없고 친구와 이야기하기를 원한다.
따라서 공통점은 공간, 차이점은 소리와 분위기다.

IH ▷ 전략 답변

Step 1
MP 말하기
(A, B)

[요약] 어떤 사람들은 공부하러 가고, 어떤 사람들은 놀러 간다.

❶ To keep it short, I think people go to cafés and enjoy them for different reasons.
❷ For instance, some like to study while others like to hang out.

Step 2 A를 자세히 설명	요약 공부하는 사람들은 분위기와 커피가 집중에 도움이 된다고 생각한다. ❸ People who prefer studying at cafés mainly enjoy the atmosphere. ❹ The white noise helps them to concentrate. ❺ And of course, the coffee gives them a little extra focus.
Step 3 B를 자세히 설명	요약 노는 사람들은 대화를 즐기고 저렴해서 카페를 선택한다. ❻ Now, on the other hand, people who like to hang out enjoy having casual conversations. ❼ It's fun to talk about random things over a cup of coffee. ❽ It's also a cheaper option compared to going to a bar or a restaurant.
Step 4 MP와 연결하며 마무리	요약 이것들이 사람들이 카페에 가는 주된 이유이다. ❾ So yeah, I think those are some of the main reasons why people enjoy spending time at cafés.

❶ 간단히 말해서, 사람들이 카페에 가는 이유와 즐기는 방식은 다양하다고 생각해요. ❷ 예를 들어, 어떤 사람들은 공부하러 가고, 또 어떤 사람들은 그냥 놀러 가요. ❸ 카페에서 공부하는 것을 선호하는 사람들은 주로 분위기를 즐겨요. ❹ 백색소음이 집중하는 데 도움이 되죠. ❺ 물론 커피도 집중력을 조금 더 높여주죠. ❻ 반면에, 그냥 놀고 싶은 사람들은 가벼운 대화를 즐겨요. ❼ 커피 한잔하면서 별 얘기 다 나누는 게 재미있거든요. ❽ 또 술집이나 레스토랑에 가는 것보다 훨씬 저렴한 선택이기도 하고요. ❾ 네, 그래서 이게 사람들이 카페에서 시간을 보내는 주된 이유라고 생각해요.

핵심 표현 ❷ For instance, **some** like to study **while others** like to hang out.

여기서 some ~ while others…는 '어떤 사람들은 ~하는 반면 다른 사람들은 …한다'라는 뜻이에요. 대조되는 두 그룹을 비교할 때 원어민들이 아주 자연스럽게 쓰는 패턴이에요.

ex **Some** like to stay home, **while others** like to travel.
어떤 사람들은 집에 있기를 좋아하고, 다른 사람들은 여행을 좋아해요.

❺ And of course, the coffee gives them **a little extra** focus.

여기서 a little extra focus는 '약간 더 많은 집중력'이라는 뜻이에요. 단순히 focus라고만 하기보다 a little extra를 붙이면 자연스럽게 '조금 더'라는 뉘앙스를 전달할 수 있어요.

ex Her advice gave me **a little extra** confidence.
그녀의 조언이 저에게 조금 더 자신감을 줬어요.

❼ It's fun to talk about random things **over a cup of coffee**.

여기서 over a cup of coffee는 '커피를 마시면서'라는 뜻이에요. 단순히 with coffee라고 하지 않고 over를 써서 더 자연스럽게 대화를 나누는 상황을 표현해요.

ex It's nice to catch up with friends **over a cup of coffee**.
친구들과 커피 한잔하면서 근황 이야기를 나누는 건 즐거워요.

오픽 필수 영어 표현

(IH) ❷ hang out 어울리다, 놀다 ❸ mainly 주로 ❸ atmosphere 분위기 ❹ white noise 잡음, 백색소음 ❹ concentrate 집중하다 ❻ on the other hand 반면에 ❻ casual 편안한, 격식 없는

QUESTION

Think about a time you saw or read some news related to a café. What was the news about, and where did you see or read it? How did people react to the news, and what did you think about it?

카페와 관련된 뉴스를 본 적이 있다면 떠올려 보세요. 그 뉴스는 어떤 내용이었고, 어디에서 보거나 읽었나요? 사람들은 그 뉴스에 어떻게 반응했고, 당신은 그 소식에 대해 어떻게 생각했나요?

IH  학생 답변

Oh, okay, well, I heard about the news about the coffee price. And it says like, coffee price is getting higher and higher every day. And people really disliked it. Because just a cup of coffee is $7. It's really expensive. It's insane. And you know what? The lunch box is $7 and the burger set is also $7. So, we have to compare between the coffee and burger set at, in the same price, the $7.

So, many people think like, the coffee price is really expensive these days. And there is one brand, there are a lots of brand that has high quality but also high cost for the coffee.

So, people… these days, people don't go that kinds of café. Because it's really expensive. So, that's what I heard about the coffee and coffee price recently.

학생 답변 요약

커피 가격이 계속 오르고 있다는 뉴스를 봤다. 사람들은 이를 싫어했다.

커피 한 잔이 7달러인데, 도시락이나 버거 세트도 같은 가격이라 비교된다.

그래서 요즘 많은 사람들이 커피 가격이 비싸다고 생각한다. 일부 브랜드는 품질은 좋지만 가격이 높다.

결국 사람들이 그런 카페에는 가지 않게 되었다.

IH  전략 답변

Step 1 MP 말하기	요약 유튜브에서 본 뉴스에서 커피 가격이 7달러가 넘는다고 해서 충격이었다. ❶ To keep it short, I watched a news clip on YouTube the other day about coffee prices, and I was shocked. ❷ A lot of coffee shops these days are charging over 7 dollars for coffee! ❸ That's absolutely insane!
Step 2 MP와 다른 예시 말하기	요약 원두 품질이나 양은 그대로라서 달라진 게 없었다. ❹ Now, what's worse is that nothing else has improved. ❺ For example, the quality of the beans is the same. ❻ And the amount of coffee you get is also the same.

<table>
<tr>
<td>Step 3
MP로 돌아와
관련 예시 말하기</td>
<td>요약 가격만 올라 햄버거 세트와 비슷해서 사람들이 불평한다.

❼ But the only thing that went up is the price.
❽ And people are complaining because that's about the same price as a full meal, like a burger combo.
❾ And so now, a lot of people are starting to look for cheaper ways to get their coffee.</td>
</tr>
<tr>
<td>Step 4
MP와 연결하며 마무리</td>
<td>요약 그게 커피 관련 뉴스에서 기억하는 내용이다.

❿ So yeah, that's what I remember regarding the news I saw on coffee.</td>
</tr>
</table>

❶ 간단히 말해서, 며칠 전에 유튜브에서 커피 가격에 관한 뉴스 영상을 봤는데 정말 충격을 받았어요. ❷ 요즘 많은 카페들이 커피 한 잔에 7달러가 넘는 값을 받고 있어요! ❸ 그건 정말 말도 안 되죠! ❹ 그런데 더 나쁜 건, 다른 건 아무것도 나아진 게 없다는 거예요. ❺ 예를 들어, 원두의 품질이 똑같아요. ❻ 그리고 커피의 양도 똑같죠. ❼ 그런데 올라간 건 가격뿐이에요. ❽ 그리고 사람들이 불평하는 이유는 그게 햄버거 세트 같은 한 끼 식사랑 가격이 거의 같기 때문이에요. ❾ 그래서 이제 많은 사람들이 커피를 더 저렴하게 마실 방법을 찾기 시작했어요. ❿ 네, 그게 제가 커피 관련 뉴스에서 기억하는 내용이에요.

핵심 표현 ❹ Now, **what's worse** is that nothing else has improved.

여기서 what's worse는 '더 나쁜 것'이라는 뜻이에요. 앞에서 이미 안 좋은 이야기를 했고, 거기에 더 나쁜 점을 추가하며 강조할 때 자주 쓰는 표현이에요.

ex The food was terrible, and **what's worse**, it was expensive.
음식이 형편없었는데, 더 나쁜 건 비싸기까지 했어요.

❽ And people are complaining because that's about the same price as **a full meal**, like a burger combo.

여기서 a full meal은 '한 끼 식사'라는 뜻이에요. 특히 햄버거 세트처럼 배를 채울 수 있는 식사를 말할 때 자주 쓰는 표현이에요.

ex This sandwich is big enough to be **a full meal**.
이 샌드위치는 한 끼 식사로 충분할 정도로 커요.

오픽 필수 영어 표현

(IH) ❶ the other day 며칠 전에 ❷ charge (요금을) 청구하다 ❸ That's absolutely insane! 완전히 말도 안 돼요! ❹ what's worse is that 더 나쁜 건 ❽ a full meal 한 끼 식사 ❿ regarding ~에 관해서

ch02.mp3

Food(음식) 질문 한눈에 보기

❶ **Description** 묘사	Can you tell me about a popular dish in your country? Why is it so popular? What are its ingredients? Describe that popular dish with a lot of details.
❷ **Habit** 습관	What do you eat on a regular day? Tell me everything that you eat in detail.
❸ **Past Experience** 과거 경험	Tell me how you found out about eating healthy. Did your family eat healthy when you were growing up? Describe to me in detail about how you started to eat healthy.
❹ **Comparison** 비교	How have your dining out habits changed over the years? When you were younger, how often would you go out for a meal? These days, how often do you eat out?
❺ **RP11** 롤플레이	I'd like to give you a situation to act it out. You want to try a new restaurant in your city but you're not sure what kind of food they serve. Call the restaurant and ask three or four questions to get more information.
❻ **RP12** 롤플레이	I'm sorry, but there's a problem I need you to resolve. You ordered takeout for a party, but the restaurant delivered the wrong food. Call the restaurant, explain the situation, and suggest two or three ways to solve the problem.
❼ **RP13** 과거 경험	That's the end of the situation. Have you ever tried cooking a new recipe and found it much harder than you expected? What went wrong, and what did you learn from the experience?
❽ **IHU14** 사회 / 이슈	People choose different diets for many reasons, like health, ethics, or taste. What are some diets you know of, and how do they differ? Why might people choose one over another?
❾ **IHU15** 사회 / 이슈	Food is often featured in the news as something that brings people together. Have you seen any news stories about how sharing meals can strengthen relationships or improve social bonds? Why do you think eating together continues to be such an important part of your culture?

1 Description 묘사

ch02-1.mp3

QUESTION

Can you tell me about a popular dish in your country? Why is it so popular? What are its ingredients? Describe that popular dish with a lot of details.

당신의 나라에서 인기 있는 요리에 대해 말해줄 수 있나요? 왜 그렇게 인기가 많나요? 어떤 재료들이 들어가나요? 그 인기 있는 요리를 자세하게 묘사해 주세요.

IM ≫ 학생 답변

I live in Korea. We have a lot of famous food. But I want to recommend to you, like the name is 김밥.

It has various ingredients like, vegetables, like, cucumber, rice and carrots. And then we need seaweed.

So if we have these ingredients, we can roll up, like, it contains all of the ingredients. And we can do roll up.

So the final step is cutting. And then we can eat all of them.

학생 답변 요약

한국에는 유명한 음식들이 정말 많지만, 그중 김밥을 소개하고 싶다.
김밥에는 오이, 밥, 당근 같은 채소와 김이 들어간다.
재료를 다 넣고 돌돌 만다.
마지막으로 잘라서 먹는 음식이다.

IM ≫ 전략 답변

	요약 한국에서 가장 인기 있는 음식은 김밥이다. 건강한 재료들이 많이 들어가기 때문이다.
Step 1 MP 말하기	❶ To keep it short, I live in Korea, and we have a lot of famous foods. ❷ But I think our sushi called "kimbap" in Korean is the most popular. ❸ It has many healthy ingredients.
	요약 김밥은 건강한 재료로 만들어지고, 맛도 좋고 먹기에도 편하다.
Step 2 MP 관련 예시 말하기	❹ To be honest, it's also very tasty. ❺ It has things like cucumber, rice, carrots, and seaweed. ❻ And everything is bite-sized, so it's easy to eat.

<table>
<tr><td>Step 3
MP와 연결하며 마무리</td><td>요약 그래서 김밥이 한국에서 인기 있는 음식이라고 생각한다.
❼ So yeah, that's why I think kimbap is so popular in Korea.</td></tr>
</table>

❶ 간단히 말하면, 저는 한국에 살고 있고, 한국에는 유명한 음식이 많습니다. ❷ 하지만 저는 한국에서 '김밥'이라는 음식이 가장 인기 있다고 생각해요. ❸ 김밥에는 건강에 좋은 재료가 많이 들어 있어요. ❹ 솔직히 말해서, 맛도 아주 좋아요. ❺ 오이, 밥, 당근, 김 같은 것들이 들어가요. ❻ 그리고 모든 것이 한 입 크기라 먹기도 편하죠. ❼ 그래서 네, 저는 김밥이 한국에서 인기 있는 음식이라고 생각해요.

핵심 표현 ❷ But I think our sushi **called** "kimbap" **in** Korean is the most popular.

called ~ in ~은 '~에서 ~라고 불리는'이라는 뜻이에요. 음식, 인물, 사물 이름을 다른 언어/문화권에서 어떻게 부르는지 설명할 때 자주 써요.

ex It's **called** "hanbok" **in** Korean.
그것은 한국어로 '한복'이라고 해요.

❸ It has many healthy **ingredients**.

여기서 ingredients는 '음식에 들어가는 재료'라는 뜻이에요. 이를 materials라고 쓰는 학생들이 있는데, material은 보통 '건축 자재, 원단, 원료'처럼 음식이 아닌 물리적인 재료를 가리킬 때 써요.

음식에 들어가는 재료
ex The main **ingredient** in this soup is chicken.
이 수프의 주된 재료는 닭고기예요.

건축·공업·제작에 쓰이는 재료
What **material** is this table made of?
이 탁자는 어떤 재질로 만들어졌나요?

❻ And everything is **bite-sized**, so it's easy to eat.

bite-size는 '한 입 크기의'라는 뜻이에요. 음식 크기를 설명할 때 자주 사용해요.

ex These sandwiches are **bite-sized**.
이 샌드위치들은 한 입 크기예요.

Well, I think the ramyeon, which is Korean style spicy noodle, is really popular in my country. Because it's very easy to cook and it takes only, like, less than three minutes, I think.
And I also really love it because all I need to make it is just noodles and spicy powder. That's it.
But some people think this ramyeon is quite spicy for them, so some people dislike it. But I really love it. It's really delicious.
And we can buy this ramen everywhere, every convenience store. And here in Korea, convenience store is everywhere, like, every three minutes on the street. So, it's also really easy to get. So, easy to cook, easy to get, and there are not many ingredients. So, now I think ramyeon is really easy to cook. So, that's the reason the people love this spicy noodle in my country.

학생 답변 요약

라면은 한국에서 아주 인기 있다. 만들기도 쉽고 3분도 걸리지 않는다.
나는 라면을 정말 좋아한다. 필요한 건 면과 수프뿐이다.
어떤 사람들은 맵다고 싫어하지만 나는 맛있어서 정말 좋아한다.
편의점 어디에서나 살 수 있어서 접근성이 좋다. 그래서 라면이 사랑받는다고 생각한다.

IH 전략 답변

Step 1 MP 말하기	**요약** 라면은 조리하기 쉬워서 한국에서 인기 있는 음식이다. ❶ To keep it short, I think Korean instant noodles are really popular in my country because they're so easy to cook.
Step 2 MP와 다른 예시 말하기	**요약** 김치, 바비큐 같은 다른 대표 음식도 있다. ❷ Now, we have other dishes that people can't live without. ❸ For example, we have something called kimchi, which is now well-known around the world. ❹ We also have Korean barbecue, which is loved by many.
Step 3 MP로 돌아와 관련 예시 말하기	**요약** 라면은 3분 만에 조리할 수 있고 편의점에서 쉽게 살 수 있어 빠르고 간편하다. ❺ But I'd say Korean instant noodles are at the top of the list. ❻ I love how it only takes 3 minutes to cook them. ❼ And you can easily find them at a convenience store. ❽ They're quick, easy, and super accessible. ❾ Perfect for a lazy person like me.
Step 4 MP와 연결하며 마무리	**요약** 그래서 라면이 한국에서 특히 인기 있다고 생각한다. ❿ So yeah, that's why I think Korean instant noodles are so popular in Korea.

❶ 간단히 말하자면, 한국에서 라면이 정말 인기 있는 이유는 조리하기가 너무 쉽기 때문이에요. ❷ 없으면 못 사는 다른 음식들도 있죠. ❸ 예를 들어, 이제 전 세계적으로 잘 알려진 김치가 있어요. ❹ 또 많은 사람들이 사랑하는 한국식 바비큐도 있어요. ❺ 하지만 그 중에서도 한국 라면이 제일 인기라고 말할 수 있어요. ❻ 단 3분 만에 끓일 수 있다는 점이 정말 좋아요. ❼ 게다가 편의점에서 쉽게 살 수 있죠. ❽ 빠르고, 간단하고, 접근성도 최고예요. ❾ 저처럼 게으른 사람한테는 완벽하죠. ❿ 그래서 한국 라면이 한국에서 그렇게 인기 있다고 생각해요.

❷ Now, we have other dishes that people can't live without.

'~없이는 살 수 없다'라는 과장된 표현으로, 그만큼 중요한 것을 강조할 때 자주 써요.

ex We **can't live without** the internet these days.
요즘 우리는 인터넷 없이는 못 살아요.

❸ For example, we have something called kimchi, which is now well-known around the world.

well-known around the world는 전 세계적으로 알려졌다는 뜻이에요. famous보다 조금 더 부드럽고 객관적인 표현이에요.

ex BTS is **well-known around the world**.
BTS는 전 세계적으로 잘 알려져 있어요.

❹ We also have Korean barbecue, which is loved by many.

loved by many는 원래 loved by many people이지만, 원어민들은 굳이 people을 붙이지 않아요. many라는 단어만으로도 '많은 사람들'이라는 의미가 충분히 전달되기 때문이에요.

ex This song is **loved by many**.
이 노래는 많은 사람들에게 사랑받아요.

(IM) ❸ ingredient (요리의) 재료 ❺ seaweed 김 ❻ bite-size 한 입 크기의, 작은
(IH) ❷ dish 요리 ❸ well-known 잘 알려진, 유명한 ❹ be loved by many 많은 사람들에게 사랑받다 ❺ at the top of the list 제일 먼저 꼽히는, 가장 으뜸인 ❽ accessible 접근하기 쉬운, 이용하기 쉬운

문제, 전략 답변

ch02-2.mp3

QUESTION

What do you eat on a regular day? Tell me everything that you eat in detail.

당신은 평소에 어떤 음식을 먹나요? 먹는 것을 자세히 말해주세요.

IM 학생 답변

Usually I make a food for me every day because eating outside, the price is very expensive.

So, and I prefer to make food for me because I know what I am, what I like, ingredients and what I like, some kind of food.

So actually, I used to make some food for me every day and every night, every lunch like…

학생 답변 요약

보통 매일 직접 음식을 만든다. 밖에서 사 먹으면 비싸기 때문이다.
내가 좋아하는 재료와 음식을 알기 때문에 직접 만드는 것을 더 선호한다.
그래서 매일 아침, 점심, 저녁을 직접 만든다.

IM 전략 답변

Step 1 MP 말하기 (행동 중심)	요약 요즘 운동을 해서 단백질이 중요하기 때문에 닭가슴살을 주로 먹는다. ❶ To keep it short, I usually cook chicken breast with sides for most of my meals. ❷ I work out a lot these days, so protein is important for me.
Step 2 MP 관련 예시 말하기	요약 직접 요리하면 단백질을 챙길 수 있고 저렴하다. 일주일 식사의 대부분은 닭가슴살이다. ❸ To be honest, cooking for myself is nice. ❹ I know what goes into my food, and I always get enough protein. ❺ It's also cheaper when I make my own meals. ❻ And so, about 90% of what I eat in a week is chicken breast.
Step 3 MP와 연결하며 마무리	요약 그래서 닭가슴살을 많이 먹는다. ❼ So yeah, that's why I eat a lot of chicken breast these days.

❶ 간단히 말하자면, 저는 대부분의 식사에 닭가슴살이랑 사이드 메뉴를 같이 요리해요. ❷ 요즘 제가 운동을 많이 해서 단백질이 중요하거든요. ❸ 솔직히 말해서, 저는 직접 요리해 먹는 게 좋아요. ❹ 음식에 무엇이 들어가는지 제가 알고 있고, 항상 단백질을 충분히 섭취할 수 있으니까요. ❺ 그리고 직접 요리하면 비용도 더 저렴해요. ❻ 그래서 일주일 동안 제가 먹는 음식의 약 90%는 닭가슴살이에요. ❼ 그래서 네, 그게 바로 제가 요즘 닭가슴살을 많이 먹는 이유예요.

핵심 표현 ❹ I know **what goes into my food,** and I always get enough protein.

여기서 what goes into my food는 '내 음식에 무엇이 들어가는지'라는 뜻이에요. 단순히 what is in my food라고만 쓰면 '이미 들어 있는 것'을 묘사하는 거예요. what goes into my food라고 하면 '음식을 만들 때 어떤 재료를 넣는지' 과정까지 포함하는 표현이 돼요.

ex I prefer cooking at home because I know exactly **what goes into my food**.

집에서 요리하는 걸 선호하는데, 내 음식에 정확히 어떤 재료가 들어가는지 알 수 있기 때문이에요.

 학생 답변

Alright, well, I think I usually eat just instant food, like burger or pizza or noodles and what not. Because, you know, I moved to another city like, three months ago. So, I'm living alone right now.
And the thing is, I'm not good at cooking. So, I usually order some delivery foods, and… But I really love it because delivery food is, you know, always tasty.
Yeah, I know the instant food is not good for my health, like, just keeping in shape. But it is what it is. I'm not good at cooking and there is no much energy to cook, I mean, to learn to cook. I also don't have enough money to buy some various ingredients.
So, ordering some delivery food is easy, fast and tasty. So, no reason to, you know, not eating the delivery foods. So, that's what I usually eat. Delivery foods like burger, pizza, or noodles.

학생 답변 요약

보통 햄버거, 피자, 라면 같은 인스턴트 음식을 먹는다. 세 달 전에 다른 도시로 이사 와서 지금 혼자 살고 있다.
요리를 잘 못해서 보통 배달 음식을 시켜 먹는다. 배달 음식은 항상 맛있어서 좋다.
인스턴트 음식이 건강에는 좋지 않다는 걸 알지만, 요리할 에너지도 없고 다양한 재료를 살 돈도 부족하다.
그래서 배달 음식은 쉽고, 빠르고, 맛있기 때문에 주로 그렇게 먹는다.

 **전략 답변**

Step 1 MP 말하기 (행동 중심 – 현재)	[요약] 평소에는 빨리 먹을 수 있는 음식 중에서 특히 인스턴트 라면을 자주 먹는다.	
	❶ To keep it short, I personally love anything I can eat quickly. ❷ And that's probably why instant noodles are my favorite.	
Step 2 빠른 비교 전략 (MP와 반대 내용 – 과거)	[요약] 예전에는 주로 햄버거, 피자 같은 패스트푸드를 먹었다.	
	❸ In the past, I used to eat out almost every day. ❹ Mostly fast food like burgers and pizza.	
Step 3 MP로 돌아와 관련 예시 말하기 (현재)	[요약] 요즘은 돈을 아낄 때 인스턴트 라면을 먹는다. 맛있고 간단하고 종류도 다양하다.	
	❺ But these days, especially when I don't want to spend too much money, I usually go for instant noodles. ❻ They're tasty and super easy to make. ❼ And there are so many different flavors to choose from. ❽ I never get tired of them!	
Step 4 MP와 연결하며 마무리	[요약] 그래서 평소에 인스턴트 라면을 주로 먹는다.	
	❾ So yeah, that's why on a regular day, I usually eat instant noodles.	

❶ 간단히 말해서, 개인적으로 빨리 먹을 수 있는 음식은 뭐든 좋아해요. ❷ 아마 그래서 인스턴트 라면이 제일 좋아하는 음식인 것 같아요. ❸ 예전에는 거의 매일 밖에서 밥을 먹곤 했어요. ❹ 주로 햄버거나 피자 같은 패스트푸드였죠. ❺ 그런데 요즘은, 특히 돈을 너무 많이 쓰고 싶지 않을 때는 보통 인스턴트 라면을 먹어요. ❻ 맛있고 만들기도 정말 쉽거든요. ❼ 그리고 맛 종류도 정말 다양하죠. ❽ 질리지 않아요! ❾ 그래서 평소에는 보통 인스턴트 라면을 먹는 편이에요.

(핵심 표현) ❺ But these days, especially when I don't want to spend too much money, I usually **go for** instant noodles.

go for는 '~을 선택하다, 고르다'라는 뜻으로 choose보다 훨씬 구어체스럽고 원어민스러운 표현이에요.

[ex] I usually **go for** the cheaper option.
저는 보통 더 저렴한 옵션을 선택해요.

오픽 필수 영어 표현

(IM) ❶ sides 곁들임 음식, 반찬 ❹ what goes into ~에 들어가는 것 ❹ protein 단백질
(IH) ❶ personally 개인적으로 ❸ used to ~하곤 했다 ❺ go for ~을 선택하다 ❼ flavor 맛 ❽ get tired of ~에 질리다, ~이 지겹다

3 Past Experience 과거 경험

문제, 전략 답변

ch02-3.mp3

Q UESTION

Tell me how you found out about eating healthy. Did your family eat healthy when you were growing up? Describe to me in detail about how you started to eat healthy.

건강한 식습관에 대해 어떻게 알게 되었는지 말해 주세요. 어릴 때 가족들은 건강하게 식사했나요? 당신이 건강하게 먹기 시작한 과정을 자세히 설명해 주세요.

IM 학생 답변

When I was young, I used to ate unhealthy food because my mother always worked. But when I'm growing, when I grew up, when I was 20 or 22 years old, I felt my body is not good because of the food. So I started a lot… So I started working out and some consume a good healthy.
So I find, so I found a healthy food. How can I eat the healthy food? How can I make the healthy food like… At that time I started healthy food.

학생 답변 요약

어릴 때는 엄마가 항상 일해서 건강하지 못한 음식을 자주 먹었다.
20살쯤 되었을 때, 음식 때문에 몸이 좋지 않다는 걸 느껴 운동을 시작하고 건강한 음식을 찾기 시작했다.
그때부터 건강식을 어떻게 먹고 만들 수 있는지 고민하며 건강한 음식을 먹기 시작했다.

IM 전략 답변

Step 1 MP 말하기	요약 어릴 때 엄마에게 건강한 식습관을 배웠고, 단백질의 중요성을 알게 되었다. ❶ To keep it short, when I was young, I learned about healthy eating from my mom. ❷ She taught me that protein is important, and I still remember that today.
Step 2 MP 관련 예시 말하기	요약 처음엔 군것질을 좋아했지만, 단백질을 챙기며 식습관을 바꿨고 좋은 효과를 느꼈다. ❸ To be honest, I didn't understand it at first. ❹ I loved eating junk food like chips and cookies. ❺ But when she told me about protein, I started to change the way I eat. ❻ And immediately, I saw good results in my body!

<table>
<tr><td>Step 3
MP와 연결하며 마무리</td><td>요약 그래서 건강하게 먹기 시작한 건 엄마 덕분이다.
❼ So yeah, my mom is the reason why I started eating healthy.</td></tr>
</table>

❶ 간단히 말하면, 어렸을 때 엄마께 건강한 식습관을 배웠어요. ❷ 엄마가 단백질이 중요하다고 가르쳐 주셨는데, 전 지금도 그걸 기억해요. ❸ 솔직히, 처음에는 이해하지 못했어요. ❹ 감자칩이나 쿠키 같은 군것질을 좋아했거든요. ❺ 하지만 엄마가 단백질에 대해 말씀 해주신 후, 식습관을 바꾸기 시작했어요. ❻ 그리고 곧바로 몸에서 좋은 결과를 볼 수 있었죠! ❼ 그래서 네, 제가 건강하게 먹기 시작한 건 바로 엄마 덕분이에요.

핵심 표현 ❻ And immediately, I **saw good results** in my body!

운동이나 공부 같은 맥락에서 '좋은 결과를 보다'라는 뜻이에요.

ex She **saw good results** after practicing every day.
그녀는 매일 연습한 후 좋은 결과를 얻었어요.

 학생 답변

Well, to keep it short, I used to eat really healthy. Because my father really love, you know, eating healthy, like a salad and, you know, water and not oily food.
But I really disliked it. Because I really love, you know, instant foods, like burger, pizza, or… yeah, whatever. But I also know eating healthy is how important for my health. But, I think that's why my father always, talked me about eating healthy.
So, I used to… Because my father forced me to eat healthy and water, salad and, you know, fruits and vegetables and and what not. But now, I'm living alone. So, I'm eating a lot of, instant food.
But I still think, eating healthy is really important. So, now I realized that, in my childhood, I really ate, I really ate healthy.

학생 답변 요약

예전에 아버지 덕분에 항상 건강한 음식을 먹었다. 아버지는 샐러드나 물, 기름기 없는 음식을 좋아하셨다.
하지만 나는 햄버거, 피자 같은 인스턴트 음식을 더 좋아해서 그게 싫었다. 그래도 건강하게 먹는 게 중요하다는 건 알고 있었다.
아버지가 억지로 샐러드, 과일, 채소 같은 걸 먹게 했지만, 지금 혼자 살면서는 인스턴트 음식을 많이 먹는다.
그럼에도 불구하고 여전히 건강한 음식이 중요하다고 생각하며, 어린 시절에는 정말 건강하게 먹었다는 걸 깨달았다.

IH 전략 답변

요약 어릴 때 아버지가 샐러드를 억지로 먹게 했다. 맛이 없어서 싫었다.

Step 1
MP 말하기

❶ To keep it short, my father used to force me to eat salad for breakfast almost every morning when I was in elementary school.
❷ I remember hating it because it tasted awful.

<table>
<tr><td rowspan="2">Step 2
MP와 다른 예시 말하기</td><td>요약 그때 아버지는 팬케이크나 라면 같은 음식은 못 먹게 했다.</td></tr>
<tr><td>❸ Now, he never let me eat things that actually tasted good.
❹ For example, he never allowed pancakes for breakfast.
❺ He also didn't let me have instant noodles because he said they were bad for me.</td></tr>
<tr><td rowspan="2">Step 3
MP로 돌아와
관련 예시 말하기</td><td>요약 대신 아버지가 늘 샐러드를 만들어 줬고, 결국 그게 습관이 됐다.</td></tr>
<tr><td>❻ But he was always happy to make me a salad.
❼ He often told me that I would never be overweight if I had at least one salad a day.
❽ Eventually, I think I just got used to it.</td></tr>
<tr><td rowspan="2">Step 4
MP와 연결하며 마무리</td><td>요약 그래서 지금도 아침마다 샐러드를 먹고 있다.</td></tr>
<tr><td>❾ So yeah, these days, I still have a salad for breakfast almost every morning.
❿ But lunch and dinner… that's a different story!</td></tr>
</table>

❶ 간단히 말하면, 초등학교 때 아버지가 거의 매일 아침 식사로 저에게 샐러드를 억지로 먹이셨어요. ❷ 맛이 너무 없어서 싫어했던 게 기억나요. ❸ 있잖아요, 아버지는 맛있는 음식들은 절대 못 먹게 하셨어요. ❹ 예를 들어, 아침으로 팬케이크는 절대 허락하지 않으셨죠. ❺ 또 라면도 몸에 안 좋다고 못 먹게 하셨어요. ❻ 대신 아버지는 샐러드를 만들어주실 때 항상 즐거워하셨어요. ❼ 한 끼라도 샐러드를 먹으면 절대 살이 찌지 않는다고 늘 말씀하셨죠. ❽ 결국에는, 제가 그냥 그 상황에 익숙해졌던 것 같아요. ❾ 그래서 요즘도 거의 매일 아침 샐러드를 먹고 있어요. ❿ 하지만 점심과 저녁은… 그건 또 다른 얘기죠!

핵심 표현 ❸ Now, he never **let** me eat things that actually tasted good.

여기서 let은 '~하도록 허락하다'라는 의미예요. 학생들이 보통 allow me ~라고 하는데, 일상 회화에서는 let me ~가 훨씬 더 자연스럽고 간단해요.

ex My parents **let** me stay out late on weekends.
부모님은 주말에는 제가 늦게까지 밖에 있게 해주세요.

오픽 필수 영어 표현

(IM) ❹ junk food 정크푸드, 몸에 안 좋은 음식 ❻ immediately 즉시, 바로
(IH) ❶ used to 예전에 ~하곤 했다 ❶ force (someone) to ~에게 억지로 ~하게 하다 ❷ awful 끔찍한, 형편없는 ❼ be overweight 과체중이다, 살이 찌다 ❽ eventually 결국, 마침내 ❽ get used to ~에 익숙해지다

4 Comparison 비교

ch02-4.mp3

QUESTION

How have your dining out habits changed over the years? When you were younger, how often would you go out for a meal? These days, how often do you eat out?

외식 습관이 세월이 지나면서 어떻게 변했나요? 어렸을 때는 얼마나 자주 외식을 했나요? 요즘은 얼마나 자주 외식을 하나요?

 학생 답변

When I was young, I'm used to eat unhealthy food because my mother was worked every day.
But when I was 20 or 22, 23… That age, I figure it out how can I eat unhealthy food like… So I find, I started to find some healthy foods like salad, and then I, how can I make the healthy food in the house, in the home.
So from that time, I usually eat healthy foods because for my body.

학생 답변 요약

어릴 때는, 엄마가 매일 일을 해서 건강하지 않은 음식을 먹었다.
20대 초반쯤 건강한 음식을 찾아야겠다고 생각해서 샐러드 같은 걸 먹고 집에서 만드는 방법을 찾기 시작했다.
그때부터는 몸을 위해 보통 건강한 음식을 먹는다.

 전략 답변

Step 1 MP 말하기 (현재)	**요약** 요즘은 집에서 직접 요리를 해서 먹는다. 단백질을 충분히 먹는 게 중요하다. ❶ To keep it short, I eat healthy these days because I cook most of my meals. ❷ I always try to include a lot of protein, which is important for me.
Step 2 MP와 반대 내용 말하기 (과거)	**요약** 예전에는 자주 외식을 했고 탄수화물을 많이 먹어서 건강에 안 좋았다. ❸ In the past, I was the opposite. ❹ I usually ate out and had a lot of carbs, which was bad for me.
Step 3 MP로 돌아와 관련 예시 말하기 (현재)	**요약** 지금은 몸매 유지를 위해 집에서 저탄수·고단백 식사를 집에서 한다. ❺ But these days, I want to stay in shape. ❻ And so, I'm happy with cooking low-carb, high-protein meals at home.

Step 4
MP와 연결하며 마무리

[요약] 그래서 요즘은 집밥을 자주 먹는다.

❼ So yeah, that's why I usually eat at home now.

❶ 간단히 말하면, 저는 요즘 대부분의 식사를 직접 요리해서 건강하게 먹어요. ❷ 그래서 단백질을 많이 포함시키려고 항상 노력하는데, 그건 저에게 정말 중요해요. ❸ 예전에는 정반대였죠. ❹ 보통 외식을 했고 탄수화물을 많이 먹었는데, 정말 몸에 안 좋은 습관이었어요. ❺ 하지만 요즘은 몸매를 유지하고 싶어요. ❻ 그래서 집에서 저탄수화물, 고단백 식사를 해 먹는 게 만족스러워요. ❼ 그래서 네, 그게 바로 요즘 제가 보통 집에서 식사를 하는 이유입니다.

[핵심 표현] ❹ I usually ate out and had a lot of carbs, **which** was bad for me.

여기서 which는 앞의 내용 전체(보통 외식을 했고 탄수화물을 많이 먹었다)를 받아서 추가 설명을 덧붙이는 역할을 해요. 학생들은 보통 I usually ate out and had a lot of carbs. It was bad for me.처럼 두 문장으로 나누는데, 원어민들은, which ~를 써서 자연스럽게 연결해요.

[ex] I forgot my umbrella, **which** was really inconvenient.
우산을 두고 와서, 그게 정말 불편했어요.

❺ But these days, I want to **stay in shape.**

stay in shape은 '몸매/체형을 유지하다, 건강을 유지하다'라는 뜻이에요.

[ex] She exercises to **stay in shape**.
그녀는 몸매를 유지하기 위해 운동해요.

❻ And so, I'm happy with cooking **low-carb, high-protein** meals at home.

식단을 설명할 때 자주 쓰는 표현으로 '저탄수화물, 고단백'이라는 뜻이에요.

[ex] Chicken breast is **high-protein** and **low-fat**.
닭가슴살은 고단백, 저지방이에요.

 **학생 답변**

Well, put simply, I could barely eat out when I was a child because the cost of dining out was really expensive. But I really loved, you know, eating out when I was child because it's really tasty and really fancy, the restaurant.

But nowadays, it's not that hard to eat out because I got a job, so. I'm making money by myself. And I'm living alone. And, you know, the thing is, I'm not good at cooking. So, I need to eat out to, you know, for lunch or for dinner.

But when I was a child, I didn't have money because I was just a child. So, if I want to eat out for, like, a burger pizza, and, you know, some fancy food, I have to, get a permit from my parents.

But right now, I have money, and I'm living alone, and I have time. So, there is nothing holding me back to eat out. So, I'm really happy these days. So the money thing is the biggest difference from my childhood to nowadays for dining out.

학생 답변 요약

어릴 때는 외식 비용이 비싸서 자주 못 했지만 맛있고 멋져서 외식을 좋아했다.
지금은 혼자 살고 돈을 벌기 때문에 점심이나 저녁은 주로 외식을 한다.
어릴 때는 돈이 없어서 햄버거, 피자 같은 음식을 먹으려면 부모님의 허락을 받아야 했다.
지금은 돈과 시간도 있어서 외식하는 데 아무 제약이 없어서 정말 행복하다.

전략 답변

Step 1 MP 말하기 (현재)	요약 요즘은 직장이 있어서 외식을 자주 한다. 요리하는 걸 싫어해서 이렇게 할 수 있는 게 감사하다. ❶ To keep it short, I eat out quite frequently because I have a job, and I can afford it. ❷ And I'm really thankful for that because I hate cooking.
Step 2 MP와 반대 내용 말하기 (과거)	요약 어릴 땐 돈이 없어 패스트푸드를 자주 먹지 못했고 그게 싫었다. ❸ In the past, when I was a child, I obviously wasn't making money. ❹ And so, going out for fast food was extremely rare. ❺ I honestly didn't like that.
Step 3 MP로 돌아와 관련 예시 말하기 (현재)	요약 지금은 원할 때마다 외식을 한다. 패스트푸드를 즐겨 먹고 집에서 요리를 하지 않아도 돼서 좋다. ❻ But these days, I eat out whenever I feel like it. ❼ I usually go for fast food like burgers or pizza because those are my favorites. ❽ I'm just so glad I don't have to cook at home.
Step 4 MP와 연결하며 마무리	요약 그래서 요즘은 외식을 자주 한다. ❾ So yeah, that's the main reason why I often go out to eat these days.

❶ 간단히 말하자면, 저는 외식을 자주 해요. 돈을 벌고 있어서 그럴 여유가 있으니까요. ❷ 그리고 그걸 정말 감사하다고 생각해요. 요리를 싫어하거든요. ❸ 옛날에, 어릴 때는 당연히 돈을 벌지 않았어요. ❹ 그래서 패스트푸드를 먹으러 나가는 건 정말 드문 일이었죠. ❺ 사실 그 상황이 별로 마음에 들진 않았어요. ❻ 하지만 요즘은 원할 때마다 외식을 해요. ❼ 보통은 햄버거나 피자 같은 패스트푸드

를 먹는데, 그게 제가 가장 좋아하는 음식이거든요. ❽ 집에서 요리하지 않아도 돼서 정말 기뻐요. ❾ 그래서 네, 요즘 제가 자주 외식을 하는 가장 큰 이유는 바로 그겁니다.

핵심 표현 ❶ To keep it short, I eat out quite frequently because I have a job, and I **can afford** it.

can afford는 '~할 (경제적 · 시간적) 여유가 있다'라는 뜻이에요.

[ex] I **can't afford** a new car right now.
저는 지금 새 차를 살 여유가 없어요.

❻ But these days, I eat out **whenever I feel like it**.

'하고 싶을 때마다'라는 뜻으로, 단순히 when I want ~라고 하는 것보다 구어체스럽고 자연스러워요.

[ex] You can come over **whenever you feel like it**.
오고 싶을 때 언제든 와도 돼요.

오픽 필수 영어 표현

(IM) ❸ opposite 정반대의, 반대되는 ❹ eat out 외식하다 ❹ carbs 탄수화물(carbohydrates의 줄임말) ❺ stay in shape 몸매를 유지하다, 건강한 상태를 유지하다

(IH) ❶ frequently 자주, 빈번히 ❶ afford ~할 여유가 있다(돈 · 시간) ❹ extremely rare 극히 드문, 아주 드문 ❼ go for ~을 선택하다

문제, 전략 답변

ch02-5.mp3

QUESTION

I'd like to give you a situation to act it out. You want to try a new restaurant in your city but you're not sure what kind of food they serve. Call the restaurant and ask three or four questions to get more information.

상황을 드릴 테니 연기를 해주세요. 당신은 새로 생긴 식당에 가보고 싶지만, 어떤 음식을 파는지 잘 모릅니다. 식당에 전화해서 서너 가지 질문을 하여 정보를 얻어 보세요.

IM ▷ 학생 답변

Hi, how are you? Is there Thai restaurant? Oh, are you? So can I ask you something?
Do you have any… Do you have Pad Thai or Pad See Ew? Oh, yeah, yeah, okay.
And then, do you have Jasmine rice? Oh, all right.
So how can I go there? What is the location? Um, hmm. Oh, okay, okay.
So what time do you guys closed? Oh, 9 p.m.? Okay, all right. Okay, see you then.
Okay, thank you.

학생 답변 요약

거기 태국 음식점 맞나요? 치킨 팟씨유가 있나요? 재스민 라이스도 있나요?
위치가 어디인가요? 영업시간이 어떻게 되나요? 감사합니다. 나중에 뵐게요.

 **IM** ▷ 전략 답변

Step 1 간단한 상황 설명	요약 **거기 태국 음식점 맞나요?** ❶ Hi there, is this the Thai restaurant? ❷ Great, I just have a quick question.
Step 2 첫 번째 질문하기 긍정 반응	요약 **치킨 팟타이가 있나요? YES** ❸ I'm wondering… do you serve chicken pad Thai? 질문 ❹ Oh really? 반응 ❺ You do? 상대방 말 ❻ And it's good? 상대방 말 ❼ Perfect. 반응
Step 3 두 번째 질문하기 긍정 반응	요약 **가격은 얼마인가요? 10달러** ❽ How much is it? 질문 ❾ Oh wow, only 10 dollars? 상대방 말 ❿ That's great. 반응

<table>
<tr><td>**Step 4**
마무리</td><td>[요약] 오늘 저녁에 들르겠습니다.

⓫ Ok, I'll come by this evening.
⓬ Thanks a lot!</td></tr>
</table>

❶ 안녕하세요, 거기 태국 음식점 맞나요? ❷ 좋아요, 간단히 하나만 물어볼게요. ❸ 혹시 치킨 팟타이도 판매하나요? ❹ 아, 정말요? ❺ 있다고요? ❻ 그리고 맛있다고요? ❼ 완벽하네요. ❽ 가격은 얼마인가요? ❾ 와, 10달러밖에 안 해요? ❿ 정말 좋네요. ⓫ 알겠습니다, 오늘 저녁에 들르겠습니다. ⓬ 정말 감사합니다!

[핵심 표현] >> ❸ I'm wondering... do you **serve** chicken pad thai?

serve는 '제공하다, 내다'라는 뜻으로, 음식점·카페 문맥에서 자주 쓰여요.

[ex] Do you **serve** vegetarian dishes?
채식 요리도 제공하나요?

학생 답변

Hello. This is Sky restaurant, right? Oh, hi. I like to visit there on this Saturday with my friends.

And, I'm just wondering about there is a table for five people. Oh, you have? Oh, sounds great. So, we are going to visit there, totally five of us, on this Saturday at 7 p.m. So, is it available? All right. Oh, okay. Thank you. Sounds great.

So, I'm not sure about your menu because your website is closed. So, what do you have for dinner? Seafood, okay, and pork?

Oh, can I ask one more thing? Is there a vegan menu for my friend? Oh, you have? Oh, it's amazing.

Okay, so, what do I have to do to make a reservation? Okay. Oh, so you mean, I have to book a table on the, on your website? Okay, I will do that right away.

Okay, thank you so much. Thank you for your help.

학생 답변 요약

거기 스카이 레스토랑 맞나요? 이번 주 토요일에 친구들과 함께 가려는데 다섯 명 자리가 있을까요?
저녁 메뉴로는 어떤 것들이 있나요? 혹시 비건 메뉴도 있을까요?
그럼 예약을 어떻게 하면 되나요? 감사합니다.

전략 답변

<table>
<tr><td>**Step 1**
간단한 상황 설명</td><td>[요약] 토요일에 예약을 하고 싶어요.

❶ Hi, this is Sky Restaurant, right?
❷ I'd like to make a reservation for five people this Saturday.</td></tr>
<tr><td>**Step 2**
첫 번째 질문하기
긍정 반응</td><td>[요약] 토요일에 예약이 가능한가요? YES

❸ I'm wondering if that's possible. 질문
❹ Oh really? 반응
❺ It is? 상대방 말
❻ Sounds great. 반응</td></tr>
</table>

Step 3 두 번째 질문하기 긍정 반응	요약 **해산물 요리도 있나요? YES** ❼ By the way, I noticed your website is under construction. ❽ I was wondering if you guys serve seafood like lobster. 질문 ❾ Oh, you do? 상대방 말 ❿ And they're extra big? 상대방 말 ⓫ Perfect. 반응
Step 4 세 번째 질문하기 긍정 반응	요약 **비건(채식) 메뉴도 있나요? YES** ⓬ OK, one last thing. ⓭ One of us is vegan. ⓮ Do you have any vegan options? 질문 ⓯ Oh, you have a wide selection? 상대방 말 ⓰ That's amazing. 반응
Step 5 마무리	요약 **도와주셔서 감사합니다.** ⓱ Alright, thank you so much for your help.

❶ 안녕하세요, 스카이 레스토랑 맞죠? ❷ 이번 주 토요일에 5명 예약을 하고 싶은데요. ❸ 혹시 가능할까요? ❹ 아, 정말요? ❺ 가능하다고요? ❻ 좋습니다. ❼ 그런데 보니까 웹사이트가 지금 수정 중이더라고요. ❽ 혹시 랍스터 같은 해산물도 있나요? ❾ 아, 있군요? ❿ 게다가 크기도 크다고요? ⓫ 완벽하네요. ⓬ 아, 마지막으로 한 가지만 더 여쭤볼게요. ⓭ 저희 일행 중 한 명이 채식주의자예요. ⓮ 비건 메뉴도 있을까요? ⓯ 아, 다양하게 준비되어 있군요? ⓰ 정말 좋네요. ⓱ 알겠습니다. 도와주셔서 정말 감사합니다.

핵심 표현 ❼ By the way, I noticed your website is **under construction.**

원래는 건물이 공사 중일 때 쓰는 말인데, 웹사이트나 서비스가 '공사 중, 준비 중'일 때도 자주 쓰여요.

ex The app is still **under construction**.
앱은 아직 개발 중이에요.

오픽 필수 영어 표현

(IM) ❷ I have a quick question 간단한 질문이 있어요 / 짧게 하나만 물어볼게요 ❸ pad Thai 팟타이 ⓫ come by 잠깐 들르다, 방문하다

(IH) ❷ make a reservation 예약하다 ❼ under construction (웹사이트나 건물 등이) 공사/작업 중인 ⓭ vegan 완전 채식주의자 ⓮ vegan options 비건 선택 메뉴, 비건용 음식 ⓯ a wide selection 다양한 선택, 폭넓은 종류

6 RP12 롤플레이

문제, 전략 답변

ch02-6.mp3

QUESTION

I'm sorry, but there's a problem I need you to resolve. You ordered takeout for a party, but the restaurant delivered the wrong food. Call the restaurant, explain the situation, and suggest two or three ways to solve the problem.

죄송하지만, 당신이 해결해야 할 문제가 있습니다. 파티용으로 음식을 포장 주문했는데, 식당에서 잘못된 음식을 배달했습니다. 식당에 전화해서 상황을 설명하고, 해결할 수 있는 방법을 두세 가지 제안해 보세요.

IM 학생 답변

Hi, how are you? I just ordered my food just 4 Pad thai. But yeah, it just, it just, it just delivered right now. But I checked the… I checked my food, but only, only one Pad thai is coming, come. How can I do this? So, do you know what is the problem? So, okay. So how can I do?

No, no, no, I have, I have party in my home, so I need some food for my friends and family. So could you, could you deliver another food for me? I can… No?

So how can I do? Actually, I ordered, I ordered my food, but your mistake. And then, okay… So, can I pick up the food for me?

You can give the food for… You can give the food free of charge?

Okay, okay. So I just, I just pick up my food then.

학생 답변 요약

제가 팟타이 네 개를 주문했는데 하나만 배달이 왔어요.
곧 집에서 파티를 할 예정이라, 음식을 바로 가져다줄 수 있나요?
그럼 제가 음식을 가지러 가도 될까요? 알겠습니다.

IM 전략 답변

Step 1 간단한 상황 설명	요약 팟타이를 주문했는데, 스프링롤이 왔어요.
	❶ Hi there, my order number is 2436. ❷ I think there was a mistake. ❸ I ordered pad Thai, but I got spring rolls.

Step 2 첫 번째 제안하기 부정 반응	요약 교환이 가능한가요? NO
	❹ I'm wondering… could you fix this? 제안 ❺ Oh, it'll take too long? 상대방 말 ❻ That's unfortunate. 반응

<table>
<tr><td rowspan="2">Step 3
두 번째 제안하기
긍정 반응</td><td>[요약] 환불은 가능한가요? YES</td></tr>
<tr><td>❼ Then could I get a refund? 제안
❽ Really? 반응
❾ You'll process it now? 상대방 말
❿ And I can keep the spring rolls? 상대방 말</td></tr>
<tr><td>Step 4
마무리</td><td>[요약] 도와주셔서 감사합니다.
⓫ Okay, thanks a lot for your help.</td></tr>
</table>

❶ 안녕하세요, 제 주문 번호는 2436인데요. ❷ 뭔가 실수가 있었던 것 같아서요. ❸ 저는 팟타이를 주문했는데, 스프링롤이 왔습니다. ❹ 혹시 음식을 바꿔주실 수 있을까요? ❺ 아, 시간이 너무 오래 걸린다고요? ❻ 아쉽네요. ❼ 그럼 환불을 받을 수 있을까요? ❽ 정말요? ❾ 지금 바로 처리해 주실 건가요? ❿ 그리고 스프링롤은 제가 먹어도 된다고요? ⓫ 알겠습니다. 도와주셔서 정말 감사합니다.

(핵심 표현) ❾ You'll **process** it now?

'처리하다, 진행하다'라는 뜻으로 주문, 결제, 신청 같은 상황에서 자주 쓰여요.

[ex] We'll **process** your order right away.
주문을 바로 처리해 드리겠습니다.

학생 답변

Hi, this is the Sky restaurant, right? Okay, hi. I ordered some seafood there, but I got all the pork here. So, I think I got wrong food. Okay, wait a sec, please? So you mean, you need my ordering number first? Okay.
My ordering number is 7254. Okay.
Oh, so, my order was correct, the seafood. But you sent me the wrong food, right? Oh, okay. I thought like, I could, misorder the food. But it wasn't my fault, right?
Okay, so, what kind of option do I have? Okay, so changing the food, or refund. Oh, okay. But this food is already cold. So, I think it's not good to eat right now, for this pork.
Oh, so you want to get a refund? Oh, what? You just give me this food for free? Oh, okay. Oh, sounds amazing. But I'm kind of, feeling sorry. But, okay. I will take it. So, you will refund my money, and I can just have this meal for free.
Oh, okay, I got it. Okay so, thank you for your help.

학생 답변 요약

스카이 레스토랑 맞나요? 제가 해산물 요리를 주문했는데, 돼지고기 요리가 배달이 와서요.
주문은 맞게 들어갔는데 배달이 잘못 온 거라는 거죠?
그럼 음식을 교환하거나 환불을 받아야 하는군요. 음식이 이미 다 식어서 그런데 환불을 받을 수 있을까요?
이 음식은 제가 먹어도 된다고요?
감사합니다.

전략 답변

Step 1 간단한 상황 설명	**[요약]** 해산물 스페셜을 주문했는데, 돼지고기가 왔어요. ❶ Hi, is this Sky restaurant? ❷ OK, I just ordered your seafood special, but I received pork instead. ❸ My order number is 7254. ❹ Oh, the delivery guy made a mistake?
Step 2 첫 번째 제안하기 부정 반응	**[요약]** 원래 주문을 다시 보내줄 수 있나요? NO ❺ Alright, then could you deliver my actual order right away? 제안 ❻ Oh, you can, but it'll take 2 hours? 상대방 말 ❼ Hmm, I don't think I can wait that long. 반응
Step 3 두 번째 제안하기 긍정 반응	**[요약]** 환불은 가능한가요? YES ❽ In that case, could I just get a refund instead? 제안 ❾ Yeah? 반응 ❿ You can process that right away? 상대방 말 ⓫ And I can keep the pork delivery as well? 상대방 말
Step 4 마무리	**[요약]** 환불 처리해 주시고 돼지고기는 제가 가지겠습니다. ⓬ Ok, then please go ahead with the refund, and I'll keep the pork. ⓭ Thanks so much.

❶ 안녕하세요, 스카이 레스토랑 맞나요? ❷ 제가 해산물 스페셜을 주문했는데, 돼지고기를 받았어요. ❸ 주문 번호는 7254입니다. ❹ 아, 배달원이 실수한 건가요? ❺ 그렇다면 제 원래 주문을 바로 다시 보내주실 수 있나요? ❻ 아, 가능은 한데 2시간이나 걸린다고요? ❼ 음, 그렇게 오래는 못 기다릴 것 같아요. ❽ 그럼 환불을 받을 수 있을까요? ❾ 네? ❿ 바로 처리해 주실 수 있다고요? ⓫ 그리고 이 돼지고기는 제가 그냥 먹으라고요? ⓬ 알겠습니다, 그럼 환불 처리해 주시고 돼지고기는 제가 가지겠습니다. ⓭ 정말 감사합니다.

[핵심 표현] ❼ Hmm, **I don't think** I can wait that long.

단순히 I can't wait that long보다 I don't think ~를 써서 이렇게 말하면 더 부드럽고 자연스러워요.

[ex] I don't think I can finish this on time.
제 시간에 이걸 끝낼 수 없을 것 같아요.

[오픽 필수 영어 표현]

(IM) ❶ order number 주문 번호 ❻ That's unfortunate 그거 안됐네요 / 유감이에요 / 아쉽네요 ❼ refund 환불 ❾ process 처리하다

(IH) ❺ right away 즉시, 바로 ❽ in that case 그렇다면, 그런 경우에는

문제, 전략 답변

ch02-7.mp3

QUESTION

That's the end of the situation. Have you ever tried cooking a new recipe and found it much harder than you expected? What went wrong, and what did you learn from the experience?

이것으로 상황 종료입니다. 새로운 요리를 시도해 봤는데 예상보다 훨씬 어려웠던 적이 있나요? 무엇이 잘못되었고, 그 경험에서 무엇을 배웠는지 말해주세요.

 **학생 답변**

Few days ago, I made some pasta, but this is my first time to make pasta. So I learned from… by YouTube.
But actually, I have some problems with that.
But finally, the taste was not bad.
But from now on, I make… I don't, I don't think… I don't make the pasta, just I can order a good quality of pasta of the other, other restaurant.

학생 답변 요약

여칠 전에 처음으로 파스타를 만들었고 유튜브를 보며 배웠다.
만드는 데 문제가 있었다.
그래도 맛은 나쁘지 않았다.
앞으로는 직접 만들지 않고 식당에서 좋은 파스타를 주문하려고 한다.

 **전략 답변**

Step 1 MP 말하기	요약 파스타를 처음 만들어봤다. 맛이 형편없어 실망했다. ❶ To keep it short, a few days ago, I made pasta. ❷ But I was disappointed because it tasted terrible.
Step 2 MP 관련 예시 말하기	요약 유튜브를 따라 했지만 소스가 너무 어려웠다. ❸ To be honest, it was my first time, so I watched a YouTube video. ❹ But it was harder than I thought to follow the recipe. ❺ The sauce was the hardest part. ❻ And so, it turned out so bad I couldn't finish it.
Step 3 MP와 연결하며 마무리	요약 다시는 파스타를 만들지 말아야겠다고 배웠다. ❼ So yeah, I learned that I should never make pasta again.

❶ 간단히 말하면, 며칠 전에 파스타를 만들어봤어요. ❷ 그런데 맛이 형편없어서 실망했어요. ❸ 사실 처음이라 유튜브 영상을 봤거든요. ❹ 그런데 레시피를 따라 하는 게 생각보다 어렵더라고요. ❺ 특히 소스 만드는 게 가장 힘들었어요. ❻ 그래서 결과가 너무 엉망이라 다 먹지도 못했어요. ❼ 그래서 다시는 파스타를 만들지 말아야겠다는 걸 배웠어요.

핵심 표현 >> ❹ But it was **harder than I thought** to follow the recipe.

'생각보다 더 어렵다'라는 뜻의 구어체 표현이에요.

ex The exam was **harder than I thought**.
시험이 생각보다 어려웠어요.

❻ And so, it **turned out** so bad I couldn't finish it.

'결국 ~이 되다 / 드러나다'라는 뜻이에요.

ex The project **turned out** to be harder than expected.
프로젝트가 예상보다 더 어렵게 됐어요.

 >> ## 학생 답변

Okay, put simply, you know what? I'm really bad at cooking. I'm not good at cooking. So, whenever I tried to cook for myself, it's always screwed up. It was really terrible. The taste was really terrible.

Of course, I can cook some, just a simple meal, like a noodles or instant spaghetti or something.

But, besides that, if it takes more than five minutes to cook, I always screwed it up. Yeah, anyway, there was a time, I tried to make, Alio Olio Pasta. But I didn't expect that would be that busy to cook. I thought like, I could do that step by step. Noodles and sauce and vegetables.

But it actually wasn't. I had to do a lot of kinds of things at the same time. It was really busy. So, every foods are overcooked.

So, this is a memorable experience I had a problem while I'm cooking.

학생 답변 요약

나는 요리를 잘 못해서 시도할 때마다 망치고 맛도 형편없다.
라면이나 인스턴트 스파게티 같은 간단한 요리만 할 수 있다.
예전에 알리오 올리오 파스타를 만들어봤는데 쉽게 할 줄 알았다.
하지만 동시에 여러 가지를 해야 해서 너무 바빴고, 결국 다 과하게 익어버렸다.

 >> ## 전략 답변

요약 **여자 친구를 위해 파스타를 만들다가 망했다. 맛이 없어서 최악이었다.**

Step 1
MP 말하기

❶ To keep it short, I once totally messed up making pasta for my girlfriend.
❷ I was trying to make aglio olio for the first time but ended up adding way too much olive oil.
❸ It was so bad!

<table>
<tr><td rowspan="1">Step 2
MP와 다른 예시 말하기</td><td>[요약] 그전에는 카페라테와 샐러드를 잘 만들었다. 여자 친구가 좋아했다.

❹ Now honestly, everything was going great before that.
❺ I made a delicious café latte and she loved it.
❻ I also made her a small salad as an appetizer, and she was really impressed.</td></tr>
<tr><td>Step 3
MP로 돌아와
관련 예시 말하기</td><td>[요약] 메인 요리는 올리브오일 수프처럼 돼서 끔찍했다.

❼ But when it was time for the main course, my heart sank.
❽ The aglio olio I made looked more like olive oil soup.
❾ It was awful!</td></tr>
<tr><td>Step 4
MP와 연결하며 마무리</td><td>[요약] 알리오 올리오가 어렵다는 걸 배웠다.

❿ So yeah, what I learned that day was that aglio olio was a lot harder to make than I thought!</td></tr>
</table>

❶ 간단히 말해서, 여자 친구에게 파스타를 만들어주려다가 완전히 망친 적이 있어요. ❷ 처음으로 알리오 올리오를 만들려고 했는데, 올리브 오일을 너무 많이 넣어버렸죠. ❸ 진짜 끔찍했죠! ❹ 사실 그전까진 모든 게 순조로웠어요. ❺ 맛있는 카페라테를 만들어줬는데, 여자 친구가 정말 좋아했거든요. ❻ 또 애피타이저로 작은 샐러드도 만들어줬는데, 그녀가 정말 감탄했어요. ❼ 그런데 메인 요리 차례가 되자, 가슴이 철렁 내려앉았어요. ❽ 제가 만든 알리오 올리오는 마치 올리브오일 수프처럼 보였거든요. ❾ 최악이었어요! ❿ 그래서 그날 배운 건, 알리오 올리오는 생각보다 만들기 훨씬 어렵다는 거였어요!

(핵심 표현) ❶ To keep it short, I once totally **messed up** making pasta for my girlfriend.

mess up은 '망치다, 엉망으로 만들다'라는 뜻이에요.

[ex] I **messed up** my presentation.
발표를 망쳤어요.

❹ Now honestly, everything was **going great** before that.

go great은 '아주 잘 진행되다'라는 뜻으로 자연스러운 구어체 표현이에요.

[ex] The game was **going great** in the first half.
경기 전반전은 아주 잘 풀리고 있었어요.

❼ But when it was time for the main course, **my heart sank**.

'깜짝 놀라거나, 실망하거나, 불안해졌다'라는 의미예요.

[ex] **My heart sank** when the flight got canceled.
비행기가 취소됐다는 말에 가슴이 철렁했어요.

(IM) ❹ recipe 조리법, 레시피 ❺ sauce 소스 ❻ turn out 결국 ~하게 되다, 결과가 ~로 나오다
(IH) ❶ mess up 망치다, 엉망으로 만들다 ❷ end up -ing 결국 ~하게 되다 ❻ appetizer 애피타이저, 전채 요리 ❼ my heart sank 내 가슴이 철렁 내려앉았다, 크게 실망했다 ❾ awful 끔찍한, 형편없는

8 IHU14 사회 / 이슈

문제, 전략 답변

ch02-8.mp3

QUESTION

People choose different diets for many reasons, like health, ethics, or taste. What are some diets you know of, and how do they differ? Why might people choose one over another?

사람들은 건강, 윤리, 맛 등 다양한 이유로 서로 다른 식단을 선택합니다. 알고 있는 식단은 무엇이고 그것들은 어떻게 다른가요? 사람들이 특정 식단을 선택하는 이유는 무엇인가요?

IH > 학생 답변

To keep it short, I know only two kinds of diet. One is just eating nothing and the other one is eating healthy, but working out hard. And I guess people might like, the second one. Eating healthy, but working out hard.

Because the first one, eating nothing is really crazy. That is not good for our health, right? I know there are a lot of different kinds of diets in the world, but this two is really popular in my country. So, that's the reason I know only two kinds of diet.

And eating nothing is really not good for our health. There is no energy, no water and no vitamins and no nutrition for our health. So, we cannot stand up just, three days, I guess. Because a human being cannot survive without any kinds of energy for three days, right?

So, I think, people might choose the second one. Eating, but working out hard.

학생 답변 요약

두 가지 다이어트 방식을 안다.

하나는 아무것도 먹지 않는 것이고, 다른 하나는 건강하게 먹으면서 운동을 열심히 하는 것이다.

첫 번째 다이어트인 아무것도 먹지 않는 것은 말도 안 되고 건강에도 좋지 않다.

먹지 않으면 에너지, 물, 비타민, 영양분이 없어 3일도 버티지 못한다.

그래서 대부분 사람들이 건강하게 먹으면서 운동하는 두 번째 방법을 선택한다고 생각한다.

 전략 답변

Step 1 MP 말하기 (A, B)	요약 굶기와 건강하게 먹기, 이렇게 두 가지 다이어트 방법을 안다. ❶ To keep it short, I know two kinds of diets. ❷ One is where you eat almost nothing, and the other is where you eat healthy.
Step 2 A를 자세히 설명	요약 굶는 건 위험한데, 여자 친구가 가끔 그렇게 한다. ❸ Honestly, starving yourself is kind of crazy. ❹ But my girlfriend, for example, sometimes does that. ❺ She'll eat almost nothing for 2 weeks just to lose a few pounds.
Step 3 B를 자세히 설명	요약 건강식 다이어트는 어렵지만 굶는 것보다 쉽고 사람들이 더 선호한다. ❻ Now, the other type of diet is simply eating healthy, like avoiding fast food. ❼ That's still a bit tough, especially for someone like me. ❽ But I think it's way easier than my girlfriend's method. ❾ I'd say most people would prefer the second option.
Step 4 MP와 연결하며 마무리	요약 이것이 두 가지 다이어트에 대한 내 생각이다. ❿ So yeah, that's my view on these two different types of diets.

❶ 간단히 말해서, 저는 두 종류의 다이어트 방법을 알아요. ❷ 하나는 거의 아무것도 먹지 않는 방법이고, 다른 하나는 건강하게 먹는 방법이에요. ❸ 솔직히 말해서, 굶는 건 좀 미친 짓이에요. ❹ 하지만 예를 들어, 제 여자 친구는 가끔 그렇게 해요. ❺ 몇 파운드를 빼려고 2주 동안 거의 아무것도 안 먹어요. ❻ 반면에 다른 종류의 다이어트는 건강하게 먹는 거예요. 예를 들어 패스트푸드를 피하는 거죠. ❼ 사실 그것도 저 같은 사람에겐 여전히 조금 어렵긴 해요. ❽ 하지만 제 여자 친구 방식보다는 훨씬 쉬운 것 같아요. ❾ 대부분의 사람들은 두 번째 방법을 더 선호할 거라고 생각해요. ❿ 그러니까, 이 두 가지 다른 다이어트에 대해 제가 생각하는 건 이거예요.

핵심 표현 ❷ **One is** where you eat almost nothing, **and the other is** where you eat healthy.

One is ~, and the other is ~는 대조되는 두 가지를 설명할 때 자주 쓰는 구문이에요.

ex **One is** big, **and the other is** small.
하나는 크고, 다른 하나는 작아요.

❸ Honestly, **starving yourself** is kind of crazy.

starve는 '굶주리다'라는 의미인데, yourself를 붙이면 '자신을 굶게 만들다'라는 뉘앙스가 돼요. not eating이라고 하면 단순히 '먹지 않는다'는 의미이지만, starving yourself라고 하면 '체중 감량이나 다이어트 때문에 일부러 굶는' 상황을 더 강하게 전달해요.

ex Don't **starve yourself** just to lose weight.
살 빼려고 일부러 굶지 마세요.

오픽 필수 영어 표현

IH ❶ diet 식단, 다이어트 ❸ starve oneself 스스로 굶다 ❼ tough 힘든, 어려운 ❽ method 방법, 방식

9 IHU15 사회 / 이슈

ch02-9.mp3

QUESTION

Food is often featured in the news as something that brings people together. Have you seen any news stories about how sharing meals can strengthen relationships or improve social bonds? Why do you think eating together continues to be such an important part of your culture?

음식은 사람들을 하나로 모으는 소재로 뉴스에 자주 등장합니다. 함께 식사하는 것이 어떻게 관계를 강화하거나 사회적 유대감을 높이는지에 대한 뉴스 기사를 본 적 있나요? 왜 함께 식사하는 것이 여전히 당신의 문화에서 그렇게 중요한 부분이라고 생각하나요?

 학생 답변

Oh, okay. Let me cut to the chase. I really think, sharing meals can make a strong relationship between human beings.

Because, you know, having a meal, I mean, getting an energy from the food is for surviving of a human being, right? So, if we share our meals, it's unconsciously can make a trust between each other. So I think also, to these days, sharing the meals is making a good, I mean, a strong relationship between each other.

So, and, besides that, we could talk each other while, we are eating, I mean, we are sharing our meals. We could know about each other more by talking about each other on the table while we are sharing our meals.

So, that kinds of things could make some good relationship. And that could make us more closer, right? So, that's pretty much about sharing meals I think.

학생 답변 요약

나는 식사를 함께하는 것이 사람들 사이의 관계를 강하게 만든다고 생각한다.
식사는 생존을 위한 것이고, 함께 나누면 무의식적으로 서로 신뢰를 쌓을 수 있다.
또 식사하면서 대화할 수 있고 서로를 더 잘 알 수 있다.
그래서 식사를 함께 나누는 것은 좋은 관계를 만들고 더 가까워지게 한다고 생각한다.

 **전략 답변**

Step 1 MP 말하기	요약 한국에서 함께 식사하는 게 왜 중요한지 다룬 영상을 봤다. 음식을 나눠 먹는 문화가 강해 공동체 의식이 생긴다고 했다. ❶ To keep it short, I saw something on YouTube just the other day about the importance of eating together. ❷ And it talked about how Korea has a strong sense of community, since many of our dishes are meant to be shared.
Step 2 MP와 다른 예시 말하기	요약 혼자 먹으면 우울해지고 정신 건강에 좋지 않다고 했다. ❸ Now, it also talked about other things. ❹ For example, if we eat alone, it can feel quite depressing. ❺ It's also not great for our mental health, since we're not interacting with anyone.
Step 3 MP로 돌아와 관련 예시 말하기	요약 한국 사람들은 음식을 나눠 먹으며 친밀감을 느낀다. ❻ But many Koreans love eating together because so many of our dishes almost force us to share. ❼ It might sound a little crazy, but it's completely normal here to double-dip our spoons into the same bowl or pot in the middle of the table! ❽ That makes it feel like we're family even if we're just friends or co-workers.
Step 4 MP와 연결하며 마무리	요약 한국 사람들이 함께 먹는 문화를 뉴스 클립에서 다룬 게 흥미로웠다. ❾ So yeah, that's what I remember from the YouTube video. ❿ It was a short news clip about how Koreans eat together, and I found it really interesting.

❶ 간단히 말해서, 며칠 전에 유튜브에서 함께 식사하는 것의 중요성에 관한 영상을 봤어요. ❷ 그리고 그 영상에서는 한국의 많은 음식이 나눠 먹기 좋게 되어 있어서, 한국이 강한 공동체 의식을 가지고 있다고 하더라고요. ❸ 또 다른 내용도 다뤘어요. ❹ 예를 들어, 혼자 밥을 먹으면 꽤 우울하게 느껴질 수 있다는 내용이었어요. ❺ 그리고 아무도와 교류하지 않기 때문에 정신 건강에도 좋지 않다고 했어요. ❻ 하지만 많은 한국인들은 함께 식사하는 것을 좋아해요. 왜냐하면 우리나라의 음식 중 상당수가 거의 억지로라도 나눠 먹도록 되어 있거든요. ❼ 좀 이상하게 들릴 수도 있겠지만, 여기서는 테이블 가운데 있는 같은 그릇이나 냄비에 숟가락을 여러 번 담그는 게 완전히 정상적인 일이에요. ❽ 그래서 비록 그냥 친구나 직장 동료일지라도 가족처럼 느껴지게 돼요. ❾ 그래서, 그게 제가 유튜브 영상에서 기억하는 내용이에요. ❿ 한국 사람들이 함께 식사하는 방식에 관한 짧은 뉴스 클립이었는데, 정말 흥미롭게 봤어요.

핵심 표현 ❷ And it talked about how Korea has a strong sense of community, since many of our dishes are **meant to be** shared.

여기서 meant to be ~는 '~하도록 의도된, ~하게끔 만들어진'이라는 뜻이에요. made to be 는 '물리적으로 ~하게 만들어졌다'는 느낌인데, meant to be는 '원래 목적이나 의도가 ~이다'라는 뜻의 표현이에요.

ex The park is **meant to be** used by everyone.
그 공원은 모두가 이용하도록 의도된 곳이에요.

❼ It might sound a little crazy, but it's completely normal here to **double-dip** our spoons into the same bowl or pot in the middle of the table!

'같은 음식에 숟가락/칩 등을 다시 넣다'라는 뜻이에요. 보통 위생 때문에 피하라고 하지만, 문화에 따라 자연스러운 경우도 있어요.

[ex] In some cultures, **double-dipping** is normal.
어떤 문화에서는 두 번 찍는 게 자연스러워요.

오픽 필수 영어 표현

(IH) ❶ just the other day 바로 며칠 전에 ❷ sense of community 공동체 의식 ❸ be meant to 원래 ~하도록 되어 있다 ❺ interact with (someone) ~와 교류하다, 소통하다 ❼ double-dip (같은 음식에) 두 번 찍어 먹다

ch03.mp3

Free Time(여가 시간) 질문 한눈에 보기

| ❶ **Description**
묘사 | Can you describe a place you like to go in your free time? What do you like about that place? How do you feel when you're there? |

❶ **Description**
묘사

Can you describe a place you like to go in your free time? What do you like about that place? How do you feel when you're there?

❷ **Habit**
습관

What kinds of outdoor activities do you enjoy in your free time? Do you like hiking, biking, or swimming? What do you usually do outdoors?

❸ **Past Experience**
과거 경험

Can you tell me about the last time you had some free time? When was it? What did you do? Who were you with?

❹ **Comparison**
비교

Talk about your free time. Did you have more or less free time in the past? How was it different from your free time now?

❺ **RP11**
롤플레이

I'd like to give you a situation to act it out. You're at a local community center because you're looking for new things to do in your free time. Talk to the staff and ask three or four questions to get some ideas.

❻ **RP12**
롤플레이

I'm sorry, but there's a problem I need you to resolve. You were going to attend a painting class during your free time, but the class has been canceled. Talk to the instructor, explain your disappointment, and suggest two or three other things you could do instead.

❼ **RP13**
과거 경험

That's the end of the situation. Have you ever started doing something fun in your free time, but it turned out not to be what you expected? What was it, and how did you feel about the experience?

❽ **IHU14**
사회 / 이슈

People enjoy different kinds of experiences in their free time. What kinds of experiences do you think people enjoy the most? What do you think influences someone's preference when it comes to free time activities?

❾ **IHU15**
사회 / 이슈

Free time is often mentioned in the news as something that affects people's overall well-being. Have you seen any news reports or stories that talk about the importance of having free time? Why do you think free time can have a positive impact on people's happiness or health?

1 Description 묘사

ch03-1.mp3

QUESTION

Can you describe a place you like to go in your free time? What do you like about that place? How do you feel when you're there?

여가 시간에 자주 가는 장소를 묘사해 주세요. 그 장소의 어떤 점이 마음에 드나요? 그곳에 있으면 어떤 기분이 드나요?

 학생 답변

If I have some free time, I used to go to the beach because I love to sitting.
I love to sit. And I see the beach because my mind so like, chill.
So usually when I have some free time, I'd like to go to the beach.

학생 답변 요약

여가 시간이 있으면 바닷가에 가서 앉아 있는 걸 좋아한다.
해변에 앉아서 바라보면 마음이 편안하다.
그래서 보통 시간이 나면 해변에 가고 싶다.

 전략 답변

Step 1 MP 말하기	요약 여가 시간에 해변에 가서 쉬는 걸 좋아한다. 모래 위에 누우면 편안하기 때문이다. ❶ To keep it short, I like going to the beach in my free time. ❷ It's very relaxing to lie down on the sand.
Step 2 MP 관련 예시 말하기	요약 해변은 나를 차분하게 해주고 모래는 부드럽고 파도 소리는 평화로워서 걱정을 잊게 된다. ❸ To be honest, the beach makes me feel calm. ❹ The sand is soft, and the sound of the waves is peaceful. ❺ And so, when I'm there, I forget about my worries.
Step 3 MP와 연결하며 마무리	요약 그래서 해변에 가는 걸 좋아한다. ❻ So yeah, that's why I love going to the beach.

❶ 간단히 말하면, 저는 여가 시간에 해변에 가는 것을 좋아해요. ❷ 모래 위에 누워 있으면 정말 편안해요. ❸ 솔직히 말해서, 해변은 저를 차분하게 만들어줘요. ❹ 모래는 부드럽고, 파도 소리는 평화로워요. ❺ 그래서 그곳에 있으면 걱정을 잊게 돼요. ❻ 그래서 저는 해변에 가는 것을 정말 좋아해요.

 ❷ It's very **relaxing** to lie down on the sand.

여기서 relaxing은 '편안하게 해주는, 휴식을 주는'이라는 뜻이에요. 많은 학생들이 It's comfortable이라고 말하는데, 이런 상황에서는 relaxing을 쓰는 게 더 자연스러워요.

ex It's very **relaxing** to take a hot bath after work.
퇴근 후 뜨거운 목욕을 하면 정말 편안해져요.

❺ And so, when I'm there, I **forget about** my worries.

단순히 forget만 쓰기보다 forget about ~이라고 하면 '~을 신경 쓰지 않다, 잊고 지내다'라는 뉘앙스를 더 잘 전달할 수 있어요.

ex I **forget about** everything when I listen to music.
음악을 들을 때는 모든 걸 잊어요.

 학생 답변

> To keep it short. I usually go to the book café in my free time. I really love it because there are a lot of comics I can read, and I really love animation or characters and comics from when I was a child.
> And, you know, they, they serve also the foods and drinks there. And it's quite convenient because I don't have to go out to have a lunch or have a dinner, but I can order the food like a spicy noodle or bread or a coffee there. And I can read the book and eating the snacks at the same time. So I think it's like my, my personal house or room with, a lot of, you know, comics.
> So that's why I usually go to the Book café in my free time. And it's really amazing, I think, because it's really cheap.

학생 답변 요약

여가 시간에 보통 북 카페에 간다. 어릴 때부터 만화와 캐릭터를 좋아해서 만화를 많이 읽을 수 있어 좋다. 그곳은 음식과 음료도 팔아서 편리하다. 나가서 밥을 먹을 필요 없이 매운 라면이나 빵, 커피를 시켜 만화를 보며 먹을 수 있다. 그래서 마치 내 방 같은 느낌이 난다.
가격도 저렴해서 북 카페에 자주 간다.

 전략 답변

Step 1 MP 말하기	요약 여가 시간에 주로 북 카페에 간다. 만화책이 많아서 즐겁게 읽을 수 있기 때문이다. ❶ To keep it short, I usually go to a book café in my free time. ❷ They have a huge selection of comic books that I enjoy reading.
Step 2 MP와 다른 예시 말하기	요약 만화책 외에도 커피, 음료가 있고 음식과 간식도 있다. ❸ Now, aside from comics, they also serve coffee and other tasty drinks. ❹ They even have food and snacks, which is awesome.

<table>
<tr>
<td rowspan="2">Step 3
MP로 돌아와
관련 예시 말하기</td>
<td>요약 하지만 가장 좋은 건 만화책이다. 어릴 때 보던 만화들이 많아서 오래 머물게 된다.</td>
</tr>
<tr>
<td>⑤ But the best part about book cafés is definitely the comic book selection.
⑥ I especially love reading comics from when I was a child.
⑦ And it's great to have all of them in one place.
⑧ And so, once I step inside, I tend to stay for hours.
⑨ I never want to leave!</td>
</tr>
<tr>
<td rowspan="2">Step 4
MP와 연결하며 마무리</td>
<td>요약 그래서 북 카페에서 여가 시간을 보낸다.</td>
</tr>
<tr>
<td>⑩ So yeah, that's why I usually spend my free time at a book café.</td>
</tr>
</table>

❶ 짧게 말해서, 저는 주로 여가 시간에 북 카페에 가요. ❷ 그곳에는 제가 즐겨 읽는 만화책들이 아주 많이 있거든요. ❸ 그리고 만화책뿐만 아니라 커피와 다른 맛있는 음료도 팔아요. ❹ 심지어 음식과 간식도 있어서 정말 좋아요. ❺ 하지만 북 카페의 가장 좋은 점은 단연 만화책 종류가 다양하다는 거예요. ❻ 저는 특히 어렸을 때 보던 만화를 읽는 걸 정말 좋아해요. ❼ 그런 만화들이 한곳에 다 모여 있다는 게 정말 좋아요. ❽ 그래서 한번 들어가면 몇 시간씩 머무르게 돼요. ❾ 나오고 싶지가 않아요! ❿ 그게 바로 제가 보통 여가 시간을 북 카페에서 보내는 이유입니다.

핵심 표현 ❷ They have **a huge selection of** comic books that I enjoy reading.

여기서 a huge selection of ~ 는 '엄청 다양한 ~'이라는 뜻이에요. 보통 many나 a lot of만 쓰는데, 원어민들은 이렇게 표현해서 더 풍부하고 자연스럽게 말해요.

ex The store has **a huge selection of** shoes.
그 가게에는 신발 종류가 엄청 다양해요.

❺ But **the best part** about book cafés **is** definitely the comic book selection.

여기서 the best part is ~ 는 '가장 좋은 점은 ~이다'라는 뜻이에요. 학생들은 보통 I like ~ the most라고만 말하는데, 원어민들은 the best part is ~라고 해서 특정 장점을 강조해요.

ex **The best part** of the trip **was** the food.
여행에서 가장 좋은 건 음식이었어요.

2 Habit 습관

문제, 전략 답변

ch03-2.mp3

QUESTION

What kinds of outdoor activities do you enjoy in your free time? Do you like hiking, biking, or swimming? What do you usually do outdoors?

여가 시간에 즐기는 야외 활동은 어떤 것들이 있나요? 하이킹, 자전거 타기, 수영 같은 걸 좋아하나요? 야외에서 보통 무엇을 하나요?

 학생 답변

Whenever I have some free time, like day off, I used to going to… I used to go to the beach and I just take a rest.
Actually, I like to swimming. So in the beach, I can… in the beach when I swimming in there, my feeling was… my feeling is so good like a chill.
So, actually I can't. I wanted to go there everyday.

학생 답변 요약

쉬는 날이나 여가 시간이 있으면 바닷가에 가서 휴식을 취한다.
수영하는 것을 좋아하는데, 바다에서 수영하면 기분이 편안하고 정말 좋다.
그래서 매일 바닷가에 가고 싶다.

 전략 답변

Step 1 MP 말하기 (행동 중심)	**요약** 여가 시간에 해변에 가서 수영하는 것을 좋아한다. ❶ To keep it short, whenever I have free time, I like to go swimming at the beach.
Step 2 MP 관련 예시 말하기	**요약** 바다 수영은 좋은 운동이다. 물속에 있는 느낌이 좋다. ❷ To be honest, it's my favorite outdoor activity. ❸ If I weren't so busy, I would go almost every day. ❹ It's really good exercise. ❺ And I really enjoy the feeling of going underwater.
Step 3 MP와 연결하며 마무리	**요약** 그래서 여가 시간을 보통 그렇게 보낸다. ❻ So yeah, that's what I usually do in my free time.

❶ 간단히 말하면, 여가 시간이 있을 때마다 저는 해변에서 수영하는 것을 좋아해요. ❷ 솔직히 말해서, 그건 제가 가장 좋아하는 야외 활동이에요. ❸ 바쁘지 않다면, 거의 매일 갈 것 같아요. ❹ 정말 좋은 운동이거든요. ❺ 그리고 전 물속에 있는 느낌을 정말 좋아해요. ❻ 그래서 저는 보통 여가 시간을 그렇게 보내요.

❸ If I weren't so busy, I would go almost every day.

여기서 사용한 If I weren't ~, I would ~는 가정법 표현이에요. 실제로는 바쁘지만 '만약 그렇지 않았다면 ~했을 텐데'라는 가상의 상황을 말할 때 쓰는 패턴이에요.

[ex] **If I weren't** tired, **I would** join you for dinner.
내가 피곤하지 않다면, 너와 저녁을 함께할 텐데.

 학생 답변

Oh, okay, to keep it short, I really love swimming. I really love it. Because whenever I swim in the water, I feel like, you know, I'm swimming in the sky. I mean, zero gravity, weightlessness. I really love that feeling. So, that's the main reason I often go swimming in my free time for the… for the outdoor activities.
I used to go climbing with my girlfriend, like, three months ago… But now, here in Korea, it's summer season. So, it's really hot outside. So, I can't… It's the rocks. I mean, whenever I go climbing, I have to climb with the rock, right? The rock is really hot.
So, my hands is burning. So I, I cannot do that in the hot summer season.
So, these days, I can say, what I do for outdoor activity is swimming in my free time these days. And I really love it. So, I'm feeling like, I'm going… going swimming with my girlfriend on this Saturday.

수영을 정말 좋아한다. 물속에 있으면 마치 하늘을 나는 듯하고 무중력 상태 같은 느낌이 들어서 그 기분이 좋다.
세 달 전에는 여자 친구와 등산을 했지만 지금은 한국이 여름이라 너무 덥고 바위가 뜨거워서 손이 데일 정도라서 할 수 없다.
그래서 요즘 내가 하는 야외 활동은 수영이고, 이번 주 토요일에도 여자 친구와 함께 수영하러 갈 예정이다.

 전략 답변

Step 1 MP 말하기 (행동 중심 – 현재)	요약 수영을 좋아한다. 물속에 있는 느낌이 좋기 때문이다. ❶ To keep it short, I really love swimming. ❷ I don't know why but I love the feeling of being in the water.
Step 2 빠른 비교 전략 (MP와 반대 내용 – 과거)	요약 예전에는 물을 무서워했다. ❸ In the past, I wasn't always like this. ❹ Before I learned how to swim, I was actually a bit scared of the water.
Step 3 MP로 돌아와 관련 예시 말하기 (현재)	요약 요즘은 수영을 좋아한다. 여자 친구와 함께 가기도 한다. ❺ But these days, now that I've learned, swimming has become my go-to outdoor activity. ❻ I especially enjoy being underwater. ❼ And whenever possible, I try to find a swimming pool or plan a trip to the beach. ❽ It's even better if my girlfriend comes with me.

<table>
<tr><td>Step 4
MP와 연결하며 마무리</td><td> 그래서 여가 시간에 수영을 즐긴다.
❾ So yeah, whenever I have free time, I usually enjoy going for a swim.</td></tr>
</table>

❶ 간단히 말해서, 저는 수영을 정말 좋아해요. ❷ 왜인지는 모르겠지만 물속에 있는 그 느낌이 정말 좋아요. ❸ 예전에는 이렇지 않았어요. ❹ 수영을 배우기 전에는 사실 물이 좀 무서웠거든요. ❺ 그런데 요즘은 수영을 배운 이후로, 수영이 제 대표적인 야외 활동이 되었어요. ❻ 특히 물속에 있는 걸 정말 즐겨요. ❼ 그래서 기회가 될 때마다 수영장을 찾거나 바닷가로 여행을 가려고 해요. ❽ 여자 친구가 같이 가면 더 좋고요. ❾ 그래서 네, 시간이 날 때마다 저는 보통 수영을 즐기곤 해요.

핵심 표현 ❷ I don't know why but I love **the feeling of being** in the water.

여기서 the feeling of -ing는 '~하는 느낌'을 표현할 때 자주 쓰는 패턴이에요. 단순히 I love swimming보다 감각적인 뉘앙스를 줄 수 있어요.

ex **The feeling of being** home after a long trip is amazing.
긴 여행 후 집에 돌아온 느낌은 정말 좋아요.

❺ But these days, now that I've learned, swimming has become my **go-to outdoor activity**.

go-to는 '늘 찾게 되는, 주된'이라는 의미로 go-to outdoor activity는 '늘 즐기는 야외 활동'이라는 뜻이 돼요.

ex Pizza is my **go-to** food when I don't know what to eat.
뭘 먹을지 모르겠을 때 피자는 제가 늘 찾는 음식이에요.

오픽 필수 영어 표현

(IM) ❶ whenever ~할 때마다 ❷ outdoor activity 야외 활동 ❸ If I weren't so busy, I would ~ 내가 그렇게 바쁘지 않다면 ~할 텐데 ❺ underwater 물속에서

(IH) ❷ the feeling of ~하는 느낌 ❹ scared of ~을 무서워하다 ❺ go-to 가장 즐겨 하는, 단골의, 제일 선호하는 ❼ whenever possible 가능할 때마다

문제, 전략 답변

ch03-3.mp3

QUESTION

Can you tell me about the last time you had some free time? When was it? What did you do? Who were you with?

최근에 가졌던 여가 시간에 대해 말해줄 수 있나요? 언제였나요? 무엇을 했나요? 누구와 함께 있었나요?

 학생 답변

Yesterday was my day off. So, I went to the beach with my friends.
So, I tanned my body. And I had some breakfast with my friends. But suddenly, the weather was so cold.
So, we had to go to the home because we don't have any clothes for, like, a sweater. So, we just went to home.

학생 답변 요약

어제 쉬는 날이라 친구들과 바닷가에 갔다.
선탠도 하고 아침도 먹었다. 그런데 갑자기 날씨가 추워졌다.
따뜻한 옷이 없어 결국 집으로 돌아왔다.

 전략 답변

	요약 어제 친구와 해변에 갔다. 물이 너무 차가워 실망했다.
Step 1 MP 말하기	❶ To keep it short, yesterday was my day off. ❷ And so, I went to the beach with a friend of mine. ❸ But we were disappointed because the water was too cold.
	요약 평소엔 따뜻하지만, 어제는 차가워서 일찍 떠나야 했다.
Step 2 MP 관련 예시 말하기	❹ To be honest, the water is usually warm. ❺ But yesterday it was uncomfortably cold. ❻ And so, we left earlier than we planned.
	요약 이것이 어제 했던 일이다.
Step 3 MP와 연결하며 마무리	❼ So yeah, that's what I did yesterday.

❶ 간단히 말하면, 어제는 제 휴일이었어요. ❷ 그래서 친구와 함께 해변에 갔죠. ❸ 하지만 물이 너무 차가워서 실망했어요. ❹ 솔직히, 그곳의 물은 보통 따뜻한 편이거든요. ❺ 그런데 어제는 불편할 정도로 차가웠어요. ❻ 그래서 우리는 계획했던 것보다 일찍 떠났어요. ❼ 그래서 네, 그게 어제 제가 했던 일이에요.

② And so, I went to the beach with **a friend of mine**.

a friend of mine은 '내 친구 중 한 명'이라는 뜻이에요. 단순히 my friend라고만 하면 친구가 한 명인 것처럼 들리는데, of mine을 쓰면 여러 친구 중 한 명임을 자연스럽게 나타낼 수 있어요.

ex I had dinner with **a friend of mine** yesterday.
어제 내 친구 중 한 명과 저녁을 먹었어요.

⑤ But yesterday it was **uncomfortably cold**.

여기서 uncomfortably cold는 '불편할 정도로 추운'이라는 뜻으로, 단순히 very cold라고 하는 것보다 훨씬 자연스럽고 구체적인 표현이에요.

ex The hotel was **uncomfortably small**.
그 호텔은 너무 작아서 불편했어요.

⑥ And so, we left **earlier than we planned**.

earlier than we planned/expected '계획했던 것보다 더 일찍'이라는 뜻으로 단순히 we left early라고 하는 것보다 상황이 더 구체적으로 전달돼요.

ex I arrived **earlier than I expected**.
나는 예상보다 일찍 도착했어요.

IH ▷ 학생 답변

Alright, okay. I think the last time I had some free time was, you know, last Saturday. And… yeah, it was so fun because I went to a book café that I can read a lots of comics there with my girlfriend. And I really loved it because I really love comics and I really love, characters and, you know, figures and animation. So, that's the main reason I love going to a book café these days.

And, last Saturday, me and my girlfriend was, you know, dating outside. That, you know, here in Korea is summer season. It's really hot outside. So, we couldn't walk around any more near the subway station. So, we decided to go inside. And we found this book café, and it was quite amazing. And there were a lot of comics. And also, they were selling some delicious food and snacks.

So, we had a really great time. And the main thing is I found some new comics I didn't know before. So, I'm reading that animation and comics these days. Yeah, so, last Saturday, the book café was quite amazing.

학생 답변 요약

지난 토요일에 여자 친구와 북 카페에 갔는데, 내가 만화와 캐릭터를 좋아해서 즐거웠다.
그날은 날씨가 너무 더워서 걷지 못하고 들어갔는데, 만화도 많고 음식과 간식도 팔아서 좋았다.
새로운 만화를 발견해서 요즘 읽고 있고, 그날 카페 경험이 정말 즐거웠다.

 **전략 답변**

Step 1 MP 말하기	요약 여자 친구와 북카페에서 만화책을 읽어서 정말 재미있었다. ❶ To keep it short, I think the last time I had some free time was last Saturday. ❷ It was actually a lot of fun because my girlfriend and I went to a book café to read comic books.
Step 2 MP와 다른 예시 말하기	요약 북 카페에 가기 전에 정원에 들러 사진을 찍었다. 너무 더워서 카페도 갔다. ❸ Now, before that, we stopped by a flower garden to take some pictures. ❹ And then we headed to a café to cool off a bit. ❺ It was scorching hot that day.
Step 3 MP로 돌아와 관련 예시 말하기	요약 북카페에서 만화를 읽다가 여자 친구가 스파이더맨을 좋아한다는 걸 알게 됐다. ❻ But while we were drinking coffee, we had a spontaneous idea to visit a book café. ❼ And I'm so glad we did! ❽ We ended up reading a bunch of comic books. ❾ I didn't know my girlfriend was so into Spiderman, which was a nice surprise!
Step 4 MP와 연결하며 마무리	요약 지난 토요일에 그렇게 여가 시간을 보냈다. ❿ So yeah, that's how I spent my free time last Saturday.

❶ 간단히 말해서, 제가 최근에 여가 시간을 보낸 건 지난 토요일이었던 것 같아요. ❷ 그날은 정말 재미있었는데, 여자 친구랑 만화책을 읽으러 북 카페에 갔거든요. ❸ 근데 그전에 먼저 꽃 정원에 들러 사진을 찍었어요. ❹ 그리고 좀 시원해지려고 카페에 갔죠. ❺ 그날은 진짜 심하게 더웠거든요. ❻ 그런데 커피를 마시다가 즉흥적으로 북 카페에 가자는 아이디어가 나왔어요. ❼ 그리고 그건 정말 잘한 선택이었어요! ❽ 우리는 만화책을 잔뜩 읽었죠. ❾ 여자 친구가 그렇게 스파이더맨을 좋아하는 줄은 몰랐는데, 꽤 놀라운 발견이었어요! ❿ 그래서 네, 지난 토요일에 저는 그렇게 여가 시간을 보냈습니다.

 ❷ It was actually **a lot of fun** because my girlfriend and I went to a book café to read comic books.

a lot of fun은 '정말 재미있었다'를 자연스럽게 표현하는 구어체예요.

ex Traveling with friends is always **a lot of fun**.
친구들과 여행하는 건 언제나 즐거워요.

❹ And then we headed to a café to **cool off** a bit.

cool off는 '식다, 더위를 식히다'라는 표현으로, 무더운 날씨나 운동 후 자주 써요.

ex Let's **cool off** in the shade.
그늘에서 더위 좀 식히자.

오픽 필수 영어 표현

(IM) ❶ day off 휴일, 쉬는 날 ❷ a friend of mine 내 친구 중 한 명 ❺ uncomfortably 불편할 정도로, 거슬릴 정도로
(IH) ❸ stop by 잠깐 들르다 ❹ head to ~로 가다, 향하다 ❹ cool off 시원해지다, 식다 ❺ scorching hot 매우 더운, 불볕더위의 ❻ spontaneous 즉흥적인, 자연스러운 ❽ end up -ing 결국 ~하게 되다

4 Comparison 비교

문제, 전략 답변

ch03-4.mp3

QUESTION

Talk about your free time. Did you have more or less free time in the past? How was it different from your free time now?

여가 시간에 대해 이야기해 주세요. 과거에는 여가 시간이 더 많았나요, 더 적었나요? 지금과는 어떤 차이가 있었나요?

 학생 답변

When I was working in the hospital, before, so, at that time, I had 3 or 4 times a week, I had free time. But now I have, normally I have 1 or 2 free time a week. Actually, I am a little bit tired when I… when I have free time but I control myself and I control my daily life. So, I can endure it.

학생 답변 요약

예전에 병원에서 일할 때는 주 3~4번의 여가 시간이 있었다. 지금은 보통 주 1~2번만 여가 시간이 있다. 여가 시간이 있어도 피곤하지만 스스로 조절하면서 일상을 관리하고 버티고 있다.

 전략 답변

Step 1 MP 말하기 (현재)	요약 간호사라 여가 시간이 거의 없어서 정말 싫다. ❶ To keep it short, I don't have much free time these days because of work. ❷ I'm a nurse, and sometimes I don't even get a day off, which I dislike.
Step 2 MP와 반대 내용 말하기 (과거)	요약 병원에서 일하기 전에는 주 3일만 일해서 여가 시간이 많았다. ❸ In the past, before working at the hospital, I had a lot of free time. ❹ I only had a part-time job at a restaurant, and I worked three days a week, which was great.
Step 3 MP로 돌아와 관련 예시 말하기(현재)	요약 지금은 초과 근무가 많아 피곤하다. ❺ But these days, I do a lot of overtime at the hospital. ❻ It's tiring, but I don't have a choice.
Step 4 MP와 연결하며 마무리	요약 그래서 요즘은 여가 시간이 별로 없다. ❼ So yeah, that's why I don't have much free time now.

❶ 간단히 말하면, 요즘 저는 일 때문에 여가 시간이 많지 않아요. ❷ 저는 간호사인데, 가끔은 쉬는 날조차 없을 때가 있어서 그게 싫어요. ❸ 예전에 병원에서 일하기 전에는 여가 시간이 많았어요. ❹ 그때는 식당에서 시간제로 일했는데, 일주일에 3일만 일해서 정말 좋았죠. ❺ 하지만 요즘은 병원에서 초과 근무를 많이 해요. ❻ 피곤하지만 어쩔 수가 없어요. ❼ 그래서 네, 그게 바로 제가 지금 여가 시간이 별로 없는 이유예요.

---

 ❻ **It's tiring**, but I don't have a choice.

여기서 It's tiring은 '피곤하게 만든다, 지치게 한다'라는 뜻이에요. 많은 학생들이 단순히 I'm tired만 쓰는데, tiring을 쓰면 '어떤 일이 사람을 지치게 만든다'라는 원인에 초점이 있어요.

I'm tired. 나는 지금 피곤하다. 상태　　　　　It's tiring. 그 일이 나를 지치게 한다. 원인

[ex] Traveling for hours can be really **tiring**.
　　몇 시간 동안 여행하는 건 정말 힘들 수 있어요.

학생 답변

> Um, okay. You know what? I changed my job, like, four months ago. And my new company is really wonderful. You know, devices and boss and team members and environments, and new work… It's really amazing.
>
> But the thing is that, I only work just four hours on Friday. I really love it. Back in the days, when I was working for the previous company in Seoul, my working hour was 9 to 6, every day from Monday to Friday. So, my free time was like just four hours after taking off the work on Friday.
>
> But, nowadays, my working hours on Friday is 11 to 3 p.m. So, if I, you know, get off to work is on is 3 p.m. It's quite amazing.
>
> So, I usually sleep at 1 a.m. these days. So, technically, I have like, ten hours… ten hours free time on Friday.
>
> It's really amazing. So yeah, I think I have a lot more free time these days.

학생 답변 요약

4개월 전에 이직했는데 새 회사는 환경, 동료, 상사, 모든 게 훌륭하다.
이전 회사에서는 월요일부터 금요일까지 9시부터 6시까지 일해서 자유 시간이 거의 없었다.
하지만 지금은 금요일 근무 시간이 짧아서 오후 일찍 퇴근할 수 있다.
그래서 요즘은 훨씬 더 많은 여가 시간이 생겨서 정말 만족스럽다.

 **전략 답변**

Step 1 MP 말하기 (현재)	요약 요즘은 금요일에 근무 시간이 짧아서 여가 시간이 많다. 그래서 정말 좋다. ❶ To keep it short, I definitely feel I have more free time now, especially on Fridays. ❷ My company only requires me to work 4 hours on Fridays, and I absolutely love it!
Step 2 MP와 반대 내용 말하기 (과거)	요약 예전에는 9시부터 6시까지 일하고 가끔 야근도 해서 힘들었다. ❸ In the past, when I was at another company, I worked a typical 9 to 6 shift. ❹ And sometimes, I had to do overtime, which I really didn't enjoy.
Step 3 MP로 돌아와 관련 예시 말하기 (현재)	요약 지금 회사는 금요일 단축 근무라 자유 시간이 많아서 하고 싶은 걸 할 수 있다. ❺ But these days, in my new job, my Friday hours are 11 a.m. to 3 p.m. ❻ It feels like I suddenly have so much more time to do whatever I want. ❼ Lately, I've been looking for new things to do on Friday afternoons, like going to the gym or something. ❽ It's actually kind of wonderful.
Step 4 MP와 연결하며 마무리	요약 그래서 요즘은 여가 시간이 많다고 느낀다. ❾ So yeah, that's the main reason I feel like I have a lot more free time these days.

❶ 간단히 말해서, 요즘 확실히 여가 시간이 더 많다고 느껴요, 특히 금요일에요. ❷ 제 회사는 금요일에 4시간만 일하면 돼서 정말 마음에 들어요! ❸ 과거에 다른 회사에 다닐 때는, 근무 시간이 전형적인 9시부터 6시까지였어요. ❹ 그리고 가끔은 야근도 해야 했는데, 그게 정말 싫었죠. ❺ 하지만 요즘 새 직장에서는 금요일 근무 시간이 오전 11시부터 오후 3시까지예요. ❻ 그래서 갑자기 하고 싶은 일을 할 시간이 훨씬 많아진 것 같아요. ❼ 최근에는 금요일 오후에 헬스장에 가거나 새로운 걸 해보려고 찾고 있어요. ❽ 사실 정말 멋진 것 같아요. ❾ 그래서, 요즘 여가 시간이 많다고 느끼는 가장 큰 이유가 바로 그거예요.

핵심 표현 ❷ My company only **requires** me to work 4 hours on Fridays, and I absolutely love it!

여기서 require는 '요구하다, 필요로 하다'라는 뜻으로 공식적이고 격식을 갖춘 표현이에요. 회사, 학교, 규칙 같은 맥락에서 자주 쓰여요.

ex This course **requires** students to attend every class.
이 과정은 학생들이 모든 수업에 참석하도록 요구해요.

❸ In the past, when I was at another company, I worked **a typical 9 to 6 shift**.

a typical 9 to 6 shift는 '전형적인 9시부터 6시까지의 근무 시간'이라는 뜻이에요. shift는 '근무 시간, 교대 근무'를 의미하고, typical은 '전형적인, 흔히 있는'이라는 뜻으로, 특별한 변동이 없는 일반적인 근무 패턴을 강조할 때 써요. 따라서 a typical 9 to 6 shift는 '딱 정해진 9시 출근, 6시 퇴근'이라는 직장인의 표준 근무 형태를 표현한 거예요.

ex Most office workers have **a typical 9 to 5 shift**.
대부분의 사무직 직원들은 전형적인 9시부터 5시까지의 근무를 해요.

⑤ But these days, in my new job, my Friday hours are 11 a.m. to 3 p.m.

여기서 my Friday hours는 '내 금요일 근무 시간'이라는 뜻이에요. 많은 학생들이 단순히 I work 11 to 3 on Friday라고 표현하는데, 원어민들은 my ~ hours라고 해서 특정 요일이나 상황에서의 근무 · 수업 시간을 자연스럽게 묶어서 말해요.

ex **Our summer hours** are 10 to 4.
여름 근무 시간은 10시부터 4시예요.

5 RP11 롤플레이

문제, 전략 답변

ch03-5.mp3

QUESTION

I'd like to give you a situation to act it out. You're at a local community center because you're looking for new things to do in your free time. Talk to the staff and ask three or four questions to get some ideas.

상황을 드릴 테니 연기를 해주세요. 당신은 여가 시간에 할 수 있는 새로운 활동을 찾기 위해 지역 커뮤니티 센터에 왔습니다. 직원에게 서너 가지 질문을 해서 아이디어를 얻어보세요.

 학생 답변

Hi, how are you? I'm just walking around. Actually, I'm traveler. So, I didn't know that... about this city.
So, could you recommend, a special or popular area in this city?
Or can you recommend a Thai food restaurant like, very delicious food?
And then, can I use that toilet if if I... Before when I, when I travel in Europe, they charged the... using toilet.

학생 답변 요약

제가 여행 중이라 이 도시에 대해 잘 몰라요.
여기서 유명한 지역을 추천해 주실 수 있을까요?
맛있는 태국 음식점을 추천해 주세요.
그리고 화장실 좀 써도 괜찮을까요?

 전략 답변

Step 1 간단한 상황 설명	요약 주말에 할 만한 활동을 찾고 있어요. ❶ Hi, I'm looking for a weekend activity. ❷ And I just have a few questions.
Step 2 첫 번째 질문하기 긍정 반응	요약 수영 수업이 있나요? YES ❸ I'm wondering... do you have swimming classes? 질문 ❹ Oh really? 반응 ❺ You do? 상대방 말 ❻ Every day? 상대방 말 ❼ That's great. 반응

<table>
<tr><td rowspan="2">Step 3
두 번째 질문하기
긍정 반응</td><td>요약 비용은 얼마인가요? 50달러</td></tr>
<tr><td>❽ How much are the classes? 질문
❾ Oh wow, only 50 dollars a month? 상대방 말
❿ And unlimited classes? 상대방 말
⓫ Perfect. 반응</td></tr>
<tr><td rowspan="2">Step 4
마무리</td><td>요약 도와주셔서 감사합니다.</td></tr>
<tr><td>⓬ OK, I'd like to register.
⓭ Thanks a lot for your help.</td></tr>
</table>

❶ 안녕하세요, 주말에 할 만한 활동을 찾고 있어요. ❷ 몇 가지 질문이 있는데요. ❸ 혹시 수영 수업이 있나요? ❹ 아, 정말요? ❺ 있다고요? ❻ 매일 한다고요? ❼ 와, 좋네요. ❽ 수업 비용은 얼마인가요? ❾ 와, 한 달에 50달러밖에 안 한다고요? ❿ 게다가 무제한으로 수업을 들을 수 있다고요? ⓫ 완벽하네요. ⓬ 좋아요, 등록하고 싶습니다. ⓭ 도와주셔서 감사합니다.

핵심 표현 ⓬ OK, **I'd like to** register.

I'd like to ~는 정중하게 의사를 표현할 때 쓰는 기본 패턴이에요.

ex **I'd like to** make a reservation.
예약을 하고 싶어요.

학생 답변

Oh, hi, excuse me. I'm living near here, and I'm looking for a new activity that I can do every Saturday. So, do you have any teaching program on Saturday? Um hmm. Okay, so you mean, you have swimming and climbing teaching class on Saturday. Oh, I love it.

So, what time does it start? The swimming. Because I really love swimming. 3 p.m. every Saturday. Oh, sounds amazing.

So, how much is it for three months? Um hmm. Okay. Just $15 for a month? Oh, is quite cheap. It's amazing. I love it.

Okay, so, what do I have to do for register for the swimming class on every Saturday? Okay, okay. Oh, so, I have to register for the class on the website. Okay. I will do that right after I get home.

Okay. Thank you so much. Thank you for your help.

학생 답변 요약

토요일에 제가 할 만한 활동들을 찾고 있어요.
수영은 언제 시작하나요?
그럼 3개월에 얼마 정도 하나요?
매주 하는 수영 수업에 등록하려면 어떻게 하면 되나요?
감사합니다.

 **전략 답변**

<table>
<tr><td rowspan="1">Step 1
간단한 상황 설명</td><td>[요약] 토요일에 할 수 있는 활동을 찾고 있어요.
❶ Hi there, I live nearby and I'm looking for some activities to do on Saturdays.</td></tr>
<tr><td>Step 2
첫 번째 질문하기
긍정 반응</td><td>[요약] 수영 강습 시간은 언제인가요? 11시 – 3시
❷ I'm wondering if you offer swimming lessons. [질문]
❸ Oh, you do? [상대방 말]
❹ From 11 a.m. to 3 p.m.? [상대방 말]
❺ That's perfect. [반응]</td></tr>
<tr><td>Step 3
두 번째 질문하기
긍정 반응</td><td>[요약] 비용은 얼마인가요? 15달러
❻ And how much is it? [질문]
❼ Oh, it's only $15 a month? [상대방 말]
❽ That's really affordable. [반응]</td></tr>
<tr><td>Step 4
세 번째 질문하기
긍정 반응</td><td>[요약] 등록은 어떻게 하나요? 웹사이트
❾ Alright, how can I sign up? [질문]
❿ Oh, through your website? [상대방 말]
⓫ OK, I'll do that as soon as I get home. [반응]</td></tr>
<tr><td>Step 5
마무리</td><td>[요약] 도와주셔서 감사합니다.
⓬ Thanks so much for your help.</td></tr>
</table>

❶ 안녕하세요, 근처에 살고 있는데 토요일에 할 수 있는 활동을 찾고 있어요. ❷ 혹시 수영 강습을 운영하시나요? ❸ 아, 하신다고요? ❹ 오전 11시부터 오후 3시까지요? ❺ 완벽하네요. ❻ 비용은 얼마인가요? ❼ 아, 한 달에 15달러밖에 안 해요? ❽ 정말 저렴하네요. ❾ 알겠습니다, 어떻게 등록할 수 있을까요? ❿ 아, 웹사이트를 통해서요? ⓫ 네, 집에 가자마자 바로 하겠습니다. ⓬ 도와주셔서 정말 감사합니다.

(핵심 표현) ❽ That's really **affordable**.

'가격이 합리적인'이라는 뜻으로 cheap보다 훨씬 긍정적이에요.

[ex] The hotel is **affordable** for travelers.
그 호텔은 여행객들에게 적당한 가격이에요.

❿ Oh, **through** your website?

'~을 통해'라는 뜻의 전치사예요.

[ex] I bought it **through** an online store.
온라인 스토어를 통해 샀어요.

오픽 필수 영어 표현

(IM) ❶ look for ~을 찾다 ❿ unlimited 무제한의 ⓬ register 등록하다, 신청하다
(IH) ❽ affordable (가격이) 알맞은, 부담 없는 ❾ sign up 등록하다, 신청하다 ❿ through ~을 통해 ⓫ as soon as ~하자마자

문제, 전략 답변

ch03-6.mp3

QUESTION

I'm sorry, but there's a problem I need you to resolve. You were going to attend a painting class during your free time, but the class has been canceled. Talk to the instructor, explain your disappointment, and suggest two or three other things you could do instead.

죄송하지만 당신이 해결해야 할 문제가 있습니다. 여가 시간에 그림 수업에 참여하려 했지만, 수업이 취소되었습니다. 강사에게 실망감을 표현하고, 대신 할 수 있는 다른 두세 가지 활동을 제안해 보세요.

 **학생 답변**

Why the classes canceled? And why didn't you tell me earlier then… Anyway, my friend's birthday is two days after today. So, I want to just give some present for her.
So, how can I do? Or can you change the appointment tomorrow?
Or can you do refund the money? I just find some area instead of this.

학생 답변 요약

왜 수업들이 모두 취소된 건가요? 이틀 후에 제 친구 생일이라 선물을 주고 싶었는데…
그럼 제가 어떻게 하면 되나요?
내일로 예약을 변경해 주시거나 환불 가능한가요?
다른 곳을 찾아봐야 할 것 같아요.

 **전략 답변**

Step 1 간단한 상황 설명	요약 **수업이 취소되어서 아쉽네요.** ❶ Hi, all classes are canceled? ❷ That's really unfortunate.
Step 2 첫 번째 제안하기 부정 반응	요약 **다른 수업에 참여 가능한가요? NO** ❸ I'm wondering, could I join a different class? 제안 ❹ Oh, no? 상대방 말 ❺ All other classes are full? 상대방 말
Step 3 두 번째 제안하기 긍정 반응	요약 **전액 환불은 가능한가요? YES** ❻ Then what are my options? ❼ Could I get a full refund? 제안 ❽ Really? 반응 ❾ You'll process it right away? 상대방 말

<table>
<tr><td>

Step 4
마무리

</td><td>

⑩ OK, I'm disappointed, but I understand.
⑪ Thanks for your help.

</td></tr>
</table>

❶ 안녕하세요, 수업이 전부 취소된 건가요? ❷ 정말 아쉽네요. ❸ 혹시 다른 수업에 참여할 수 있을까요? ❹ 아, 안 된다고요? ❺ 다른 수업들은 다 마감됐다고요? ❻ 그렇다면 저는 어떻게 해야 하나요? ❼ 전액 환불을 받을 수 있을까요? ❽ 정말요? ❾ 바로 처리해 주신다고요? ⑩ 알겠습니다. 실망스럽지만 이해합니다. ⑪ 도와주셔서 감사합니다.

핵심 표현 ≫ ❻ Then **what are my options**?

'제 선택지는 뭐예요?'라고 정중하게 묻는 표현이에요.

> ex **What are my options** for delivery?
> 배송 옵션은 뭐가 있나요?

 학생 답변

Oh, hi. I'm the student of your painting class. And I saw your message, like, today's class is canceled. But, you know, to be honest, I was so is expecting about this painting class. So, I'm kind of disappointed, since it's canceled today. So, what is the reason? Oh, I'm so sorry to hear that. So, your sick today? Oh, I got it. Yeah, I hope you feel better as soon as possible.

And, I really want to, I really want to attend the painting class today. So is there any option?

Or is there any other class I can attend today? Okay, so, there is one more class today, and the instructor is your friend. So you mean, you can make another plans for me today. Oh, it's going to be amazing if you can do that. Okay. Oh, so, what I have to do? Oh, so you will send me the classroom, classroom number and time. Okay, so if you, give me the, more information about the class, that your friend is, you know, planning, I will get there before the class is start.

Okay. Thank you so much. And I hope you can get better. Okay. Thank you for your help.

학생 답변 요약

미술 수업을 듣는 학생인데, 방금 수업이 취소되었다는 문자를 봤어요.
이 수업을 정말 기대하고 있었는데 취소되어서 너무 아쉬워요.
오늘 수업에 꼭 참여하고 싶은데, 다른 선택지가 있을까요?
선생님 친구분의 수업도 있다고요?
감사합니다.

 전략 답변

<table>
<tr><td>

Step 1
간단한 상황 설명

</td><td>

❶ Hi, I'm one of your students in the painting class, and I just saw your message.
❷ I was a little disappointed because I was really looking forward to today's class.

</td></tr>
</table>

<table>
<tr><td rowspan="6">Step 2
첫 번째 제안하기
부정 반응</td><td>[요약] 오늘 밤 늦게라도 수업이 가능한가요? NO</td></tr>
<tr><td>❸ Would it be possible to have the class later tonight? [제안]</td></tr>
<tr><td>❹ Oh, it's not possible? [상대방 말]</td></tr>
<tr><td>❺ You're not feeling well? [상대방 말]</td></tr>
<tr><td>❻ I totally understand. [반응]</td></tr>
<tr><td>❼ No worries at all.</td></tr>
<tr><td rowspan="6">Step 3
두 번째 제안하기
긍정 반응</td><td>[요약] 다른 선생님의 수업에 참여할 수 있나요? YES</td></tr>
<tr><td>❽ In that case, would it be okay if I joined a different teacher's session just for today? [제안]</td></tr>
<tr><td>❾ Oh yeah? [반응]</td></tr>
<tr><td>❿ That's possible? [상대방 말]</td></tr>
<tr><td>⓫ There's someone available at 8 p.m.? [상대방 말]</td></tr>
<tr><td>⓬ That's perfect! [반응]</td></tr>
<tr><td rowspan="3">Step 4
마무리</td><td>[요약] 도와주셔서 감사합니다.</td></tr>
<tr><td>⓭ I'll come back around then.</td></tr>
<tr><td>⓮ Thanks so much, and I hope you feel better soon!</td></tr>
</table>

❶ 안녕하세요, 저는 그림 수업을 듣는 학생인데 방금 메시지를 봤어요. ❷ 오늘 수업을 정말 기대하고 있었는데 조금 아쉽네요. ❸ 오늘 밤 늦게라도 수업을 듣는 게 가능할까요? ❹ 아, 안 된다고요? ❺ 몸이 안 좋으시다고요? ❻ 완전히 이해해요. ❼ 정말 괜찮습니다. ❽ 그렇다면, 오늘만 다른 선생님의 수업에 참여해도 될까요? ❾ 아, 정말요? ❿ 그건 가능하다고요? ⓫ 저녁 8시에 가능한 분이 계신다고요? ⓬ 완벽하네요! ⓭ 그럼 그때 다시 올게요. ⓮ 정말 감사드리고, 빨리 회복하시길 바랍니다!

[핵심 표현] ❸ **Would it be possible** to have the class later tonight?

Would it be possible ~?은 정중하게 요청할 때 쓰는 표현이에요.

[ex] **Would it be possible** to get a refund?
환불 받을 수 있을까요?

❽ In that case, **would it be okay if** I joined a different teacher's session just for today?

Would it be okay if ~?는 정중하게 허락을 구하는 표현이에요.

[ex] **Would it be okay if** I opened the window?
창문 열어도 될까요?

⓮ Thanks so much, and I hope you **feel better soon!**

아픈 사람에게 건네는 자연스러운 위로 표현이에요.

[ex] Take care and **feel better soon**.
몸조리 잘하고 빨리 나으세요.

오픽 필수 영어 표현

(IM) ❷ unfortunate 유감스러운, 안타까운 ❻ option 선택지, 대안 ❼ full refund 전액 환불 ❾ process (it) (절차를) 처리하다
(IH) ❷ look forward to ~을 고대하다, 기대하다 ❼ No worries (at all) 전혀 걱정하지 마세요 / 괜찮아요 ❽ in that case 그렇다면, 그런 경우에는 ⓭ around then 그때쯤, 그 시간쯤에

7 RP13 과거 경험

문제, 전략 답변

ch03-7.mp3

QUESTION

That's the end of the situation. Have you ever started doing something fun in your free time, but it turned out not to be what you expected? What was it, and how did you feel about the experience?

이것으로 상황 종료입니다. 재미있을 거라 생각해서 여가 활동을 시작했지만, 기대와 달랐던 적이 있나요? 그것은 무엇이었고, 그 경험에 대해 어떻게 느꼈나요?

IM ▷ 학생 답변

Few years ago, I attend the climbing class with my friends. At that time, that is my first time to attend that class.
So, first time, I was exciting. But after few hours later… Whoa, that is so… That is very attractive for me. So my hands, my shoulder was so hurt.
And then after that, I, I've never do that again.

학생 답변 요약

몇 년 전에 친구들과 처음으로 클라이밍 수업에 참여했다.
처음에는 재미있고 매력적이었지만, 몇 시간 뒤 손과 어깨가 너무 아팠다.
그래서 그 이후로는 다시 하지 않았다.

IM ▷ 전략 답변

Step 1 MP 말하기	요약 **몇 년 전 친구들과 클라이밍 수업에서 어깨를 다쳐서 실망스러웠다.** ❶ To keep it short, a few years ago I joined a climbing class with my friends. ❷ But it was disappointing because I hurt my right shoulder.
Step 2 MP 관련 예시 말하기	요약 **처음엔 재미있었지만 무리하다가 통증이 생기자 친구들이 걱정했다.** ❸ To be honest, it was fun at first. ❹ But soon, I felt a sharp pain in my shoulder. ❺ I think I pushed myself too hard on a difficult wall. ❻ And it really hurt, so my friends were worried about me.
Step 3 MP와 연결하며 마무리	요약 **그래서 그게 불운한 클라이밍 경험이었다.** ❼ So yeah, that was my unfortunate climbing experience.

❶ 간단히 말하면, 몇 년 전에 친구들과 함께 클라이밍 수업에 참여한 적이 있어요. ❷ 하지만 오른쪽 어깨를 다쳐서 실망스러웠어요. ❸ 솔직히 처음에는 재미있었습니다. ❹ 하지만 곧 어깨에 날카로운 통증이 느껴졌어요. ❺ 어려운 벽에서 무리하게 시도하다가 그렇게 된 것 같아요. ❻ 정말 많이 아팠고, 친구들도 저를 걱정했어요. ❼ 그래서 네, 그게 바로 저의 운 나쁜 클라이밍 경험이었어요.

❹ But soon, I felt **a sharp pain** in my shoulder.

'날카로운 통증'이라는 뜻으로, 순간적으로 느껴지는 강한 아픔을 표현할 때 써요.

ex I felt **a sharp pain** in my back.
등에 날카로운 통증이 있었어요.

❺ I think I **pushed myself** too hard on a difficult wall.

'너무 무리하다'라는 뜻이에요.

ex Don't **push yourself** too hard.
너무 무리하지 마세요.

학생 답변

Well, I remember that, two years ago, hiking was very popular. I mean, hiking was very trendy in young generation. And me and my friends were also really into hiking. So, we went hiking together. But it was… Yeah, to be honest, it was quite terrible. Because it was not what I expected at that time. Because, you know, when I saw some post or shorts on Instagram or YouTube… they didn't look sweaty at all. And they looked really happy and they, they looked like they're enjoying the, you know, scenery and beautiful sky and fresh air. But when I got to the top, there was no more energy to, you know, enjoy the sky and beautiful scenery and fresh air. What I was thinking about is just water and food. That's all I was thinking.
So, it was not what I saw on YouTube. So, I think I can tell it was terrible. The hiking.

학생 답변 요약

2년 전 하이킹이 유행이라 친구들과 함께 갔다.
하지만 실제로는 기대와 달리 힘들었고, 정상에 오르자 물과 음식 생각밖에 안 났다.
영상에서 본 것과 달라서 하이킹은 끔찍했다고 느꼈다.

전략 답변

Step 1 MP 말하기	요약 2년 전 친구들과 등산을 갔는데 너무 힘들어서 실망스러웠다. ❶ To keep it short, I remember about two years ago, I went on a hiking trip with my friends. ❷ And to be honest, it ended up being a bit of a disappointment because it was just so exhausting.
Step 2 MP와 다른 예시 말하기	요약 사진 속 산은 아름다웠고 사람들도 행복해 보였다. ❸ Now, we went to a well-known mountain I had seen on Instagram. ❹ And in the pictures, it looked beautiful, especially the view from the top. ❺ The people in the photos also looked really happy.

Step 3 MP로 돌아와 관련 예시 말하기	요약 실제로는 더위와 피로로 풍경을 즐기지 못했다. 샤워 생각뿐이었다. ❻ But when we finally reached the top, it was difficult to enjoy the view. ❼ We were all tired, sweaty, and smelly. ❽ And to make things worse, it turned out to be one of the hottest days of the summer. ❾ All I could think about was taking a shower.
Step 4 MP와 연결하며 마무리	요약 기억에 남는 좋지 않은 경험이다. ❿ So yeah, that's what I remember about our not-so-great hiking trip.

❶ 간단히 말하자면, 약 2년 전에 친구들과 함께 등산 여행을 갔던 게 기억나요. ❷ 그런데 솔직히 말해서, 너무 힘들어서 좀 실망스러운 경험이었어요. ❸ 우리는 인스타그램에서 본 유명한 산에 갔어요. ❹ 사진 속에서는 정말 아름다워 보였고, 특히 정상에서 보는 풍경이 멋졌어요. ❺ 사진 속 사람들도 정말 행복해 보였어요. ❻ 하지만 우리가 마침내 정상에 도착했을 때는 풍경을 즐기기가 힘들었어요. ❼ 모두 지치고, 땀범벅에 냄새도 났죠. ❽ 게다가 최악인 건, 그날이 여름 중에서도 가장 더운 날 중 하나였다는 거예요. ❾ 그냥 빨리 샤워하고 싶다는 생각만 했어요. ❿ 네, 그래서 그게 제가 기억하는 별로 좋지 않았던 등산 여행이에요.

핵심 표현 ❼ We were all **tired**, **sweaty**, and **smelly**.

이처럼 형용사를 나란히 쓰면 생생한 묘사가 돼요.

ex I felt **cold**, **wet**, and **miserable**.
저는 춥고, 젖고, 끔찍했어요.

❽ **And to make things worse**, it turned out to be one of the hottest days of the summer.

'설상가상으로'라는 뜻이에요.

ex He forgot his wallet, **and to make things worse**, his phone died.
그는 지갑을 깜빡했는데, 설상가상으로 휴대폰 배터리까지 나갔어요.

❿ So yeah, that's what I remember about our **not-so-great** hiking trip.

'그리 좋지 않은'이라는 표현으로 부드럽게 불만을 말할 때 좋아요.

ex He had a **not-so-great** day at work.
그는 직장에서 별로 좋은 하루가 아니었어요.

오픽 필수 영어 표현

(IM) ❶ climbing class 클라이밍 수업 ❹ sharp pain 날카로운 통증, 찌르는 듯한 통증 ❺ push oneself too hard 스스로를 너무 무리하게 몰아붙이다

(IH) ❷ exhausting 매우 피곤하게 하는, 지치게 하는 ❸ well-known 잘 알려진 ❻ reach 도착하다, 이르다 ❼ sweaty 땀에 흠뻑 젖은, 땀이 난 ❽ to make things worse 설상가상으로 ❽ turn out 결국 ~로 드러나다 / ~인 것으로 밝혀지다 ❿ not-so-great 별로 좋지 않은, 그다지 훌륭하지 않은

QUESTION

People enjoy different kinds of experiences in their free time. What kinds of experiences do you think people enjoy the most? What do you think influences someone's preference when it comes to free time activities?

사람들은 여가 시간에 다양한 경험을 즐깁니다. 사람들이 여가 시간에 가장 많이 즐기는 경험에는 어떤 것들이 있다고 생각하나요? 여가 활동에 대한 개인의 선호도에 영향을 미치는 것에는 어떤 것들이 있다고 생각하나요?

 학생 답변

I think some people like to enjoy their free time with the other people, like, friends, family, girlfriend or boyfriend. But some people like to enjoy their free time just alone. Just themselves.

And I think the thing influence, for their free time activity is energy. Yes. If they have more energy to do something or enjoy their free time with the other people, they do that. But if they don't have, enough energy, from working or, you know, from, you know, exercising on weekdays… They just want to recharge themselves or having the free time alone. Because, you know, meeting some people and hanging with a friend is also, need energy, right?

So, in my opinion, the thing in place for people's free time activity is definitely energy.

학생 답변 요약

사람들은 어떤 이는 친구, 가족, 연인과 함께 여가 시간을 즐기고, 어떤 이는 혼자 여가 시간을 즐긴다.

그 기준은 에너지라고 생각한다. 에너지가 있으면 다른 사람들과 시간을 보내고, 없으면 혼자 충전하려 한다.

그래서 여가 시간을 어떻게 보내는지를 결정하는 것은 결국 에너지라고 생각한다.

 전략 답변

Step 1 MP 말하기 (A, B)	**요약** 사람들이 여가 시간을 즐기는 방식은 보통 두 가지다. 다른 사람과 함께하거나 혼자 보내는 것이다. ❶ To keep it short, I think there are generally two ways people enjoy their free time: either spending it with others or spending it alone.

<table>
<tr>
<td>Step 2
A를 자세히 설명</td>
<td>

[요약] 함께 여가 시간을 보내면 재미있지만 에너지가 많이 든다.

❷ Most of the time, being with friends or family is more fun.
❸ But it also requires a lot of energy.
❹ You might need to smile a lot, talk a lot, and even do a lot of planning.
❺ And so, it can be enjoyable and exhausting at the same time.

</td>
</tr>
<tr>
<td>Step 3
B를 자세히 설명</td>
<td>

[요약] 혼자 여가 시간을 보내면 덜 피곤하지만 재미는 줄어든다.

❻ On the other hand, spending your free time alone definitely requires less energy.
❼ But the level of fun might not be quite as high in comparison.
❽ I guess it really depends on what you're looking for.

</td>
</tr>
<tr>
<td>Step 4
MP와 연결하며 마무리</td>
<td>

[요약] 사람들이 보통 여가 시간을 이렇게 보낸다고 생각한다.

❾ So yeah, that's how I think people usually spend their free time.

</td>
</tr>
</table>

❶ 간단히 말해서, 사람들이 여가 시간을 즐기는 방식은 보통 두 가지라고 생각해요. 다른 사람들과 함께 시간을 보내거나 혼자 보내는 거죠. ❷ 대부분은 친구나 가족과 함께하는 게 더 재미있습니다. ❸ 하지만 그건 많은 에너지를 필요로 해요. ❹ 많이 웃어야 하고, 많이 얘기해야 하고, 또 많은 계획도 세워야 할 수도 있어요. ❺ 그래서 즐겁기도 하지만 동시에 피곤하기도 해요. ❻ 반대로, 혼자서 여가 시간을 보내면 확실히 에너지가 덜 들죠. ❼ 하지만 재미의 수준은 전자와 비교했을 때 그렇게 높지 않을 수도 있어요. ❽ 결국에는 본인이 무엇을 원하는지에 달린 것 같아요. ❾ 그래서, 네, 이게 제가 생각하는 사람들이 보통 여가 시간을 보내는 방식이에요.

❶ To keep it short, I think there are generally two ways people enjoy their free time: **either** spending it with others **or** spending it alone.

either A or B는 'A이거나 B'라는 뜻이에요.

[ex] You can **either** call me **or** email me.
전화나 이메일 중 하나로 연락하세요.

❼ But the level of fun might **not** be quite **as** high **in comparison**.

not as ~ in comparison은 '비교해 볼 때 ~만큼 …하지 않다'라는 뜻이에요. 단순히 not as ~라고만 해도 되지만, in comparison을 덧붙이면 비교의 뉘앙스를 더 분명하게 강조할 수 있어요.

[ex] The food here is**n't as** expensive **in comparison** to other restaurants.
이곳 음식은 다른 식당과 비교하면 그렇게 비싸지 않아요.

오픽 필수 영어 표현

(IH) ❶ generally 일반적으로, 대체로 ❶ either A or B A이거나 B ❷ being with friends or family 가족이나 친구들과 함께 있는 것 ❻ on the other hand 반면에 ❽ depend on ~에 달려 있다, 좌우되다

문제, 전략 답변

ch03-9.mp3

QUESTION

Free time is often mentioned in the news as something that affects people's overall well-being. Have you seen any news reports or stories that talk about the importance of having free time? Why do you think free time can have a positive impact on people's happiness or health?

여가 시간은 사람들의 전반적인 행복과 건강에 영향을 준다는 점에서 뉴스에 자주 언급됩니다. 여가 시간의 중요성에 대해 말하는 뉴스를 보거나 이야기를 들은 적이 있나요? 왜 여가 시간이 사람들의 행복이나 건강에 긍정적인 영향을 준다고 생각하나요?

IH ≫ 학생 답변

I remember the news about, free time activity. And I remember that, the news said, like, free time activity can make a good mental health or good health, physical health. And I totally agree with that. Because I think the free time activity give people at least one thing between a sense of achievement or, you know, photosynthesis, right?
If they enjoy, the inside activity, they can get, a sense of achievement when they finish their project or when they finish making some new statue or figure, they can feel a sense of achievement, right?
And if they, enjoy that outdoor activities, they can get the sunlight. And I heard about that sunlight is helpful for releasing the positive hormone in a human being. So, I think, both of them, inside free time activity and outdoor free time activity, are all good for our mental health and physical health.
So, I think, my opinion is also same with that news.

학생 답변 요약

나는 여가 시간 활동에 관한 뉴스를 본 적이 있다. 그 뉴스는 여가 시간 활동이 정신적·신체적 건강에 좋다고 말했다.
나도 그 의견에 동의한다. 여가 시간 활동은 성취감이나 다른 긍정적인 효과를 준다.
실내 활동을 하면 프로젝트를 끝내거나 작품을 완성했을 때 성취감을 얻을 수 있다.
야외 활동을 하면 햇빛을 받을 수 있는데, 이는 긍정적인 호르몬 분비에 도움이 된다.
그래서 실내·야외 활동 모두 건강에 좋다고 생각한다.

IH ≫ 전략 답변

요약 유튜브에서 여가의 중요성에 관한 뉴스를 봤다. 취미가 정신 건강에 좋다고 했다.

Step 1
MP 말하기

❶ To keep it short, I remember watching a news clip on YouTube about the importance of having free time.
❷ It was some time ago, but it really stuck with me.
❸ And it mentioned that having a hobby can greatly help with our overall mental health.

<table>
<tr><td>

Step 2
MP와 다른 예시 말하기

</td><td>

[요약] 여가가 부족하면 우울해지고 공부나 일로 정신적인 피로가 온다고 했다.

❹ Now, if we don't have enough free time, then we may become depressed.
❺ We can also experience mental fatigue from working or studying too much.

</td></tr>
<tr><td>

Step 3
MP로 돌아와
관련 예시 말하기

</td><td>

[요약] 취미를 가지면 정신적으로 강해지고 성취감도 생긴다고 해서 나도 마라톤 모임에 가입했다.

❻ But if we keep a well-balanced schedule and make time for our hobbies, we'll be mentally strong.
❼ There's also a sense of accomplishment that comes from doing or finishing something related to a hobby.
❽ To be honest, that news clip motivated me to make more free time for myself.
❾ And I actually ended up joining a running club!

</td></tr>
<tr><td>

Step 4
MP와 연결하며 마무리

</td><td>

[요약] 이것이 내가 본 뉴스에서 기억하는 내용이다.

❿ So yeah, that's what I remember from the news I saw on YouTube.

</td></tr>
</table>

❶ 간단히 말해서, 여가의 중요성에 관한 유튜브 뉴스 클립을 본 게 기억나요. ❷ 꽤 오래전 일이었지만, 기억에 정말 강하게 남았어요. ❸ 그 영상에서는 취미를 갖는 것이 전반적인 정신 건강에 크게 도움이 된다고 했어요. ❹ 만약 충분한 여가 시간이 없다면 우울해질 수 있다고 하더라고요. ❺ 또, 일이나 공부를 너무 많이 하면 정신적인 피로를 겪을 수도 있다고 했어요. ❻ 하지만 일정을 잘 조율하고 취미 생활을 할 시간을 만든다면 정신적으로 더 강해질 수 있어요. ❼ 또한, 취미와 관련된 일을 하거나 끝냈을 때 성취감도 생기죠. ❽ 솔직히 말해서, 그 뉴스 클립을 보고 저도 제 자신을 위해 더 많은 여가 시간을 가져야겠다고 다짐했어요. ❾ 그래서 실제로 저는 마라톤 모임에도 가입하게 됐습니다! ❿ 그래서 네, 그게 제가 유튜브에서 본 뉴스에 대해 기억나는 내용입니다.

[핵심 표현] ❷ It was **some time ago,** but it really stuck with me.

some time ago는 '꽤 오래 전에, 한참 전에'라는 뜻이에요. a long time ago는 '아주 오래 전 (어릴 때 같은 뉘앙스)'이고, some time ago는 조금 모호하게 '꽤 전'이라는 느낌을 주고 싶을 때 써요.

[ex] I watched that movie **some time ago**.
저는 그 영화를 본 지 꽤 됐어요.

❸ And it mentioned that having a hobby can **greatly** help with our overall mental health.

많은 학생들이 보통 can help라고만 말해요. 이 표현도 맞지만, 원어민들은 여기에 greatly, significantly, really 같은 부사를 덧붙여서 더 풍부하고 강조된 느낌을 줘요.

can help → 도움을 줄 수 있다 → 사실만 전달   can greatly help → 큰 도움을 줄 수 있다 → 강조 + 풍부한 표현

[ex] Reading books can **greatly** expand your vocabulary.
책을 읽으면 어휘를 크게 늘릴 수 있어요.

오픽 필수 영어 표현

(IH) ❷ some time ago 얼마 전에, 꽤 전에 ❷ stick with (someone) ~의 기억에 남다, ~의 마음에 오래 남다 ❺ mental fatigue 정신적 피로 ❻ well-balanced schedule 균형 잡힌 일정 ❼ a sense of accomplishment 성취감 ❼ something related to ~와 관련된 어떤 것 ❽ motivate 동기를 부여하다

CHAPTER 04　**Gym** 헬스장

Gym(헬스장) 질문 한눈에 보기

❶ Description
묘사

You indicated in the survey that you like to work out at a gym. Can you describe a gym you often go to? Where is it located? What does it look like? Please tell me in detail.

❷ Habit
습관

What is your typical routine like at the gym? What kind of exercise do you like to do? Please tell me everything you do from the beginning to the end.

❸ Past Experience
과거 경험

Can you describe a memorable experience you had while working out at the gym? When and where did it happen? Who were you with? Give me a full story of your experience at the gym.

❹ Comparison
비교

How have gyms changed over time? Were gyms simpler or more old-fashioned in the past? How are modern gyms different now?

❺ RP11
롤플레이

I'd like to give you a situation to act it out. You're considering joining a new gym but want more details. Call the gym and ask three or four questions to get more information.

❻ RP12
롤플레이

I'm sorry, but there's a problem I need you to resolve. You were supposed to meet your friend at the gym today, but you're stuck at work and can't make it. Call your friend, explain the situation, and suggest two or three other ways to work out together later.

❼ RP13
과거 경험

That's the end of the situation. Have you ever gone to the gym and experienced a problem, like a machine breaking or feeling unwell during a workout? What exactly happened, and how did you handle it? Tell me all the details you remember about that situation.

❽ IHU14
사회 / 이슈

People go to the gym for many different reasons. What are some common goals people have when they work out at the gym? Why do you think someone might focus on one goal more than another?

❾ IHU15
사회 / 이슈

Gyms have been featured in the news recently as places where people not only stay fit but also build community. Have you come across any news stories that talk about how gyms affect social life or daily routines? Why do you think more people are treating gyms as social spaces these days?

1 Description 묘사

QUESTION

You indicated in the survey that you like to work out at a gym. Can you describe a gym you often go to? Where is it located? What does it look like? Please tell me in detail.

설문조사에서 헬스장에서 운동하는 걸 좋아한다고 하셨습니다. 자주 가는 헬스장에 대해 설명해 줄 수 있나요? 어디에 위치해 있나요? 어떤 모습인가요? 자세히 말해주세요.

ch04-1.mp3

 학생 답변

I usually enjoy to work out. So, actually, I used to go to the gym 5 or 6 times a week. And then, the gym is very closer to my house. Just a single floor but there are so many people in there.

Actually, if I want to go to the gym, I have to go to… I have to go at night, like, 8 or 9 p.m. Because of the people.

학생 답변 요약

나는 일주일에 5~6번은 헬스장에 갈 정도로 운동을 즐긴다.
집 근처에 헬스장이 있어 자주 가지만 사람이 많다.
그래서 보통 밤 8시나 9시쯤 가야 한다.

 전략 답변

Step 1 MP 말하기	**요약** 다니는 헬스장은 규모가 작고 기구가 적어서 불만이다.
	❶ To keep it short, the gym I go to is small. ❷ And so, they don't have many machines, which I don't like.
Step 2 MP 관련 예시 말하기	**요약** 옮기고 싶지만 근처에 다른 헬스장이 없고, 기구를 쓰려면 오래 기다려야 한다.
	❸ To be honest, I want to change gyms. ❹ But there are no other gyms near my home. ❺ And so, sometimes it's annoying because I have to wait a long time to use the machines.
Step 3 MP와 연결하며 마무리	**요약** 그래서 지금 헬스장은 불편한 곳이다.
	❻ So yeah, that's what my gym is like.

❶ 간단히 말하면, 제가 다니는 헬스장은 규모가 작아요. ❷ 그래서 기구가 많지 않은데, 그 점이 마음에 들지 않아요. ❸ 솔직히 말해서, 다른 헬스장으로 옮기고 싶어요. ❹ 하지만 집 근처에는 다른 헬스장이 없어요. ❺ 그래서 가끔은 기구를 사용하려고 오래 기다려야 해서 불편해요. ❻ 그러니까, 네, 제가 다니는 헬스장은 이런 곳입니다.

❸ To be honest, I want to change gyms.

헬스장을 옮기고 싶다고 할 때 학생들은 보통 I want to move to another gym.이라고 표현하는데, 원어민들은 간단하게 change gyms라고 해요. '장소를 옮기다, 바꾸다'라고 표현하고 싶을 때 「change + 장소(복수형)」형태로 자주 써요.

ex He wants to **change jobs**.
그는 직업을 바꾸고 싶어 해요.

학생 답변

There is a gym I often go to, near my house. And if I have to describe about this gym, I would say it's like, trainer's house because there are a lot of personal stuffs of trainer like pictures, clothes, water bottle. And I like it because it makes me, you know, trust the trainers sincerity and learn from them.

And the machine of this gym is quite clean, and I really love it because I'm very sensitive about, you know, hygiene.

And also, there are a lot of, a lot of big guys who have good shape with the muscle. And I also love it because I can, I can be motivated from them because I'm not that, I'm not that good for working out right now, so…

But the most thing I want to describe about this gym is there are a lot of trainer's stuffs. Some people might think, it's, it's not clean or it's messy, but I really love it because, it's a kind of standard that I can trust the trainers or not.

학생 답변 요약

내가 자주 가는 헬스장은 집 근처에 있고, 트레이너의 개인 물건들이 많아서 트레이너를 신뢰할 수 있게 해준다.
기구들이 깨끗해서 위생에 민감한 나에게 잘 맞는다.
몸이 좋은 사람들이 많아 동기 부여도 된다.
트레이너의 물건들이 많아 지저분해 보일 수도 있지만, 나는 그것이 트레이너를 신뢰할 수 있는 기준이라고 생각한다.

전략 답변

	요약 자주 가는 헬스장에 개인 트레이너가 많아서 즐겁게 배울 수 있다. 혼자 운동하면 지루하기 때문이다.
Step 1 MP 말하기	❶ To keep it short, if I were to describe the gym I often go to here in Korea, I'd say it's a place where you can find a lot of personal trainers. ❷ And I personally enjoy learning from them because working out alone can get pretty boring.
	요약 다른 점들도 좋다. 깨끗하고 열정적인 사람들로 활기가 있다.
Step 2 MP와 다른 예시 말하기	❸ Now, there are other aspects about this gym that I love. ❹ For example, it's really clean, and they do a great job maintaining hygiene. ❺ It's also usually filled with motivated people, which pushes me to train harder.

Step 3 MP로 돌아와 관련 예시 말하기	요약 트레이너들이 언제든 도와주며 각자 스타일이 달라 큰 도움이 된다.
	❻ But what I love the most about this gym is the number of personal trainers who are always ready to help. ❼ I train with them twice a week, and it's incredibly helpful. ❽ Each trainer has their own unique style, which I really appreciate.
Step 4 MP와 연결하며 마무리	요약 헬스장을 좋아하는 가장 큰 이유는 트레이너들이다.
	❾ So yeah, the trainers are definitely the main reason why I love my gym.

❶ 간단히 말하자면, 제가 여기 한국에서 자주 가는 헬스장은 많은 개인 트레이너를 만날 수 있는 곳이라고 말할 수 있어요. ❷ 그리고 개인적으로 그들에게 배우는 걸 좋아해요. 혼자 운동하는 건 지루하거든요. ❸ 그런데 이 헬스장에서 제가 좋아하는 다른 점들도 있어요. ❹ 예를 들어, 정말 깨끗해요. 위생 관리를 정말 잘하는 것 같아요. ❺ 또 보통 열정 있는 사람들로 가득 차 있어서 더 열심히 운동하게 돼요. ❻ 하지만 이 헬스장에서 제가 가장 좋아하는 건 언제든 도와줄 준비가 되어 있는 개인 트레이너들이 많다는 점이에요. ❼ 일주일에 두 번 그들에게 트레이닝을 받는데, 정말 많은 도움이 돼요. ❽ 각 트레이너마다 자신만의 독특한 스타일이 있어서 그걸 정말 높이 평가해요. ❾ 그래서 네, 트레이너들이 제가 이 헬스장을 좋아하는 가장 큰 이유라고 할 수 있어요.

핵심 표현 ❷ And I personally enjoy learning from them because working out alone can **get pretty boring.**

여기서 get은 '~하게 되다'라는 의미예요. is boring은 단순히 지루한 상태를 말하지만, get boring은 시간이 지나면서 '점점 지루해진다'는 뉘앙스를 표현할 수 있어요.

ex The movie **got boring** after the first hour.
영화는 한 시간이 지나고 나서 지루해졌어요.

오픽 필수 영어 표현

(IM) ❷ machine (운동용) 기구, 기계
(IH) ❶ professional trainer 전문 트레이너들 ❷ work out 운동하다 ❸ aspect 측면, 부분, 양상 ❹ maintain hygiene 위생을 관리하다 ❺ motivated people 의욕적인 사람들

2 Habit 습관

문제, 전략 답변

ch04-2.mp3

QUESTION

What is your typical routine like at the gym? What kind of exercise do you like to do? Please tell me everything you do from the beginning to the end.

보통 헬스장에서의 하루는 어떤가요? 어떤 종류의 운동을 좋아하나요? 처음부터 끝까지 하는 모든 걸 말해주세요.

IM 〉 학생 답변

Firstly, when I go to the gym, I usually do some cardio exercise.
And then, I do the muscle exercise because I like to sweat of my body.
And after that, final step is 30 or 40 minutes do the cardio exercise. Example, the running… steps… like that.

학생 답변 요약

헬스장에 가면 먼저 유산소 운동을 한다.
그다음엔 땀 흘리는 걸 좋아하기 때문에 근력 운동을 한다.
마지막으로 다시 30~40분 정도 러닝 같은 유산소 운동으로 마무리한다.

IM 〉 전략 답변

Step 1 MP 말하기 (행동 중심)	요약 헬스장에서 주로 유산소 운동을 한다. ❶ To keep it short, I mainly do cardio when I go to the gym.
Step 2 MP 관련 예시 말하기	요약 웨이트도 하지만 대부분 러닝머신, 자전거를 하고 걷기로 마무리한다. ❷ To be honest, I sometimes do weight training as well. ❸ But I'd say 90 percent of my exercise is cardio. ❹ And so, sometimes I run on the treadmill or do some cycling. ❺ And no matter what, I always finish with a 30-minute walk.
Step 3 MP와 연결하며 마무리	요약 이 루틴이 마음에 들어 보통 이렇게 운동한다. ❻ I think this routine is really enjoyable. ❼ So yeah, that's what I usually do at the gym.

❶ 간단히 말하면, 저는 헬스장에 가면 주로 유산소 운동을 합니다. ❷ 솔직히 말하면, 가끔은 웨이트 트레이닝도 해요. ❸ 하지만 제 운동의 90%는 유산소라고 할 수 있어요. ❹ 그래서 가끔은 러닝머신에서 뛰거나 자전거를 타기도 합니다. ❺ 그리고 무슨 일이 있어도 마지막에는 꼭 30분 걷기로 마무리합니다. ❻ 저는 이 운동 루틴이 정말 마음에 들어요. ❼ 그래서 헬스장에 가면 보통 이렇게 운동해요.

 ❺ And no matter what, I always finish with **a 30-minute walk**.

30 minutes walk라고 하지 않고 a 30-minute walk라고 해야 자연스러워요. '30분의'라는 뜻의 형용사 역할로 쓰일 때는 단수 형태를 써야 해요.

ex It's just **a 5-minute drive** from here.
여기서 차로 5분 거리예요.

IH ▶ 학생 답변

> I think what I do, I mean, what I usually do at a gym is, shoulder press because I really want to get a wide shoulder. But I'm kinda stressed about the shoulder because I don't have the wide shoulder yet. So, that's the main thing I usually do at a gym.
> Of course, whenever I go to a gym, what I do first is drinking the water because I heard about the news. The water helps making the muscle, right? And after that, I usually do the shoulder press. I don't care about my leg and my arms. So, what I focused on is the shoulder. Oh, yeah, also there is a chest and the back but I really want to have a wide shoulder first.
> So, drinking the water and after that, shoulder press for like an hour. So, that's pretty much about what I do at a gym.

학생 답변 요약

헬스장에서 주로 어깨 운동을 한다. 어깨가 넓어지길 원하지만 아직 그렇지 않아 스트레스를 받는다.
항상 물을 마시는 것부터 시작하고, 그다음에 어깨 운동을 집중적으로 한다. 다른 부위보다 어깨에 신경을 쓴다.
결국 헬스장에서는 물을 마신 후 한 시간 정도 어깨 운동을 하는 것이 나의 루틴이다.

IH ▶ 전략 답변

Step 1 MP 말하기 (행동 중심 – 현재)	요약 헬스장에서 주로 어깨 운동을 한다. ❶ To keep it short, what I usually do at the gym is work on my shoulders. ❷ Honestly, about 90% of my workout is shoulder exercises.
Step 2 빠른 비교 전략 (MP와 반대 내용 – 과거)	요약 예전에는 어깨 운동을 거의 하지 않아 만족하지 못했다. ❸ In the past, I barely trained my shoulders. ❹ And so, I was never happy with how they looked.
Step 3 MP로 돌아와 관련 예시 말하기 (현재)	요약 지금은 숄더 프레스와 덤벨 운동 등으로 어깨에 집중해서 만족한다. ❺ But these days, I've been focusing on them. ❻ I use the shoulder press, lift dumbbells, and do even more with my personal trainer to really pump them up. ❼ They're not as narrow as before, and I love that. ❽ As long as my shoulders look good, I don't really care about training other parts of my body.

<table>
<tr><td>

Step 4
MP와 연결하며 마무리

</td><td>

❾ So yeah, that's pretty much what I do at the gym.
❿ I make sure my shoulders are screaming by the time I'm done!

</td></tr>
</table>

❶ 간단히 말하면, 제가 헬스장에서 보통 하는 건 어깨 운동이에요. ❷ 솔직히 말해서, 제 운동의 약 90%는 어깨 운동이에요. ❸ 예전에는 어깨 운동을 거의 하지 않았어요. ❹ 그래서 제 어깨 모양에 만족한 적이 없었죠. ❺ 하지만 요즘은 어깨에 집중하고 있어요. ❻ 솔더 프레스를 하고, 덤벨을 들고, 개인 트레이너와 함께 더 많은 운동을 하면서 제대로 자극을 줘요. ❼ 예전처럼 어깨가 좁지 않아서 그게 정말 마음에 들어요. ❽ 어깨만 멋지게 보이면, 솔직히 다른 부위는 운동을 안 해도 상관없어요. ❾ 그래서 네, 그게 제가 헬스장에서 주로 하는 거예요. ❿ 운동이 끝날 때쯤에는 어깨가 비명을 지를 정도로 만들어 놓죠!

핵심 표현 ❹ And so, I was never happy **with** how they looked.

'~에 만족하다, 마음에 들어 하다'에서 '~에'를 with를 써서 표현할 수 있어요.

ex She's happy **with** her new haircut.
그녀는 새 머리 스타일이 마음에 들어요.

❿ I make sure my shoulders are **screaming** by the time I'm done!

여기서 screaming은 실제로 '소리를 지른다'는 뜻이 아니고 '엄청 아프다, 힘들다'를 의인화해서 표현한 거예요.

ex My legs were **screaming** after the marathon.
마라톤 후에 제 다리가 비명을 지르는 것 같았어요.

CHAPTER 04

Gym

오픽 필수 영어 표현

(IM) ❶ cardio 유산소 운동 ❷ weight training 근력 운동, 웨이트 트레이닝 ❹ treadmill 러닝머신 ❹ cycling 자전거 타기, 사이클링 운동 ❻ routine (규칙적으로 하는) 일과, 루틴

(IH) ❶ work on ~을 집중적으로 하다[다루다] ❷ workout 운동, 운동 세션 ❸ barely 거의 ~하지 않다 ❻ shoulder press 숄더 프레스(어깨 운동 기구/동작) ❻ dumbbell 아령 ❻ pump (something) up (근육 등을) 키우다, 크게 만들다 ❿ scream 비명을 지르다(몹시 아프고 힘든 상태를 비유적으로 표현)

Past Experience 과거 경험

ch04-3.mp3

QUESTION

Can you describe a memorable experience you had while working out at the gym? When and where did it happen? Who were you with? Give me a full story of your experience at the gym.

헬스장에서 운동하면서 있었던 기억에 남는 경험을 설명해 주세요. 언제, 어디에서 있었던 일인가요? 누구와 함께 있었나요? 그 경험에 대한 전체 이야기를 들려주세요.

 **학생 답변**

Some day, when I was working out in the gym, some guy came up to me and start talking.
Actually, I don't like that situations while I'm doing exercise, someone talk to me. I wanted to being alone while doing exercise… while I'm doing exercise. So, at that time I don't like that.
But start talking. It is what it is.

학생 답변 요약

어느 날 헬스장에서 운동하는데 어떤 남자가 말을 걸어왔다.
운동할 때 누가 말 거는 걸 싫어해서 혼자 있고 싶었다.
그래도 대화를 했지만, 어쩔 수 없었다.

 **전략 답변**

Step 1 MP 말하기	요약 헬스장에서 낯선 남자가 말을 걸어서 불편했다. 운동에 집중하고 싶었기 때문이다. ❶ To keep it short, I was at the gym a few days ago and a guy started talking to me. ❷ But I felt uncomfortable because I wanted to focus on my exercise.
Step 2 MP 관련 예시 말하기	요약 계속 말을 걸어 짜증이 났다. 다행히 내가 혼자 있고 싶어 한다는 것을 깨닫고 갔다. ❸ To be honest, he seemed like a nice guy. ❹ But it was annoying because I couldn't concentrate on my workout. ❺ The more I answered, the more he kept talking. ❻ Thankfully, he eventually realized I wanted to be left alone.
Step 3 MP와 연결하며 마무리	요약 그래서 기억에 남는 경험이다. ❼ So yeah, that was one of my experiences at the gym.

❶ 간단히 말하면, 며칠 전에 헬스장에 갔는데 어떤 남자가 저에게 말을 걸었어요. ❷ 하지만 저는 운동에 집중하고 싶어서 불편했어요. ❸ 솔직히 그 남자는 괜찮은 사람 같아 보였어요. ❹ 하지만 저는 운동에 집중할 수 없어서 짜증이 났죠. ❺ 제가 대답할수록, 그 남자는 더 계속 말을 걸었어요. ❻ 다행히도 그 남자는 결국 제가 혼자 있고 싶어 한다는 걸 알아차리더군요. ❼ 그래서 네, 그게 제가 헬스장에서 겪었던 기억에 남는 경험 중 하나입니다.

---

 ❺ **The more** I answered, **the more** he kept talking.

'~하면 할수록 ~하다'라는 비교 패턴이에요. 문장을 확장할 때 원어민들이 아주 자주 써요.

ex **The more** we talked, **the closer** we became.
대화를 하면 할수록, 우리는 더 가까워졌어요.

학생 답변

Once there was a time I went to a gym and a stranger helped me to work out. And I was really thankful for him because I was a beginner of working out. So, I didn't know about how to use the machine.

I think he helped me because I had some bad habit of using the machine or… I think I was wrong to use the machine. So, he felt something of watching some people, I mean, watching me using the machine in the wrong way. So, he tried to teach me about, you know, how to use the machine. And what is the right pose about, you know, working out for specific part, like a shoulder, arms and chest.

And I was very thankful for him because I was alone at that time. So, there was no people I can learn about the machine. And I was a beginner, so I don't, I didn't have any, you know, information about the machine. So, yeah, that was quite awkward situation because I'm introverted person. So, I'm not good at, talking about with… talk with a stranger. But I was very thankful to him.

헬스장에서 낯선 사람이 운동을 도와줬는데, 나는 초보라서 기계 사용법을 몰라서 고마웠다.
그는 내가 잘못된 자세로 운동하는 걸 보고 기계 사용법과 어깨, 팔, 가슴 운동의 올바른 자세를 알려줬다.
낯선 사람과 말하는 게 어색했지만, 혼자라 배울 곳이 없었기 때문에 정말 감사했다.

Step 1 MP 말하기	[요약] 헬스장에서 기구를 사용하다가 들지 못해 정말 답답했던 경험이 있다. ❶ To keep it short, I once had a difficult time using one of the machines at the gym. ❷ It was the shoulder press machine, and when I tried to lift the weight, I couldn't move it at all. ❸ It was so frustrating.
Step 2 MP와 다른 예시 말하기	[요약] 다른 기구들은 문제없이 잘 사용할 수 있었다. ❹ Now, to be honest, I had no issues with the other machines that day. ❺ For example, when I was working out my chest on the bench press machine, it was easy to use. ❻ And also, when I was running on the treadmill, it gave me no problems.
Step 3 MP로 돌아와 관련 예시 말하기	[요약] 숄더 프레스 기구가 낯설어 움직이지 않았는데, 옆 사람이 도와줘 해결했다. ❼ But when I tried to use their shoulder press machine, I just couldn't get it to move. ❽ It was a new type of machine I had never seen before. ❾ It was kind of annoying. ❿ Luckily, a random person next to me helped me out. ⓫ He told me there was a safety button I had to push before using it.
Step 4 MP와 연결하며 마무리	[요약] 그것이 그날 헬스장에서 있었던 일이다. ⓬ So yeah, that's pretty much what happened at the gym that day.

❶ 간단히 말하면, 헬스장에서 기구를 사용하다가 힘들었던 적이 한 번 있었어요. ❷ 숄더 프레스 기계였는데, 들어 올리려고 했지만 전혀 움직이지 않았어요. ❸ 정말 답답했어요. ❹ 사실 그날 다른 기구들은 아무 문제가 없었어요. ❺ 예를 들어, 벤치프레스 기구로 가슴 운동을 할 때는 쉽게 사용할 수 있었어요. ❻ 그리고 러닝머신에서 뛸 때도 아무 문제가 없었죠. ❼ 하지만 그 헬스장의 숄더 프레스 기구를 쓰려고 했을 때는 도저히 움직이지 않았어요. ❽ 한 번도 본 적 없는 새로운 종류의 기구였거든요. ❾ 좀 짜증 났어요. ❿ 다행히 옆에 있던 어떤 사람이 저를 도와줬어요. ⓫ 사용하기 전에 안전 버튼을 눌러야 한다고 알려줬죠. ⓬ 그래서 네, 그게 바로 그날 헬스장에서 있었던 일이에요.

(핵심 표현) ▶ ❼ But when I tried to use their shoulder press machine, I just couldn't **get** the weight **to** move.

단순히 couldn't move it이라고 하기보다 「get + 목적어 + to 동사원형」 구조를 쓰면 '~을 …하게 만들다'라는 뉘앙스를 줄 수 있어요.

[ex] He couldn't **get** his computer **to** work.
그는 컴퓨터를 작동시킬 수 없었어요.

┏━ **오픽 필수 영어 표현** ┄┄┄┄┄┄┄┄┄┄┄┄┄┄┄┄┄┄┄┄┄┄

(IM)▶ ❹ concentrate on ~에 집중하다 ❺ the more A, the more B A하면 할수록, B하다 ❻ thankfully 다행히, 감사하게도 ❻ eventually 결국, 마침내

(IH)▶ ❸ frustrating 답답한, 좌절감을 주는 ❺ bench press 벤치 프레스(가슴 운동 기구/동작) ❼ couldn't get it to move 그것을 전혀 움직일 수 없었다 ❿ help (someone) out ~를 도와주다 ⓫ safety button 안전 버튼

4 Comparison 비교

문제, 전략 답변

ch04-4.mp3

QUESTION

How have gyms changed over time? Were gyms simpler or more old-fashioned in the past? How are modern gyms different now?

시간이 지나면서 헬스장은 어떻게 변해왔나요? 옛날 헬스장은 더 단순하거나 구식이었나요? 요즘의 헬스장은 어떻게 다른가요?

IM 학생 답변

When I was younger, I thinked the gym have… the gym don't have many machines compared to these days.
But these days, many gyms have a lot of machines. And the music sound is a little bit higher? loudly?
So I think before gym style is better than me… better for me.

학생 답변 요약

예전 헬스장은 지금보다 기구가 많지 않았다.
요즘 헬스장은 기구도 많고 음악 소리도 더 크다.
그래서 예전 헬스장 스타일이 더 잘 맞았다고 생각한다.

IM 전략 답변

Step 1 MP 말하기 (현재)	요약 요즘 헬스장은 여러 운동이 가능한 신식 기구가 많아서 만족한다. ❶ To keep it short, gyms these days have many modern machines. ❷ And I'm really satisfied because one machine can be used for many exercises.
Step 2 MP와 반대 내용 말하기 (과거)	요약 예전에는 한 기구로 한 운동만 할 수 있어서 비효율적이었다. ❸ In the past, machines were only for one exercise. ❹ And so, they weren't as useful.
Step 3 MP로 돌아와 관련 예시 말하기(현재)	요약 지금은 한 기구로 여러 부위를 운동할 수 있는 점이 인상적이다. ❺ But these days, one machine can train many muscle groups. ❻ And I think that's really impressive.
Step 4 MP와 연결하며 마무리	요약 이것이 헬스장에서 느낀 변화이다. ❼ So yeah, that's the change I've noticed in gyms over time.

❶ 간단히 말하면, 요즘 헬스장에는 신식 기구들이 많이 있어요. ❷ 그리고 한 기구로 여러 가지 운동을 할 수 있어서 저는 정말 만족해요. ❸ 예전에는 한 기구로 한 가지 운동만 할 수 있었어요. ❹ 그래서 그다지 효율적이지 않았죠. ❺ 하지만 요즘은 한 기구로 여러

부위를 운동할 수 있습니다. ❻ 저는 그게 정말 인상적이라고 생각해요. ❼ 그래서 네, 그게 바로 시간이 지나면서 제가 헬스장에서 느낀 변화입니다.

---

 ❹ And so, they weren't **as** useful.

'그만큼 ~하지는 않다'처럼 비교를 부드럽게 표현할 때 아주 자주 써요.

[ex] This phone isn't as expensive **as** the other one.
이 휴대폰은 다른 것만큼 비싸지 않아요.

학생 답변

To keep it short, I think, gyms have been really changed a lot from the past. And the main change is, I think the machines.

Because these days, every machine have the multi feature. And I really love it because I can workout for every part of my body with just one machine. It's so nice. But in the past, the machine have just one feature for each machine. Like, there was a treadmill for the running, and there was a chest machine for just a chest. And there was a lat pulldown machine just for the back. So, the gym had to get more huge, I mean, more spacious area to get the machine in the gym.

But, you know, these days, people are getting interested in working out. So, there are a lot of people in a gym. So, that's why the gym needs to buy multi feature machine to use their area with more efficiency. So, these days every machine have multi-feature.

So, I can work out for every part like a back or a chest, arms, leg, with just a one machine. So, I don't have to move to use every, each machine in a gym. So, it's so nice.

학생 답변 요약

헬스장은 예전과 많이 달라졌고, 요즘 기구들은 다기능이라 한 대로 전신 운동을 할 수 있어 좋다.
과거에는 러닝머신, 가슴 운동 기구, 등 운동 기구처럼 각각 한 가지 기능만 있어서 헬스장이 넓어야 했다.
하지만 요즘은 운동에 관심 있는 사람이 많아 헬스장도 공간을 효율적으로 쓰기 위해 다기능 기구를 들여놓는다.
그래서 한 대로 등, 가슴, 팔, 다리까지 다 운동할 수 있어 여기저기 옮겨 다닐 필요가 없고 정말 편리하다.

전략 답변

요약 요즘 헬스장은 다기능 기구가 많아서 좋다.

Step 1
MP 말하기
(현재)

❶ To keep it short, I think gyms have changed a lot, especially when it comes to the machines they use.
❷ Most machines now have multiple features.
❸ And I personally love that because I can work out different parts of my body using just one machine.

<table>
<tr>
<td>Step 2
MP와 반대 내용 말하기
(과거)</td>
<td>

요약 예전에는 기구마다 기능이 한정돼 공간을 많이 차지했다.

❹ In the past, workout machines usually targeted only one area of the body.
❺ For example, you had a treadmill just for running, a chest press just for your chest, and so on.
❻ And having separate machines for each exercise took up a lot of space in the gym, which wasn't great.
</td>
</tr>
<tr>
<td>Step 3
MP로 돌아와
관련 예시 말하기
(현재)</td>
<td>

요약 현재는 한 기구로 여러 운동이 가능해 공간을 효율적으로 쓴다.

❼ But these days, many machines are multi-purpose.
❽ For example, a shoulder press can also have a lat pull-down function.
❾ And having more of these multi-functional machines makes much better use of space.
</td>
</tr>
<tr>
<td>Step 4
MP와 연결하며 마무리</td>
<td>

요약 그래서 다기능 기구가 헬스장의 가장 큰 변화이다.

❿ So yeah, that's the main change I really appreciate about gyms today.
</td>
</tr>
</table>

❶ 간단히 말하면, 저는 헬스장이 많이 변했다고 생각해요. 특히 사용하는 기구들이요. ❷ 요즘 대부분의 기구들은 여러 기능을 가지고 있어요. ❸ 그리고 개인적으로 그게 정말 좋아요. 왜냐하면 하나의 기구로 여러 부위를 운동할 수 있으니까요. ❹ 예전에는 운동 기구들이 보통 몸의 한 부분만을 대상으로 했어요. ❺ 예를 들어, 러닝머신은 단순히 달리기만, 체스트 프레스는 가슴만 운동하는 식이었죠. ❻ 그리고 운동마다 기구가 따로 있으니까 헬스장 공간을 많이 차지해서 별로 좋지 않았어요. ❼ 하지만 요즘은 많은 기구들이 다목적이에요. ❽ 예를 들어, 숄더 프레스 기계가 랫 풀다운 기능도 할 수 있죠. ❾ 이렇게 다기능 기구들이 많아지면서 공간을 훨씬 효율적으로 쓸 수 있게 되었어요. ❿ 그래서 네, 그게 바로 요즘 헬스장에서 제가 가장 고마워하는 변화예요.

핵심 표현 ❹ In the past, workout machines usually **targeted** only one area of the body.

여기서 target은 '~을 겨냥하다, 목표로 삼다'라는 뜻이에요. 운동기구가 특정 부위에 집중한다는 의미예요.

ex The workout **targets** your abs.
그 운동은 복근을 겨냥해요.

❾ And having more of these multi-functional machines **makes** much **better use of** space.

'~을 더 잘 활용하다'라는 표현으로 공간, 시간, 자원 같은 맥락에서 아주 자주 써요.

ex They **made better use of** the small room.
그들은 작은 방을 더 잘 활용했어요.

오픽 필수 영어 표현

(IM) ❶ modern 현대적인, 최신의 ❹ useful 유용한 ❺ muscle groups 근육 군, 근육 부위 ❻ impressive 인상적인
(IH) ❶ when it comes to ~에 관해서는 ❷ feature 기능 ❹ target ~을 겨냥하다, ~에 집중하다 ❻ take up (공간 · 시간을) 차지하다 ❼ multi-purpose 다용도의, 다목적의 ❾ multi-functional 다기능의

5 RP11 롤플레이

문제, 전략 답변

ch04-5.mp3

QUESTION

I'd like to give you a situation to act it out. You're considering joining a new gym but want more details. Call the gym and ask three or four questions to get more information.

상황을 드릴 테니 연기를 해주세요. 새로운 헬스장에 등록하려고 하는데 더 많은 정보가 필요합니다. 헬스장에 전화해서 정보를 얻기 위한 서너 가지 질문을 하세요.

IM ▷ 학생 답변

Hi, how are you? I just, I just wondering about your gym. I wanted to join with your club.
So, how can I pay? Oh, weekly? Oh, okay.
And then, what time are you guys open and closing time?
Okay, thank you.

학생 답변 요약

헬스장에 등록하고 싶어요.
어떻게 결제하면 되나요?
그럼 운영 시간은 어떻게 되나요?
감사합니다.

IM ▷ 전략 답변

Step 1 간단한 상황 설명	요약 거기 머슬 짐 맞나요? ❶ Hi there, is this Muscle Gym? ❷ Great, I just have a couple of questions.
Step 2 첫 번째 질문하기 긍정 반응	요약 회원권이 얼마인가요? 10달러 ❸ I'm wondering… how much is your membership? 질문 ❹ Oh really? 반응 ❺ Only 10 dollars a month? 상대방 말 ❻ That's amazing. 반응
Step 3 두 번째 질문하기 긍정 반응	요약 운영 시간은 어떻게 되나요? 연중무휴, 24시간 ❼ And what are your hours? 질문 ❽ Wow, you're open 24/7? 상대방 말 ❾ That's perfect. 반응

요약 도와주셔서 감사합니다.
⑩ OK, I'll come by this evening to join.
⑪ Thanks a lot for your help!

❶ 안녕하세요, 거기 머슬 짐 맞나요? ❷ 좋아요, 질문이 몇 가지 있습니다. ❸ 혹시 회원권은 얼마인가요? ❹ 아, 정말요? ❺ 한 달에 10달러밖에 안 하나요? ❻ 대단하네요. ❼ 운영 시간은 어떻게 되나요? ❽ 와, 연중무휴 24시간 오픈이라고요? ❾ 완벽하네요. ⑩ 알겠습니다, 오늘 저녁에 등록하러 갈게요. ⑪ 도와주셔서 정말 감사합니다!

핵심 표현 >> ❽ Wow, you're open **24/7**?

24/7은 '하루 24시간, 일주일 내내'라는 뜻이에요. 확장해서 '언제나, 항상'이라는 뉘앙스로도 자주 써요.

ex They're working **24/7** to finish the project.
그들은 프로젝트를 끝내려고 하루 종일, 일주일 내내 일하고 있어요.

IH >> 학생 답변

Hi, excuse me. This is ABC gym, right? Hi, I'm living in a right next building from here. And I really want to register for this gym, but I need more information. So, can I ask you something? Okay, thank you.
What time are you open? Okay, 9 a.m. to 11 p.m. Oh, okay, sounds great.
And do you have any trainers for PT? Because I'm a very beginner of working out. So I need, I need a teacher, I mean, a trainer.
Oh, you have totally five teachers, five trainer in your gym. Oh, I love it.
So, how much is it for one time for the PT? Oh, $70 for one time? Okay. Is there any discount if I buy more, more PT amount?
Oh, you mean, if I register for 20 times for the PT, there is a 20% discount. Oh, I love it.
Okay, so, I will visit there tomorrow around 10, 10 a.m. And I will pay for that. Okay, see you. See you tomorrow.

학생 답변 요약

ABC 헬스장 맞죠? 등록하고 싶은데, 몇 가지 질문이 있어요.
운영 시간이 어떻게 되나요?
그럼 트레이너들도 계신가요? 제가 운동을 막 시작한 초보라서요.
그럼 PT는 회당 얼마인가요?
그럼 내일 오전 10시쯤 들러서 결제하겠습니다.

Step 1 간단한 상황 설명	[요약] **거기 ABC 헬스장 맞나요?** ❶ Hi there, this is ABC gym, right? ❷ Great, I'd like to get a bit more information about the gym.
Step 2 첫 번째 질문하기 긍정 반응	[요약] **운영 시간이 어떻게 되나요? 9~11시** ❸ What are your hours? 질문 ❹ Oh, 9 a.m. to 11 p.m.? 상대방 말 ❺ OK, that's not bad. 반응
Step 3 두 번째 질문하기 긍정 반응	[요약] **트레이너는 몇 명 있나요? 5명** ❻ And how many personal trainers do you have? 질문 ❼ I'm a beginner, so I'm kind of interested. ❽ Oh wow, 5 trainers? 상대방 말 ❾ That's great. 반응
Step 4 세 번째 질문하기 긍정 반응	[요약] **요금은 어떻게 되나요? 70달러** ❿ And what are their rates? 질문 ⓫ Oh, 70 dollars for 50 minutes? 상대방 말 ⓬ OK, that sounds reasonable. 반응
Step 5 마무리	[요약] **도와주셔서 감사합니다.** ⓭ Alright, I'll be sure to drop by tomorrow around 10 a.m. ⓮ Thanks so much for your help!

❶ 안녕하세요, ABC 헬스장이 맞나요? ❷ 좋아요, 헬스장에 대해 정보를 좀 더 얻고 싶어서요. ❸ 운영 시간이 어떻게 되나요? ❹ 아, 오전 9시부터 밤 11시까지요? ❺ 네, 괜찮네요. ❻ 그리고 개인 트레이너는 몇 명이나 계신가요? ❼ 저는 초보라서 관심이 좀 있거든요. ❽ 와, 트레이너가 5명이나 있나요? ❾ 정말 좋네요. ❿ 그리고 요금은 어떻게 되나요? ⓫ 아, 50분에 70달러요? ⓬ 네, 그 정도면 합리적인 것 같아요. ⓭ 알겠습니다. 그럼 내일 오전 10시쯤 들르겠습니다. ⓮ 도움 주셔서 정말 감사합니다!

핵심 표현 ❿ And what are their **rates**?

rate는 여기서 '요금'을 뜻해요. 보통 호텔, 서비스, 수업료 맥락에서 많이 쓰여요.

[ex] The gym offers reasonable **rates**.
그 헬스장은 합리적인 요금을 제공해요.

오픽 필수 영어 표현

(IM) ❷ a couple of 두어 개의, 몇 개의 ❽ 24/7 24시간 7일 내내, 연중무휴 ❿ come by 잠깐 들르다, 방문하다
(IH) ❷ get a bit more information 조금 더 정보를 얻다 ❿ rate 요금, 가격 ⓬ reasonable (가격이) 합리적인, 적당한 ⓭
drop by 잠깐 들르다

6 RP12 롤플레이

ch04-6.mp3

QUESTION

I'm sorry, but there's a problem I need you to resolve. You were supposed to meet your friend at the gym today, but you're stuck at work and can't make it. Call your friend, explain the situation, and suggest two or three other ways to work out together later.

죄송하지만 당신이 해결해야 할 문제가 있습니다. 오늘 헬스장에서 친구를 만나기로 했는데, 회사 일 때문에 갈 수 없게 되었습니다. 친구에게 전화해 상황을 설명하고, 나중에 함께 운동할 수 있는 다른 방법을 두세 가지 제안하세요.

IM 〉 학생 답변

Hi, Emily. I have some problem. Actually, I have to do work. There are so many work to me.
So, I cannot go to the gym with you. I'm sorry.
So, can I change the appointment instead of today? What about tomorrow? I can, I can go to the gym tomorrow. Or tonight, like 10 p.m. or 11 p.m. Is that okay?

학생 답변 요약

에밀리, 나 문제가 생겼어. 오늘 헬스장에 같이 못 갈 것 같아.
오늘 말고 내일로 약속을 미룰 수 있을까?
아니면 오늘 밤 10시나 11시는 어때?

IM 〉 전략 답변

Step 1 간단한 상황 설명	요약 나 아직 일하는 중이야. ❶ Hey Emily, are you at the gym already? ❷ OK, I'm still stuck at work.
Step 2 첫 번째 제안하기 부정 반응	요약 한 시간 뒤에 만나도 될까? NO ❸ I'm wondering… can I meet you an hour later? 제안 ❹ Oh, no? 상대방 말 ❺ You'll be done by then? 상대방 말 ❻ Alright, I understand. 반응
Step 3 두 번째 제안하기 긍정 반응	요약 그러면 네가 끝난 뒤에 만나는 건 어때? YES ❼ Then how about I meet you after you finish? 제안 ❽ I'll treat you to dinner. ❾ Yeah? 반응 ❿ You think that's a good idea? 상대방 말 ⓫ Great. 반응

<table>
<tr><td rowspan="2">Step 4
마무리</td><td>요약 도착하면 전화할게!</td></tr>
<tr><td>⑫ I'll call you when I'm there.
⑬ See you soon.</td></tr>
</table>

❶ 에밀리, 너 벌써 헬스장이야? ❷ 그렇구나, 나는 아직 회사에 갇혀 있어. ❸ 혹시 한 시간 뒤에 만나도 될까? ❹ 아, 안 된다고? ❺ 그때쯤이면 네가 끝나 있겠구나? ❻ 알겠어, 이해해. ❼ 그러면 네가 끝난 뒤에 만나는 건 어때? ❽ 내가 저녁 살게. ❾ 그래? ❿ 좋은 생각인 것 같다고? ⓫ 좋아. ⑫ 도착하면 전화할게. ⑬ 곧 보자.

핵심 표현 >> ❽ I'll **treat** you **to** dinner.

treat는 '대접하다, 사주다'라는 뜻으로 일상에서 '내가 살게'라는 뉘앙스로 자주 써요. 「treat + 사람 + to + 사물/행위」 형태로 반드시 to를 붙여서 써야 해요.

ex He **treated** his parents **to** a nice dinner.
그는 부모님께 맛있는 저녁을 대접했어요.

IH >> 학생 답변

Yo, what's up? Where are you right now? Home? Okay. I'm so sorry, but I think I need to let you know about this. I'm working late right now, so I think I cannot make it on time to get there.
So, can we make two hours later? Okay. Oh, thank you so much. So, what will you take to get to the gym two hours later?
Okay, there is, no more bus. I got it.
So, what about this? If I, I mean, when I take, get off the work, I will pick you up by my car. Let's go to the gym together by my car. Oh, you like it? Okay, okay.
And I'm so sorry again about this situation. I will call you later right after I get off the work. Okay. I'm so sorry again. And thank you so much for your understanding. Okay, so, see you later.

학생 답변 요약

미안한데, 오늘 내가 야근하게 돼서 약속 시간에 맞춰서 못 갈 것 같아.
2시간 후에 만날 수 있을까?
내가 퇴근하고 차로 데리러 갈게.
이런 상황이 생겨서 진짜 미안해. 이해해 줘서 고마워.

IH >> 전략 답변

<table>
<tr><td rowspan="2">Step 1
간단한 상황 설명</td><td>요약 뭐 해? 집이야?</td></tr>
<tr><td>❶ Yo, what's up?
❷ Where are you right now?
❸ Home?
❹ OK, cool.</td></tr>
</table>

<table>
<tr><td rowspan="2">Step 2
첫 번째 제안하기
부정 반응</td><td>요약 두 시간 늦게 만날 수 있을까? NO</td></tr>
<tr><td>
❺ Hey listen, looks like I have to do a bit of overtime.
❻ My bad, man.
❼ I don't think I can make it to the gym by 9 p.m.
❽ Can we meet 2 hours later instead? 제안
❾ No? 상대방 말
❿ The buses don't run that late? 상대방 말
⓫ Ah, I didn't think about that. 반응
</td></tr>
<tr><td rowspan="2">Step 3
두 번째 제안하기
긍정 반응</td><td>요약 그럼 내일 만나는 건 어때? YES</td></tr>
<tr><td>
⓬ Alright then, why don't we just meet tomorrow instead? 제안
⓭ Would that be OK?
⓮ Yeah? 반응
⓯ You're good with that? 상대방 말
⓰ Thanks man, I appreciate it! 반응
</td></tr>
<tr><td rowspan="2">Step 4
마무리</td><td>요약 그럼 내일 7시에 만나자.</td></tr>
<tr><td>
⓱ Alright, see you tomorrow then.
⓲ Same time, at 7 p.m.
</td></tr>
</table>

❶ 야, 뭐 해? ❷ 지금 어디야? ❸ 집이야? ❹ 오, 알았어. 좋아. ❺ 있잖아, 나 야근을 좀 해야 될 것 같아. ❻ 미안해. ❼ 9시까지 헬스장에 못 갈 것 같아. ❽ 대신 두 시간 늦게 만날 수 있을까? ❾ 안 돼? ❿ 버스가 그렇게 늦게는 안 다녀? ⓫ 아, 그건 생각 못 했네. ⓬ 그럼, 내일 만나자, 어때? ⓭ 괜찮아? ⓮ 응? ⓯ 너 괜찮은 거지? ⓰ 고마워, 진짜! ⓱ 좋아, 그럼 내일 보자. ⓲ 같은 시간, 7시에.

핵심 표현 ❼ I don't think I can **make it to** the gym by 9 p.m.

여기서 make it (to 장소)는 '약속이나 일정에 맞춰 가다, 참석하다'라는 뜻이에요.

ex She **made it to** the meeting on time.
그녀는 회의에 제시간에 도착했어요.

오픽 필수 영어 표현

(IM) ❷ stuck at work 일 때문에 꼼짝 못하는, 회사에 묶여 있는 ❺ be done (by then) (그때쯤이면) 끝나다 ❽ treat (someone) to dinner ∼에게 저녁을 사주다

(IH) ❶ What's up? 뭐 해? / 잘 지내? (가벼운 인사) ❻ my bad 내 잘못이야, 미안 ❼ make it (to 장소/시간) ∼에 도착하다, 참석하다, 시간을 맞추다 ❿ run (교통편이) 운행하다

ch04-7.mp3

QUESTION

That's the end of the situation. Have you ever gone to the gym and experienced a problem, like a machine breaking or feeling unwell during a workout? What exactly happened, and how did you handle it? Tell me all the details you remember about that situation.

이것으로 상황 종료입니다. 헬스장에 갔다가 기계가 고장 났거나 운동 중에 몸이 안 좋아진 경험이 있나요? 정확히 무슨 일이 있었고, 어떻게 대처했나요? 그 상황에서 기억나는 모든 것들을 자세히 말해주세요.

 학생 답변

Some day, I was so sick. But I wanted to… At that time, my feeling was… wanted to go to the gym.
Because I think if I go to the gym, I have… I can get more energy to my body. So I went, I went to the gym.
But after, finally after that, my feeling was worse than before. So, I came back to my home.

학생 답변 요약

어느 날 몸이 아팠지만 헬스장에 가고 싶었다.
헬스장에 가면 에너지를 얻을 수 있을 거라 생각했다.
하지만 오히려 상태가 더 나빠져서 집으로 돌아왔다.

 전략 답변

Step 1 MP 말하기	**요약** 아픈 상태에서 헬스장에 갔다가 운동 후 상태가 더 나빠졌다. ❶ To keep it short, I was feeling sick, but I still went to the gym. ❷ And it was not a good idea because I felt worse after my workout.
Step 2 MP 관련 예시 말하기	**요약** 운동하면 나아질 줄 알았는데, 오히려 몸이 약해지고 열이 더 심해졌다. ❸ To be honest, I thought I would feel better if I exercised. ❹ I only had a mild fever, so I didn't think much of it. ❺ But after 30 minutes, my body felt so weak. ❻ And my fever got worse!
Step 3 MP와 연결하며 마무리	**요약** 그래서 그날 헬스장에 간 건 최악의 선택이었다. ❼ So yeah, it was a terrible decision to go to the gym that day.

❶ 간단히 말하면, 몸이 아팠는데도 저는 헬스장에 간 적이 있어요. ❷ 그런데 운동 후에 상태가 더 나빠져서 그건 좋은 선택이 아니었죠. ❸ 사실 운동을 하면 더 좋아질 거라고 생각했어요. ❹ 가벼운 열만 있어서 별일 아닐 줄 알았거든요. ❺ 그런데 30분쯤 지나니 몸이 너무 약해졌어요. ❻ 그리고 열도 더 심해지더라고요! ❼ 그래서 네, 그날 헬스장에 간 건 정말 잘못된 결정이었어요.

❹ I only had a mild fever, so I **didn't think much of** it.

'~를 대수롭지 않게 생각하다, 신경 쓰지 않다'라는 뜻의 표현이에요.

[ex] She **didn't think much of** his comment.

그녀는 그의 말을 대수롭지 않게 여겼어요.

IH 학생 답변

Once there was a time I went to a gym alone, and it was so embarrassed. Because I didn't know how to use the machine at all.

So, I really disliked that moment.

I thought like, there would be a trainer to teach me how to use the machine. And what is this machine good for, like arms or chest, back. But, the thing is, if I want to learn from the trainers, I had to pay for the personal training fee. And I didn't know that, so…

So, I didn't have any information about the machine, so… But at least I tried to use the machine without information. And, yeah, it was totally waste of time. So, I couldn't work out on that day.

So, I just came back home. So, it was so disappointed and embarrassed and waste of time.

학생 답변 요약

혼자 헬스장에 갔는데 기계 사용법을 몰라 당황했고 그 순간이 싫었다.
트레이너가 알려줄 줄 알았지만, 배우려면 PT 비용을 내야 한다는 걸 알았다.
정보가 없었지만 그냥 기계를 써보다가 시간만 낭비했고 운동은 못 했다.
실망스럽고 당황스러웠으며 시간 낭비라고 느꼈다.

전략 답변

Step 1 MP 말하기	요약 처음 헬스장에 갔는데 바로 어깨를 다쳐서 너무 짜증 났다. ❶ To keep it short, I remember going to the gym for the first time and immediately injuring myself. ❷ It was so frustrating! ❸ I was using the shoulder press, and I think my posture was bad. ❹ And so, during my very first set, I strained my right shoulder.
Step 2 MP와 다른 예시 말하기	요약 스트레칭을 했거나 트레이너에게 자세를 배웠으면 예방할 수 있었을 것이다. ❺ Now honestly, looking back, I think I could have easily prevented this. ❻ For example, I could have stretched first to loosen up my body. ❼ Or I could have worked out with a personal trainer to learn proper posture.
Step 3 MP로 돌아와 관련 예시 말하기	요약 하지만 바로 운동을 시작하니, 숄더 프레스가 생각보다 훨씬 어려웠다. ❽ But instead, I foolishly decided to go straight into working out. ❾ I thought it would be easy, but I was clearly wrong. ❿ Using the shoulder press with proper form was harder than I thought.
Step 4 MP와 연결하며 마무리	요약 그래서 그날 헬스장에서 어깨를 다치게 됐다. ⓫ So yeah, that's how I ended up injuring myself at the gym that day.

❶ 간단히 말하면, 처음 헬스장에 갔을 때 바로 다쳤던 게 기억나요. ❷ 정말 짜증 났어요! ❸ 숄더 프레스 기구를 쓰고 있었는데, 자세가 안 좋았던 것 같아요. ❹ 그래서 첫 세트에서 바로 오른쪽 어깨를 다쳤어요. ❺ 지금 생각해 보면, 이건 쉽게 예방할 수 있었던 것 같아요. ❻ 예를 들어, 먼저 스트레칭을 해서 몸을 풀었으면 됐을 거예요. ❼ 아니면 개인 트레이너랑 같이 운동하면서 올바른 자세를 배울 수도 있었겠죠. ❽ 하지만 저는 어리석게도 그냥 바로 운동을 시작했어요. ❾ 쉬울 줄 알았는데, 완전히 착각이었어요. ❿ 올바른 자세로 숄더 프레스를 하는 게 생각보다 어려웠어요. ⓫ 그래서, 네, 결국 그날 헬스장에서 다치고 말았던 거예요.

❺ Now honestly, looking back, I think I **could have** easily **prevented** this.

'~할 수 있었는데 하지 못했다'라는 아쉬움이나 후회를 표현할 때 써요.

ex I **could have won** the game.
그 경기를 이길 수도 있었어요.

❽ But instead, I foolishly decided to **go straight into** working out.

'곧장 ~에 들어가다, 바로 시작하다'라는 뜻이에요.

ex She **went straight into** studying after dinner.
그녀는 저녁 먹고 바로 공부를 시작했어요.

CHAPTER 04

Gym

오픽 필수 영어 표현

(IM) ❶ feel sick 아프다, 몸이 안 좋다 ❹ mild fever 가벼운 열, 미열 ❹ didn't think much of it 대수롭지 않게 생각했다
(IH) ❶ immediately 즉시, 곧바로 ❷ frustrating 답답한, 짜증 나는 ❸ posture 자세, 몸가짐 ❹ strain (a muscle/part)
(근육/신체 부위를) 무리하다, 다치게 하다 ❺ looking back 돌이켜보면, 지나고 보니 ❻ loosen up 몸을 풀다, 스트레칭하다
❽ foolishly 바보같이, 어리석게 ❿ proper form 올바른 자세

QUESTION

People go to the gym for many different reasons. What are some common goals people have when they work out at the gym? Why do you think someone might focus on one goal more than another?

사람들이 헬스장에 가는 이유는 다양합니다. 사람들이 헬스장에서 운동할 때 흔히 가지는 목표는 무엇인가요? 왜 사람들이 여러 목표들 중 특정한 하나의 목표에 더 집중한다고 생각하나요?

 학생 답변

I think some people might go to the gym for a diet, and some people might go to the gym to get a good muscular frame.

And I think almost of guys go to the gym for the second reason, to get a muscle for their body. Because what, simply woman don't like a skinny guy, right? So I think the reason that most of the guys go to the gym is, to get a muscle for their body, like a wide shoulder and big leg, and, you know, big arms or chest, Back. I mean, to get a more a bigger size for their body.

It's, it's a good point for, you know, sexual feature. I'm not sure, but.

Yeah. I also prefer the, huge body rather than the skinny one. Right? And also every guys want, you know, the woman in a sexy shape, Right? It is what it is.

So I think, almost of people go to the gym these days to get a muscle. And I also go to the gym for that reason, too.

학생 답변 요약

사람들은 헬스장에 다이어트를 위해 가기도 하고, 근육을 만들기 위해 가기도 한다.

대부분 남자들은 마른 몸보다 근육질 몸을 원해서 헬스장에 간다고 생각한다. 어깨, 팔, 가슴, 다리를 크게 만들고 싶어한다.

나도 마른 몸보다 큰 몸을 선호하고, 남자들도 여자에게 매력을 원하듯 그런 이유가 있다고 본다.

그래서 요즘 대부분은 근육을 만들기 위해 헬스장에 가며, 나 역시 같은 이유로 헬스장에 간다.

Step 1 MP 말하기 (A, B)	요약 사람들이 헬스장에 가는 주된 이유는 몸매 관리와 건강 유지다.	❶ To keep it short, I think there are two main reasons why people go to the gym: to get fit or to maintain overall health.
Step 2 A를 자세히 설명	요약 많은 사람들이 매력적인 몸매를 원해서 운동한다.	❷ Let me start with getting fit. ❸ Many people want to be in shape. ❹ I mean, who doesn't? ❺ And they go to the gym to have a slim waist, broad shoulders, and so on, so they can look more attractive. ❻ I feel the same way myself.
Step 3 B를 자세히 설명	요약 다른 사람들은 과체중을 피하고 건강을 지키기 위해 운동한다.	❼ Now, on the flip side, some people work out mainly for their health. ❽ They don't need to be super muscular, but they also don't want to be overweight. ❾ I think my parents fall into this category.
Step 4 MP와 연결하며 마무리	요약 이것이 사람들이 헬스장에 가는 이유에 대한 내 생각이다.	❿ So yeah, that's my take on why people go to the gym.

❶ 간단히 말하면, 사람들이 헬스장에 가는 주된 이유는 두 가지라고 생각해요: 몸매를 가꾸기 위해서이거나, 건강을 유지하기 위해서예요. ❷ 먼저 몸매 관리부터 얘기할게요. ❸ 많은 사람들이 좋은 몸매를 갖고 싶어 하죠. ❹ 안 그런 사람이 어디 있겠어요? ❺ 그래서 날씬한 허리, 넓은 어깨 등을 만들려고 헬스장에 가는 거예요. 더 매력적으로 보이기 위해서죠. ❻ 저도 똑같이 느껴요. ❼ 반대로, 어떤 사람들은 주로 건강을 위해 운동해요. ❽ 꼭 근육질일 필요는 없지만, 과체중이 되는 것도 원하지 않죠. ❾ 제 부모님이 여기에 해당되는 것 같아요. ❿ 그래서, 이게 사람들이 헬스장에 가는 이유에 대한 제 생각이에요.

핵심 표현 ❺ And they go to the gym to have a slim waist, broad shoulders, and so on, **so they can** look more attractive.

so they can ~에서 so는 목적을 나타내는 접속사로 '~할 수 있게, ~하려고'라는 뜻으로 해석해요.

ex She saved money **so** she **could** travel abroad.
그녀는 해외여행 가려고 돈을 모았어요.

❾ I think my parents **fall into this category.**

'이 부류에 속하다'라는 표현으로 분류나 그룹을 말할 때 자주 써요.

ex This movie **falls into the comedy category.**
이 영화는 코미디 부류에 속해요.

오픽 필수 영어 표현

IH ❶ get fit 건강해지다, 몸을 만들다 ❶ maintain 유지하다 ❸ be in shape 몸매를 유지하다, 건강한 몸 상태이다 ❺ waist 허리 ❺ broad 넓은, 널찍한 ❼ on the flip side 반대로, 다른 한편으로 ❽ muscular 근육질의, 근육이 발달한 ❾ fall into (a category) ~에 속하다, ~ 부류에 들어가다

문제, 전략 답변

ch04-9.mp3

QUESTION

Gyms have been featured in the news recently as places where people not only stay fit but also build community. Have you come across any news stories that talk about how gyms affect social life or daily routines? Why do you think more people are treating gyms as social spaces these days?

최근 뉴스에서 헬스장은 단순히 몸매를 유지하는 곳이 아니라 공동체를 형성하는 장소로도 소개되고 있습니다. 헬스장이 사회생활이나 일상에 어떤 영향을 미친다는 뉴스 기사를 본 적 있나요? 왜 요즘 더 많은 사람들이 헬스장을 사회적 공간으로 여긴다고 생각하나요?

IH ▷ 학생 답변

I think working out together can make a great relationship with the other people in a community. Because usually, people support each other while they are working out together and they cheer each other on. And I really love it because the atmosphere is really wonderful. It's beautiful, I think.

In my experience, there was a time I worked out alone and it was quite boring. So, I easily, you know, lost my motivation of working out or interests of working out. But, when I work out together with my friends or with other people, I can work out more longer and I can do more amount of working out.

So, I also prefer working out together. And it's quite nice to build a relationship with other people. So, I also could make a good friend at a gym. So, I strongly believe working out together can make a good relationship with each other.

학생 답변 요약

나는 함께 운동하면 좋은 관계를 만들 수 있다고 생각한다. 서로 응원하고 분위기가 좋아서 더욱 즐겁다.
혼자 운동할 때는 지루하고 동기를 잃었지만, 같이 하면 더 오래, 더 많이 운동할 수 있었다.
그래서 나는 함께 운동하는 걸 선호하고 실제로 헬스장에서 친구도 사귀었다. 함께 운동하는 것은 관계 형성에 도움이 된다고 믿는다.

Step 1 MP 말하기	요약 헬스장이 사교 공간으로 변하고 있다는 유튜브 영상을 봤다. 사람들이 헬스장에서 친구를 사귀기도 한다고 해서 흥미로웠다. ❶ To keep it short, I once saw a news clip on YouTube about people using gyms as social spaces. ❷ I thought it was interesting because it talked about how, these days, many people go to the gym to make friends.
Step 2 MP와 다른 예시 말하기	요약 헬스장은 운동하는 곳이고 일부 헬스장은 다양한 운동 프로그램도 제공한다. ❸ Now, of course, making friends at the gym isn't mandatory. ❹ After all, it's a place to work out. ❺ And some gyms also offer sports activities to add variety to your exercise routine.
Step 3 MP로 돌아와 관련 예시 말하기	요약 요즘은 헬스장에서 친구를 사귀고 함께 운동하는 걸 즐기는 사람이 많다. ❻ But gyms are evolving and a lot of people enjoy making new friends or acquaintances while they work out. ❼ And I also feel the same way. ❽ It's more fun to meet people at the gym and sweat together. ❾ And motivating each other makes the whole experience much more enjoyable.
Step 4 MP와 연결하며 마무리	요약 이것이 내가 본 뉴스 영상의 내용이다. ❿ So yeah, that's what I remember from that news clip.

❶ 간단히 말하면, 저는 유튜브에서 사람들이 헬스장을 사회적 공간으로 쓰는 것에 대한 뉴스 영상을 본 적이 있어요. ❷ 흥미로웠던 건, 요즘 많은 사람들이 친구를 사귀기 위해 헬스장에 간다는 이야기를 했기 때문이에요. ❸ 물론, 헬스장에서 친구를 사귀는 게 필수는 아니죠. ❹ 결국 헬스장은 운동하러 가는 곳이니까요. ❺ 그리고 어떤 헬스장은 운동 루틴에 다양함을 주기 위해 스포츠 활동도 제공해요. ❻ 하지만 헬스장은 변화하고 있고, 많은 사람들이 운동하면서 새로운 친구나 지인을 사귀는 걸 즐기고 있어요. ❼ 저도 그렇게 느껴요. ❽ 헬스장에서 사람들을 만나서 함께 땀 흘리는 게 훨씬 더 재미있어요. ❾ 서로를 격려하다 보면 전체 경험이 훨씬 즐거워져요. ❿ 그래서, 그 뉴스 클립에서 제가 기억나는 건 바로 이런 내용이에요.

 ❺ And some gyms also offer sports activities to **add variety** to your exercise routine.

add variety는 '다양성을 더하다, 변화를 주다'라는 뜻이에요.

ex Mixing cardio with weights **adds variety** to workouts.
유산소와 웨이트를 섞으면 운동에 다양성이 더해져요.

오픽 필수 영어 표현

IH ❶ social space 사교 공간, 사람들과 어울리는 공간 ❸ mandatory 의무적인, 필수의 ❹ after all 어쨌든, 결국에는 ❺ add variety to ~에 다양성을 더하다 ❻ be evolving 점점 변화하고 있다, 발전 중이다 ❻ acquaintance 아는 사람, 지인 ❾ motivate each other 서로 동기를 부여하다, 의욕을 복돋우다

Holidays(휴일 / 명절) 질문 한눈에 보기

❶ **Description** 묘사	What is the most important holiday in your country? How do you usually celebrate it? Why is it special to you?
❷ **Habit** 습관	What holidays do you usually celebrate? Where do you usually go on those holidays? What do you like to do during those holidays?
❸ **Past Experience** 과거 경험	Talk about your most recent holiday. Why was that holiday memorable? Was there anything special? Talk about why that holiday was particularly unforgettable.
❹ **Comparison** 비교	Talk about how you plan for holidays. In the past, did you usually plan your holidays well in advance? How do you plan your holidays these days?
❺ **RP11** 롤플레이	I'd like to give you a situation to act it out. You're at a gift shop looking for something special for an upcoming holiday. Talk to the shop assistant and ask three or four questions to help you choose the right gift.
❻ **RP12** 롤플레이	I'm sorry, but there's a problem I need you to resolve. You're on holiday, and you accidentally left your suitcase on the train. Call the railway company, explain your problem, and ask two or three questions to get help.
❼ **RP13** 과거 경험	That's the end of the situation. Was there ever a holiday when you suddenly had to change your plans completely? How did it all turn out in the end?
❽ **IHU14** 사회 / 이슈	People celebrate many different types of holidays throughout the year. Which kinds of holidays do you think help people feel more connected to one another? Why do you think those holidays have such a strong impact on relationships or community?
❾ **IHU15** 사회 / 이슈	These days, holidays are often featured in the news as a way for people to rest and recharge. Have you seen any news stories that talk about how holidays affect people's lives or routines? Why do you think taking time off during holidays is considered important?

1 Description 묘사

ch05-1.mp3

QUESTION

What is the most important holiday in your country? How do you usually celebrate it? Why is it special to you?

당신의 나라에서 가장 중요한 휴일은 무엇인가요? 보통 그 날을 어떻게 기념하나요? 왜 당신에게 특별한가요?

IM ▷ 학생 답변

I think 설날 is the most important holiday in Korea.
Because after new year, we have just a first time of the, first time holiday in the year. So we celebrate that holiday.
And old people and parents give some money to their children. So, you know, every people like the money.

학생 답변 요약

설날이 한국에서 가장 중요한 명절이라고 생각한다.
새해가 지난 뒤 처음 맞는 명절이라 모두가 기념한다.
어른들이 아이들에게 돈을 주기 때문에 사람들이 좋아한다.

IM ▷ 전략 답변

	요약 설날은 한국에서 가장 중요한 명절이다. 어른들이 아이들에게 세뱃돈을 주는 것은 멋진 전통이라고 생각한다.
Step 1 MP 말하기	❶ To keep it short, New Year's Day is the most important holiday in Korea. ❷ It's called Seollal, and adults give pocket money to children, which I think is a wonderful tradition.
	요약 가족 간 유대가 깊어지고 아이들은 큰절을 해서 세뱃돈을 받는 전통이 있다.
Step 2 MP 관련 예시 말하기	❸ To be honest, this is when family bonding is the strongest. ❹ I like how uncles and aunts give money to their nieces and nephews. ❺ And to receive it, children have to do a full bow to the floor. ❻ It's a really fun tradition.
Step 3 MP와 연결하며 마무리	요약 그래서 설날이 한국인들에게 중요한 명절이다. ❼ So yeah, that's why Seollal is important to Koreans.

❶ 간단히 말해서, 새해 첫날은 한국에서 가장 중요한 명절이에요. ❷ (한국어로) '설날'이라고 하는데, 어른들이 아이들에게 세뱃돈을 줘요. 저는 이게 정말 좋은 전통이라고 생각해요. ❸ 솔직히 말하면, 이때 가족 간의 유대가 가장 강해져요. ❹ 저는 삼촌과 이모가 조카들

에게 돈을 주는 모습이 좋아요. ❺ 그리고 아이들은 세뱃돈을 받기 위해 큰절을 해야 하죠. ❻ 정말 재미있는 전통이에요. ❼ 그래서 설날이 한국인들에게 중요한 명절이라고 생각해요.

 ❸ To be honest, **this is when** family bonding is the strongest.

this is when ~ 은 '이때가 바로 ~할 때다'라는 뜻이에요. 단순히 at this time이라고 하는 것보다 강조가 되어서, 특정 순간을 더 생생하게 표현할 수 있어요.

ex **This is when** things get exciting.
이때가 상황이 흥미로워지는 순간이에요.

 학생 답변

I think Thanksgiving is the most important holiday in my country. And I usually go traveling with my family during this period. And I really love it because on a usual days, there is not enough time to go traveling with my family. So, that's the main reason I love this holiday and it's very important holiday for the people. So, we have like, seven days for the holiday, so we don't have to go to work on that, on this period.
So, I usually go to my hometown to see my parents and my older brother. So we spend time together for seven days. So that is, this is a good time to go traveling with my family to other countries, right? So, we usually go traveling together, like Japan or Malaysia, or, you know, UK or Thailand.
Yeah, so, every years on this Thanksgiving, we are spending time together and I really love it because I really love my family. So, this time is really special and precious for me because it's a family time.

추석이 우리나라에서 가장 중요한 명절이라고 생각한다. 가족과 여행할 시간이 부족하기 때문에 이 명절이 더욱 소중하고, 일주일 동안 휴일이라 좋다.
고향에 가서 부모님과 형을 만나 시간을 보내거나, 일본·말레이시아·영국·태국 등 해외여행을 하기도 한다.
매년 추석에는 가족과 함께 시간을 보내는데, 가족을 사랑하기 때문에 이 시간이 특별하고 소중하다.

 **전략 답변**

Step 1 MP 말하기	**요약** 한국에서 가장 중요한 명절은 추석이다. 가족과 여행을 갈 수 있어서 좋다. ❶ To keep it short, I think Thanksgiving is the most important holiday in my country. ❷ And I really love it because my family and I usually go traveling during this time.
Step 2 MP와 다른 예시 말하기	**요약** 여행을 가지 않아도 즐겁고 긴 연휴 동안 맛있는 음식을 먹는다. ❸ Now, when we don't go traveling, we still enjoy Thanksgiving. ❹ For example, it's a long national holiday, usually about a whole week with no work! ❺ It's also a time when we eat a lot of delicious Korean food.
Step 3 MP로 돌아와 관련 예시 말하기	**요약** 하지만 우리는 명절에 자주 여행을 가고 해외에서 가족과 함께 시간을 보내는 건 특별하다. ❻ But many times, we choose to travel during this holiday. ❼ Whenever we do, I absolutely love it! ❽ So far, we've been to Japan, Malaysia, the UK, and even Thailand. ❾ Spending time together in another country feels truly special.
Step 4 MP와 연결하며 마무리	**요약** 그래서 이것이 우리 가족이 추석을 보내는 방식이다. ❿ So yeah, that's how my family usually celebrates Thanksgiving.

❶ 간단히 말해서, 우리나라에서 가장 중요한 명절은 추석이라고 생각해요. ❷ 그리고 제가 추석을 정말 좋아하는 이유는, 이때 보통 가족과 여행을 가기 때문이에요. ❸ 여행을 가지 않더라도 추석을 즐겁게 보내요. ❹ 예를 들어, 이 명절은 보통 일주일 정도 되는 긴 연휴라서 일을 하지 않아도 돼! ❺ 또 한국의 맛있는 음식을 많이 먹을 수 있는 시간이기도 해요. ❻ 하지만 많은 경우 이때 여행 가는 걸 선택하죠. ❼ 여행을 갈 때마다 정말 좋아요! ❽ 지금까지 일본, 말레이시아, 영국, 심지어 태국까지 다녀왔어요. ❾ 다른 나라에서 가족과 함께 시간을 보내는 건 정말 특별하게 느껴져요. ❿ 그래서 네, 그게 우리 가족이 보통 추석을 보내는 방식이에요.

핵심 표현 ❾ Spending time together in another country feels **truly** special.

단순히 special이라고 할 수도 있지만, truly, really, absolutely 같은 부사를 붙이면 더 강조하는 표현이 돼요.

ex She is a **truly** kind person.
그녀는 정말 친절한 사람이에요.

오픽 필수 영어 표현

(IM) ❶ New Year's Day 설날(새해 첫날) ❷ pocket money 용돈 ❸ family bonding 가족 간의 유대감 ❹ nieces and nephews 조카들(여자 조카와 남자 조카) ❺ bow to the floor 절하다

(IH) ❶ Thanksgiving (Day) 추수감사절 ❹ national holiday 공휴일, 국경일 ❹ a whole week 일주일 내내, 꼬박 일주일 ❼ absolutely 완전히, 정말로 ❽ so far 지금까지

2 Habit 습관

문제, 전략 답변

ch05-2.mp3

QUESTION

What holidays do you usually celebrate? Where do you usually go on those holidays? What do you like to do during those holidays?

당신은 보통 어떤 휴일(명절)을 기념하나요? 그 휴일(명절) 때는 보통 어디에 가나요? 그 휴일(명절) 동안 무엇을 하는 걸 좋아하나요?

IM ▷ 학생 답변

Usually I have some holiday. I used to go to my parent's house or sisters' house. And we can enjoy together or we can go to travel another city or another country. And we can enjoy it to see their face or talking, lifestyle and eating delicious food… Like this.

학생 답변 요약

보통 명절에는 부모님 집이나 언니 집에 간다.
가족과 함께 시간을 보내거나 다른 도시, 다른 나라로 여행을 간다.
얼굴을 보고 이야기하거나 생활을 나누고 맛있는 음식을 먹으며 즐긴다.

IM ▷ 전략 답변

Step 1 MP 말하기 (행동 중심)	요약 휴일(명절)에는 보통 가족을 찾아가고 한국이나 해외로 여행을 간다. ❶ To keep it short, I usually visit my family on national holidays. ❷ And we often travel somewhere in Korea or overseas.
Step 2 MP 관련 예시 말하기	요약 짧은 연휴에는 국내 여행, 긴 연휴에는 해외여행을 한다. ❸ To be honest, no matter what we do, it's always a good experience. ❹ If it's a short holiday, we take the train to a city in Korea. ❺ And if it's a long holiday, we plan a trip to a nearby country. ❻ It's really fun to explore new places together.
Step 3 MP와 연결하며 마무리	요약 휴일(명절)에 보통 이렇게 지낸다. ❼ So yeah, that's what we usually do on holidays.

❶ 간단히 말하면, 저는 보통 명절에 가족을 찾아가요. ❷ 그리고 우리는 종종 국내 또는 해외로 여행을 가요. ❸ 솔직히 무엇을 하든 항상 좋은 경험이 돼요. ❹ 짧은 연휴라면, 한국의 다른 도시로 기차 여행을 가요. ❺ 그리고 긴 연휴라면, 가까운 해외로 여행을 계획하죠. ❻ 새로운 장소를 함께 탐험하는 건 정말 재미있어요. ❼ 그래서 네, 그게 바로 우리가 보통 명절이나 휴일에 하는 일들입니다.

❸ To be honest, **no matter what** we do, it's always a good experience.

no matter what ∼은 '무엇을 ∼하든'이라는 뜻으로 어떤 상황에서도 결과가 같다는 걸 강조할 때 써요.

ex **No matter what** happens, stay calm.
무슨 일이 있어도 침착하세요.

학생 답변

> I think I usually celebrate Thanksgiving. And I usually go traveling with my family to other countries like Japan, Malaysia, or Thailand. And I really love it because there are still a lot of countries I've never been.
> The reason is that, now I'm living alone in a different city from my parents' house because I changed my job. So, there are, there is not much time to see my parents and I really miss them. But, I am working right now, so I cannot go far from my workplace during the weekdays. So, there's a time on weekends, but we have only two days, Saturday and Sunday. So, it's not enough to go to, you know, the other countries, right?
> So, I usually go traveling, on this Thanksgiving holiday because we have more than five days. So, it's really good period, I mean, yeah, good period to go to the other countries. So, that's why I usually celebrate this holiday with my family.

학생 답변 요약

보통 추석을 보내는데, 이때 가족과 일본·말레이시아·태국 같은 해외여행을 간다. 아직 가보지 못한 나라가 많아서 이런 여행을 좋아한다.
최근 직장 때문에 부모님 집과 다른 도시에 살고 있어 평소에는 부모님을 자주 못 뵌다. 주말은 이틀뿐이라 해외에 가기엔 부족하다.
추석은 5일 이상 연휴라 해외여행 가기 좋은 시기라서, 가족과 함께 시간을 보내기에 특별하다.

전략 답변

Step 1 MP 말하기 (행동 중심 – 현재)	요약 추석에 보통 가족과 함께 해외여행을 간다. ❶ To keep it short, usually on Thanksgiving Day, my family and I travel overseas.
Step 2 빠른 비교 전략 (MP와 반대 내용 – 과거)	요약 어렸을 때는 주로 할아버지, 할머니 댁을 방문해 맛있는 음식을 먹었다. 좋았다. ❷ In the past, when I was very young, we never really did that. ❸ We would usually visit our grandparents' home and enjoy a lot of wonderful food. ❹ And of course, I loved those moments.

<table>
<tr>
<td rowspan="2">Step 3
MP로 돌아와
관련 예시 말하기
(현재)</td>
<td>요약 요즘은 혼자 살아서 가족을 자주 못 봐서 추석은 함께 여행할 수 있는 완벽한 기회다.</td>
</tr>
<tr>
<td>❺ But these days, I feel it's even better!
❻ I'm an adult now and live on my own.
❼ And so, I don't get many opportunities to travel or even meet up with my family.
❽ But on Thanksgiving, it's the perfect chance to get together and explore a new country.
❾ And it's easy to do since the holiday usually lasts about a week.</td>
</tr>
<tr>
<td>Step 4
MP와 연결하며 마무리</td>
<td>요약 그게 우리 가족이 추석에 하는 일이다.

❿ So yeah, that's what I usually do with my family on Thanksgiving.</td>
</tr>
</table>

❶ 간단히 말해서, 보통 추석에는 가족과 함께 해외여행을 가요. ❷ 예전에 아주 어렸을 때는 그렇게 하지 않았어요. ❸ 보통 할아버지, 할머니 댁을 방문해서 맛있는 음식을 많이 먹곤 했죠. ❹ 그리고 물론, 그때도 정말 좋았어요. ❺ 하지만 요즘은 훨씬 더 좋다고 느껴요! ❻ 이제 저는 성인이 되었고 혼자 살고 있어요. ❼ 그래서 가족을 만나거나 여행할 기회가 많이 없거든요. ❽ 그런데 추석은 가족이 다 같이 모여서 새로운 나라를 여행할 수 있는 완벽한 기회죠. ❾ 게다가 이 명절은 보통 일주일 정도라서 여행하기도 쉬워요. ❿ 그래서 네, 그게 제가 추석 때 보통 가족과 함께 하는 일이에요.

핵심 표현 ≫

❸ We **would** usually visit our grandparents' home and enjoy a lot of wonderful food.

여기서 would는 '~하곤 했다'라는 과거의 습관을 나타내요. used to와 비슷하지만, 과거의 반복적인 행동을 묘사할 때 자주 써요.

ex I **would** often read before bed.
저는 잠들기 전에 자주 책을 읽곤 했어요.

❼ And so, I don't get many opportunities to travel or even **meet up with** my family.

단순히 meet라고 하면 '만나다'라는 뜻인데, meet up with ~는 '만나서 같이 시간을 보내다'라는 뉘앙스로 훨씬 자연스러워요.

ex I **met up with** my friends last weekend.
저는 지난 주말에 친구들과 만났어요.

오픽 필수 영어 표현

(IM) ❷ somewhere 어딘가, 어떤 곳 ❷ overseas 해외에, 해외로 ❸ no matter what 무엇을 ~하든, 어떤 일이 있든 ❺ nearby 가까운, 근처의 ❻ explore new places 새로운 장소를 탐험하다[돌아다니다]
(IH) ❸ wonderful 멋진, 훌륭한 ❻ live on one's own 혼자 살다 ❼ opportunity 기회 ❽ get together 함께 모이다

QUESTION

Talk about your most recent holiday. Why was that holiday memorable? Was there anything special? Talk about why that holiday was particularly unforgettable.

가장 최근에 보낸 휴일(명절)에 대해 이야기해 주세요. 왜 그 휴일(명절)이 기억에 남았나요? 특별한 일이 있었나요? 그 휴일(명절)이 특히 잊을 수 없었던 이유를 이야기해 주세요.

학생 답변

Few months ago, I went to my sister house and my parents house. It's been a, it was been a long time because I live far from them. So at that time, my feeling was so good. I was cried.
And now, I miss them.

학생 답변 요약

몇 달 전 오랜만에 언니 집과 부모님 집에 갔다. 멀리 살아서 오랜만이었다. 그때 기분이 너무 좋아서 울었다. 지금은 가족이 그립다.

전략 답변

Step 1 MP 말하기	요약 몇 달 전 가족을 만났고 아주 멋진 시간을 보냈고 긴 연휴 동안 함께 맛있는 음식을 만들었다. ❶ To keep it short, a few months ago I visited my family, and it was a wonderful experience. ❷ It was a long holiday, and we made great meals together.
Step 2 MP 관련 예시 말하기	요약 호주에 살아서 가족을 자주 못 보는데, 한국에 돌아와 만나서 기뻤고, 함께 맛있는 음식을 즐겼다. ❸ To be honest, it's not easy to see my family because I live in Australia. ❹ And so, I was really excited to come back to Korea and visit everyone. ❺ It was an emotional experience because I missed them so much. ❻ And we ended up enjoying many delicious meals together.
Step 3 MP와 연결하며 마무리	요약 그래서 그것이 나의 가장 최근의 명절 경험이다. ❼ So yeah, that was my most recent holiday experience.

❶ 간단히 말하면, 몇 달 전에 가족을 만나러 갔는데 정말 멋진 경험이었어요. ❷ 긴 연휴였고, 함께 맛있는 음식을 만들어 먹었어요. ❸ 사실 제가 호주에 살고 있어서 가족을 보기 어려워요. ❹ 그래서 한국에 돌아와 가족들을 만나는 게 정말 설레었어요. ❺ 너무 보고 싶었어서, 정말 감격스러운 경험이었죠. ❻ 결국 우리는 함께 맛있는 음식을 많이 먹으며 즐겼습니다. ❼ 그래서 네, 그게 제가 가장 최근에 겪은 명절 경험입니다.

---

 ❺ It was an **emotional** experience because I missed them so much.

emotional은 '감정적인, 감동적인'이라는 뜻으로 보통 경험이나 순간이 마음을 크게 움직였을 때 잘 써요.

[ex] The movie was very **emotional**.
그 영화는 매우 감동적이었어요.

학생 답변

> I think the recent holiday is New Year holiday. And I went to my grandmother's house.
> And it was so fun because I ate a lot of rice cake soup, to, you know, get more age. You know what? The reason is that, Korean believe that if we eat rice cake soup, on new year period, we can get just one year old per one rice cake soup, right? So, we believe that if we eat two bowl of rice cake soup, we can get two years more from our age.
> So, I tried to, you know, take over my older brother's age, so I ate, like, a four bowls of rice cake soup. And it was so fun because it's, it's not true, right? Even though, I ate 4 or 5 bowls of rice cake, my age is same, right?
> But it's quite fun because, yeah, it's also a good funny memories about, you know, New Year holiday with my grandmother and parents, my older brother. Yeah, so, it's quite memorable.

학생 답변 요약

최근 명절은 설날이었고, 나는 할머니 댁에 갔다.
떡국을 많이 먹으면 나이를 먹는다고 해서 여러 그릇을 먹었다.
형의 나이를 따라잡으려고 4그릇이나 먹었지만 실제로는 나이가 같아 재미있었다.
그래도 가족과 함께한 설날의 즐거운 추억으로 기억에 남는다.

Step 1 MP 말하기	**요약** 최근에 가족과 함께 새해에 할머니 댁에 갔다. 떡국을 맛있게 먹어서 멋진 경험이었다. ❶ To keep it short, recently, my family and I went to my grandparents' place for New Year's. ❷ It was a wonderful experience because I had the best rice cake soup of my life!
Step 2 MP와 다른 예시 말하기	**요약** 밥 먹기 전에 보드게임도 하고 영화도 보며 즐거운 시간을 보냈다. ❸ Now, before eating, we played a fun board game together. ❹ I didn't win, but it was still very fun! ❺ We also watched a movie together, which was pretty entertaining.
Step 3 MP로 돌아와 관련 예시 말하기	**요약** 할머니가 끓여주신 떡국이 최고였다. 나는 네 그릇을 먹었고, 형은 다섯 그릇이나 먹었다. ❻ But the best part about the day was having a bowl of my grandmother's rice cake soup. ❼ She did something to it that made it extra delicious. ❽ It was so good that I ended up having 4 bowls! ❾ And my older brother had 5, which was shocking to see!
Step 4 MP와 연결하며 마무리	**요약** 그래서 이번 새해는 정말 즐거운 경험이었다. ❿ So yeah, overall, it was a really enjoyable New Year's experience.

❶ 간단히 말해서, 최근에 우리 가족은 새해를 맞아 할머니 댁에 갔어요. ❷ 정말 멋진 경험이었어요, 제 인생에서 가장 맛있는 떡국을 먹었거든요! ❸ 식사하기 전에는 다 같이 재미있는 보드게임을 했어요. ❹ 제가 이기진 못했지만 그래도 정말 재미있었어요! ❺ 그리고 같이 영화를 보기도 했는데, 그것도 꽤 즐거웠어요. ❻ 하지만 그날의 최고는 역시 할머니가 끓여주신 떡국을 먹는 것이었어요. ❼ 뭔가 특별한 비법을 넣으셨는지 정말 맛있었거든요. ❽ 너무 맛있어서 무려 네 그릇이나 먹었어요! ❾ 그리고 형은 다섯 그릇이나 먹어서 정말 놀랐죠! ❿ 그래서 네, 전체적으로 정말 즐거운 새해 경험이었어요.

❶ To keep it short, recently, my family and I went to my grandparents' place for **New Year's.**

New Year's Day라고 하지만, 일상 회화에서는 Day를 빼고 New Year's라고 많이 말해요. Valentine's Day도 그냥 Valentine's라고 해요.

[ex] Let's get together for **New Year's.**
새해에 함께 모이자.

❼ She **did something to it** that made it extra delicious.

do something to it은 '뭔가 손을 봤다, 뭔가를 했다'라는 뜻이에요. 정확히 뭘 한 건지는 모르지만, 그 행동이 변화를 가져왔다는 뉘앙스를 줄 때 써요.

[ex] He **did something to** his hair.
그는 머리에 뭔가를 했어요.

오픽 필수 영어 표현

(IM) **❷** meal 식사, 음식 **❺** emotional 감정적인, 감동적인 **❻** end up -ing 결국 ～하게 되다
(IH) **❶** grandparents' place 할아버지 할머니 댁 **❺** entertaining 재미있는, 즐거운 **❻** the best part about ～의 가장 좋은 부분

문제, 전략 답변

ch05-4.mp3

QUESTION

Talk about how you plan for holidays. In the past, did you usually plan your holidays well in advance? How do you plan your holidays these days?

휴일(명절) 계획에 대해 이야기해 주세요. 과거에는 휴일(명절) 계획을 미리 잘 세우는 편이었나요? 요즘은 휴일(명절)을 어떻게 계획하나요?

IM ▷ 학생 답변

If I have holiday or free time, I usually make the plan before 1 or 2 months ago. But, These days I think I'm old. So these day if I have some travel, like went to another place, nothing to do. Just go.

학생 답변 요약

예전에는 휴일이나 여가 시간이 있으면 한두 달 전에 미리 계획을 세우곤 했다.
하지만 요즘은 나이가 들어서 그런지 그냥 별다른 계획 없이 즉흥적으로 떠나는 편이다.

IM ▷ 전략 답변

Step 1 MP 말하기 (현재)	요약 요즘은 즉흥적인 게 좋다. 가고 싶으면 바로 떠날 수 있기 때문이다. ❶ To keep it short, I like being spontaneous. ❷ If I want to go somewhere during the holidays, I just go.
Step 2 MP와 반대 내용 말하기 (과거)	요약 예전에는 계획을 세웠지만, 스트레스를 받았다. ❸ In the past, I wasn't like this. ❹ I thought planning was the best way, but it was stressful sometimes.
Step 3 MP로 돌아와 관련 예시 말하기(현재)	요약 요즘은 계획 없이 여행하고 열린 마음으로 다니는 게 더 재미있다고 느낀다. ❺ But these days, I rarely plan my trips. ❻ I feel it's more fun when I travel with an open mind.
Step 4 MP와 연결하며 마무리	요약 그래서 휴일에는 미리 계획하지 않는다. ❼ So yeah, that's why I rarely make plans for the holidays.

❶ 간단히 말하면, 저는 즉흥적인 제 성격이 마음에 들어요. ❷ 휴일에 어딘가 가고 싶으면 그냥 가요. ❸ 예전에는 그렇지 않았습니다. ❹ 계획을 세우는 게 가장 좋은 방법이라고 생각했지만, 때로는 스트레스가 되기도 했어요. ❺ 하지만 요즘은 여행 계획을 거의 세우지 않아요. ❻ 열린 마음으로 여행할 때 더 재미있다고 느껴요. ❼ 그래서 저는 휴일에 계획을 거의 세우지 않는 편이에요.

❶ To keep it short, I like being spontaneous.

성격이나 취향을 설명할 때 I like being ~ 패턴을 쓰면 자연스러워요. 단순히 I'm spontaneous보다 '그런 상태로 있는 걸 좋아한다'는 느낌을 줄 수 있어요.

ex **I like being** around people.
저는 사람들과 함께 있는 걸 좋아해요.

❻ I feel it's more fun when I travel with an open mind.

'열린 마음으로, 편견 없이'라는 뜻으로 새로운 경험을 받아들일 준비가 되어 있는 태도를 말할 때 자주 써요.

ex We need to approach this **with an open mind**.
우리는 이 문제에 열린 마음으로 접근해야 해요.

학생 답변

I think these days, I don't plan in advance about my next holiday because I'm too busy. So there is no more energy to think about the holiday which is coming for the next one.
But back in the days, I used to plan for next holiday in advance because there were more than five days for the holidays. And it meant, I didn't have to go to work for more than five days. So, I used to plan for the holiday in advance.
But nowadays, I'm really busy. So, there is no time to think about the next holiday. So, if you ask me about this question, I think, I'm not planning for next holiday in advance.

학생 답변 요약

요즘은 너무 바빠서 다가올 휴일을 미리 계획할 시간과 에너지가 없다.
예전에는 연휴가 5일 이상이라 미리 계획을 세웠다.
하지만 지금은 바빠서 미리 계획할 시간이 없다고 생각한다.

전략 답변

Step 1 MP 말하기 (현재)	요약 요즘은 휴일에 계획을 세우지 않는다. 즉흥적인 것도 재미있어서 괜찮다고 생각한다. ❶ To keep it short, I think these days, on a holiday, I usually don't plan what to do in advance. ❷ But I don't mind that as it can be fun to be spontaneous sometimes.
Step 2 MP와 반대 내용 말하기 (과거)	요약 예전에는 계획을 미리 세웠고 즉흥적인 건 좋아하지 않았다. ❸ In the past, before I had a job, I preferred to be more organized. ❹ I planned out what I was going to do and who I was going to meet. ❺ I didn't like having a random schedule.

<table>
<tr><td rowspan="2">Step 3
MP로 돌아와
관련 예시 말하기
(현재)</td><td>요약 요즘은 일이 바빠서 미리 계획하기 어렵고 즉흥적인 게 점점 재미있다.</td></tr>
<tr><td>❻ But these days, I'm very busy with work, and it's difficult to plan things ahead for a holiday.
❼ But I'm starting to like it.
❽ I know it's not the most ideal way to spend a holiday, but it's also fun to do something unplanned.
❾ And if it's a short holiday, my girlfriend usually contacts me to hang out.</td></tr>
<tr><td rowspan="2">Step 4
MP와 연결하며 마무리</td><td>요약 그래서 요즘은 휴일에 계획을 따로 세우지 않는다.</td></tr>
<tr><td>❿ So yeah, that's why I usually don't make holiday plans these days.</td></tr>
</table>

❶ 간단히 말해서, 요즘은 휴일에 뭘 할지 미리 계획을 세우지 않는 편이에요. ❷ 그래도 괜찮아요, 가끔은 즉흥적으로 움직이는 것도 재미있으니까요. ❸ 예전에 일을 시작하기 전에는 훨씬 더 계획적인 걸 좋아했어요. ❹ 뭘 할지, 누구를 만날지 미리 계획을 세우곤 했거든요. ❺ 즉흥적인 일정은 별로 좋아하지 않았어요. ❻ 그런데 요즘은 일이 너무 바빠서 휴일을 미리 계획하기가 힘들어요. ❼ 하지만 점점 그게 마음에 들기 시작했어요. ❽ 물론 휴일을 보내는 가장 이상적인 방법은 아니지만, 계획 없이 뭔가를 하는 것도 재미있더라고요. ❾ 그리고 짧은 휴일에는 여자 친구가 보통 저한테 연락해서 같이 놀자고 해요. ❿ 그래서 네, 요즘 휴일 계획을 따로 세우지 않는 이유가 바로 그거예요.

핵심 표현 ❷ But **I don't mind** that **as** it can be fun to be spontaneous sometimes.

I don't mind ~는 '~는 신경 안 써요'라는 뜻이에요. 뒤에 as ~를 붙여서 이유를 덧붙이면 더 자연스러워요.

ex **I don't mind** waiting **as** I have some free time.
시간이 있으니까 기다려도 괜찮아요.

오픽 필수 영어 표현

(IM) ❶ spontaneous 즉흥적인, 자연스러운 ❷ somewhere 어딘가, 어떤 곳 ❹ stressful 스트레스를 주는, 힘든 ❺ rarely 드물게, 거의 ~하지 않는
(IH) ❶ in advance 미리, 사전에 ❷ I don't mind 괜찮다, 상관없다, 개의치 않는다 ❸ organized 체계적인, 잘 정리된 ❺ random schedule 즉흥적인[계획 없는] 일정 ❽ ideal 이상적인 ❽ unplanned 계획되지 않은, 즉흥적인

5 RP11 롤플레이

ch05-5.mp3

QUESTION

I'd like to give you a situation to act it out. You're at a gift shop looking for something special for an upcoming holiday. Talk to the shop assistant and ask three or four questions to help you choose the right gift.

상황을 드릴 테니 연기를 해주세요. 다가오는 휴일(명절)에 줄 특별한 선물을 사려고 선물 가게에 왔습니다. 점원과 대화하며 어떤 선물이 좋은지 고를 수 있도록 서너 가지 질문을 해보세요.

IM ▶ 학생 답변

Hi. How are you? I just, I just find some souvenir for my mother.
Can you recommend any items? My mother is like 50 years old.
She like, some beautiful things. Like necklace or something, whatever, whatever, or like, local merchandise in this area. Can you recommend?

학생 답변 요약

엄마께 선물할 기념품을 찾고 있어요.
추천해 주실 수 있나요?
저희 엄마는 50대이고, 예쁜 걸 좋아해요. 목걸이나 이 지역 특산품 같은 걸 추천해 주실 수 있나요?

IM ▶ 전략 답변

Step 1 간단한 상황 설명	요약 엄마께 드릴 선물을 찾고 있어요. ❶ Hi there, I'd like to get something nice for my mother. ❷ Could you help me out? ❸ Great.
Step 2 첫 번째 질문하기 긍정 반응	요약 50대를 위한 게 있나요? 모자 ❹ I'm wondering… do you have anything nice for someone in their 50's? 질문 ❺ Oh, you recommend that hat? 상대방 말 ❻ It looks really pretty. 반응
Step 3 두 번째 질문하기 긍정 반응	요약 얼마인가요? 50달러 ❼ How much is it? 질문 ❽ Oh, 50 dollars? 상대방 말 ❾ That's a good price. 반응

<table>
<tr><td>Step 4
마무리</td><td>
❿ OK, I'll take it.
⓫ Thanks a lot for your help.</td></tr>
</table>

❶ 안녕하세요, 엄마께 드릴 좋은 선물을 찾고 있는데요. ❷ 도와주실 수 있나요? ❸ 좋아요. ❹ 혹시 50대 분께 어울릴 만한 게 있나요? ❺ 아, 저 모자를 추천하신다고요? ❻ 정말 예쁘네요. ❼ 가격이 얼마인가요? ❽ 아, 50달러인가요? ❾ 괜찮은 가격이네요. ❿ 알겠습니다, 그걸로 할게요. ⓫ 도와주셔서 정말 감사합니다.

핵심 표현 ❹ **I'm wondering… do you have anything nice for someone in their 50's?**

'~ 나이대에'라는 뜻으로 나이를 말할 때 자주 쓰는 패턴이에요.

ex My parents are **in their 60's**.
제 부모님은 60대예요.

 학생 답변

> Oh, hi, excuse me. I'm looking for a gift for my grandmother.
> So, could you recommend me something? Oh, my budget is 50 dollars for one gift.
> Fruits and dessert? It's not bad.
> But, I have to, you know, take the bus to get my grandmother's house for, like, more than 9 hours. So, is there any recommendation except for the dessert or food? Oh, you have a traditional figure? Oh, I love it.
> Where is it? Okay. The traditional figure is on F zone, zone F. Oh, okay, I got it.
> So, where can I pay for that? Where is the cashier? Oh, right next to the F zone, zone F. Oh, I got it.
> Okay. Thank you for your help.
>
> **학생 답변 요약**
> 할머니께 드릴 선물을 찾고 있어요.
> 추천해 주실 수 있나요?
> 디저트랑 음식을 제외하고 추천해 주세요.
> 어디에 있나요?
> 그럼 결제는 어떻게 하면 되나요?
> 감사합니다.

 **전략 답변**

Step 1 간단한 상황 설명	요약 **할머니께 드릴 선물을 찾고 있어요.** ❶ Hi there, I'm looking for a gift for my grandmother. ❷ My budget is 50 dollars.
Step 2 첫 번째 질문하기 긍정 반응	요약 **추천해 줄 만한 게 있나요? 전통 장식품** ❸ Could you recommend something unique that she would love? 질문 ❹ Oh, that traditional figurine is 40 dollars? 상대방 말 ❺ Looks great. 반응
Step 3 두 번째 질문하기 긍정 반응	요약 **진열 케이스도 있나요? YES** ❻ Do you also have a display case? 질문 ❼ Oh, that one is 10 dollars? 상대방 말 ❽ Perfect. 반응
Step 4 세 번째 질문하기 긍정 반응	요약 **삼성페이 결제가 가능한가요? YES** ❾ I'll take both, please. ❿ Do you accept Samsung Pay? 질문 ⓫ You do? 상대방 말 ⓬ And I get 10% off if I use it? 상대방 말 ⓭ Even better! 반응
Step 5 마무리	요약 **감사합니다.** ⓮ Here you go, thank you so much.

❶ 안녕하세요, 할머니께 드릴 선물을 찾고 있어요. ❷ 제 예산은 50달러예요. ❸ 할머니가 좋아하실 만한 특별한 걸 추천해 주실 수 있나요? ❹ 오, 저 전통 장식품이 40달러라고요? ❺ 좋아 보이네요. ❻ 진열 케이스도 있나요? ❼ 오, 그건 10달러라고요? ❽ 완벽하네요. ❾ 둘 다 살게요. ❿ 삼성페이 결제되나요? ⓫ 가능하다고요? ⓬ 삼성페이로 결제하면 10% 할인도 된다고요? ⓭ 더 좋네요! ⓮ 여기요, 정말 감사합니다.

핵심 표현 ⓬ And I get **10% off** if I use it?

'10% 할인'이라는 뜻으로 discount라고 해도 되지만 '몇 % off'가 더 간단하고 자주 쓰여요.

ex I got **30% off** on this bag.
저는 이 가방을 30% 할인받았어요.

오픽 필수 영어 표현

(IM) ❷ help (someone) out ~를 도와주다 ❹ in their 50's 50대인 ❺ recommend 추천하다
(IH) ❸ unique 독특한, 특별한 ❹ figurine 작은 조각상, 장식용 인형 ❻ display case 진열장, 장식장 ❿ accept payment 결제를 받다[수락하다] ⓬ 10% off 10% 할인

QUESTION

I'm sorry, but there's a problem I need you to resolve. You're on holiday, and you accidentally left your suitcase on the train. Call the railway company, explain your problem, and ask two or three questions to get help.

> 죄송하지만 당신이 해결해야 할 문제가 있습니다. 휴일(명절)에 기차를 탔는데, 실수로 캐리어를 두고 내렸습니다. 철도 회사에 전화해서 상황을 설명하고, 도움을 받기 위한 두세 가지 질문을 해보세요.

IM ▷ 학생 답변

I'm sorry to bother you. But I think I left my bag on the train, so I really want to get back to me.
How can I do? Okay, so am I, Do I have to tell another assistant, right? Okay.
Can you explain how can I go there?
Okay. Thank you.

학생 답변 요약

실례지만 제가 기차에 가방을 놓고 내린 것 같아요.
어떻게 하면 될까요? 다른 사람에게 말해야 하나요?
어떻게 가나요?
감사합니다.

IM ▷ 전략 답변

Step 1 간단한 상황 설명	**요약** 기차에 여행 가방을 두고 내렸어요. ❶ Hi there, I'm sorry to bother you, but I think I left my suitcase on the train. ❷ It's bright orange. ❸ My ticket number is K84. ❹ Oh, you already found it? ❺ That's great.
Step 2 첫 번째 제안하기 부정 반응	**요약** 오늘 직접 찾으러 가도 되나요? NO ❻ I'm wondering… could I pick it up at the station later this evening? 제안 ❼ Oh, no? 상대방 말 ❽ It's in another city? 상대방 말 ❾ Oh no… 반응

<table>
<tr>
<td rowspan="1">Step 3
두 번째 제안하기
긍정 반응</td>
<td>요약 호텔로 보내주실 수 있나요? YES

⑩ Alright, then could you ship it to my hotel? 제안
⑪ Really? 반응
⑫ I just need to pay the courier fee? 상대방 말
⑬ That's perfect. 반응</td>
</tr>
<tr>
<td>Step 4
마무리</td>
<td>요약 도와주셔서 감사합니다.

⑭ Thanks a lot for your help.
⑮ I'll give you the address now.</td>
</tr>
</table>

❶ 안녕하세요, 실례지만 기차에 제 여행 가방을 두고 내린 것 같아요. ❷ 밝은 주황색이에요. ❸ 제 승차권 번호는 K84예요. ❹ 아, 벌써 찾으셨다고요? ❺ 정말 다행이네요. ❻ 혹시 오늘 저녁에 역으로 찾으러 가도 될까요? ❼ 아, 안 된다고요? ❽ 다른 도시에 있다고요? ❾ 이런… ❿ 그러면 제 호텔로 보내주실 수 있나요? ⑪ 정말요? ⑫ 제가 택배비만 내면 된다고요? ⑬ 완벽하네요. ⑭ 도와주셔서 정말 감사합니다. ⑮ 바로 주소를 알려드릴게요.

---

 ⑫ I just need to pay the **courier fee**?

여기서 courier fee는 '택배비'나 '배송비'를 의미해요. 상황에 따라 shipping fee, delivery fee, postage 같은 표현도 자주 써요.

ex The **shipping fee** is included in the price.
배송비가 가격에 포함돼 있어요.

You need to pay the **delivery fee**.
배송비를 내셔야 해요.

The **postage** is too expensive.
우편 요금이 너무 비싸요.

 학생 답변

Oh, hi. I'm so sorry, but I think I left my suitcase on the train. So how can I find it? Oh, my train number was K73.
Oh, so, was there any lost items? Oh, so, there were three kinds of lost bags. Okay, my suitcase, it's like a brown and small. And it has two pockets outside the, the bag. Oh, yes. That's mine. Oh, thank you so much.
So, how can I get it back? Okay. So, you mean I have to get there to get it back? Oh, okay. No worries, absolutely.
Okay, so I will be there, I think, I will be there right now. Okay, oh, thank you so much for your help. And I will be there in 30 minutes. Okay, thank you so much.

학생 답변 요약

최송하지만, 제가 기차에 캐리어를 놓고 내린 것 같아요.
분실물이 있었나요?
어떻게 돌려받을 수 있을까요?
바로 갈게요. 감사합니다.

Step 1 간단한 상황 설명	**[요약] 기차에 가방을 두고 내렸어요.** ❶ Hi there, I think I left my suitcase on the train. ❷ My ticket number was K73. ❸ What can I do to retrieve it? ❹ It's a small brown suitcase. ❺ Oh, you've already found it?
Step 2 첫 번째 제안하기 부정 반응	**[요약] 직접 역에 찾으러 가도 되나요? NO** ❻ Great, can I come pick it up at the station? `제안` ❼ No? `상대방 말` ❽ Oh, it's in a different city now. `상대방 말` ❾ I see, that's understandable. `반응`
Step 3 두 번째 제안하기 긍정 반응	**[요약] 호텔로 보내주실 수 있나요? YES** ❿ In that case, would it be possible to have it delivered to my hotel? `제안` ⓫ Yes? `상대방 말` ⓬ All I need to do is pay the courier fee? `상대방 말` ⓭ No problem at all. `반응`
Step 4 마무리	**[요약] 도와주셔서 감사합니다.** ⓮ Thank you so much for your help!

❶ 안녕하세요, 제가 가방을 기차에 두고 내린 것 같아서요. ❷ 제 승차권 번호는 K73이에요. ❸ 찾으려면 어떻게 해야 하나요? ❹ 작은 갈색 여행 가방이에요. ❺ 오, 벌써 찾으셨다고요? ❻ 좋네요, 제가 역에 가서 찾아올 수 있을까요? ❼ 안 된다고요? ❽ 아, 지금은 다른 도시에 있군요. ❾ 알겠습니다, 이해해요. ❿ 그럼 제 호텔로 보내주실 수 있을까요? ⓫ 가능하다고요? ⓬ 제가 택배비만 내면 된다고요? ⓭ 전혀 문제없어요. ⓮ 도와주셔서 정말 감사합니다!

[핵심 표현] ❻ Great, can I **come** pick it up at the station?

많은 학생들이 come과 go를 헷갈려 하는데 여기서는 상대방이 있는 쪽으로 간다는 의미라서 come이 맞아요. 영어에서는 화자의 관점이 아니라 듣는 사람의 관점에서 말하는 경우가 많아요.

[ex] Can I **come** visit you tomorrow?
제가 내일 찾아가도 될까요?

[오픽 필수 영어 표현]

[IM] ❶ bother 폐를 끼치다, 번거롭게 하다 ❶ suitcase 여행 가방 ❻ pick up 찾아가다, 픽업하다 ❿ ship 배송하다, 보내다 ⓬ courier fee 택배비, 배송비

[IH] ❸ retrieve 되찾다, 회수하다 ❾ understandable 이해할 만한 ❿ in that case 그렇다면, 그런 경우에는

문제, 전략 답변

ch05-7.mp3

QUESTION

That's the end of the situation. Was there ever a holiday when you suddenly had to change your plans completely? How did it all turn out in the end?

이것으로 상황 종료입니다. 휴일(명절) 때 갑자기 계획을 완전히 바꿔야 했던 적이 있나요? 결국 어떻게 되었나요?

IM ▶ 학생 답변

Last year, My plan was going to the Guam.
But suddenly the typhoon is, the typhoon was coming to the Guam. So the plane was totally canceled.
So I, I couldn't do nothing, I couldn't do anything. So I made another plan.

학생 답변 요약

작년에 괌에 가려고 계획했다.
하지만 태풍이 와서 비행기가 완전히 취소됐다.
그래서 아무것도 할 수 없었고 다른 계획을 세웠다.

IM ▶ 전략 답변

Step 1 MP 말하기	**요약** 작년에 괌 여행을 계획했지만 태풍 때문에 취소되어 아쉬웠다. ❶ To keep it short, I planned to go to Guam last year. ❷ But it was canceled because of a typhoon, which was unfortunate.
Step 2 MP 관련 예시 말하기	**요약** 모든 일정이 취소되어 속상했고 환불은 받았지만 실망스러웠다. ❸ To be honest, I was really excited for the trip. ❹ But my heart sank when I heard a typhoon was coming. ❺ Everything was canceled, and I was so upset! ❻ I was able to get a refund, but it was still disappointing.
Step 3 MP와 연결하며 마무리	**요약** 그래서 작년 휴가 여행을 취소하게 되었다. ❼ So yeah, that's how my holiday trip got canceled last year.

❶ 간단히 말하면, 저는 작년에 괌에 가려고 계획했어요. ❷ 하지만 태풍 때문에 취소되어서 정말 아쉬웠어요. ❸ 사실 그 여행을 정말 기대하고 있었어요. ❹ 그런데 태풍이 온다는 소식을 듣고 마음이 무너졌어요. ❺ 그래서 모든 일정이 취소되었고, 정말 속상했죠. ❻ 환불은 받을 수 있었지만, 그래도 실망스러웠어요. ❼ 그래서 네, 그렇게 저는 작년에 휴가 여행을 취소하게 됐어요.

Once there was a time, I was planning to go to my grandmother's house. But my grandmother suddenly came to my house on holidays. So, I didn't have to go to my grandmother's house.

And I was really happy because it takes really long time, like 9 hours to get to my grandmother's house. So, I saved my time. And, I still don't know why my grandmother came to my house on holidays. Because we usually went to my grandmother's house on the holidays.

But I really loved it because, when I was child, I usually wanted to (meet) my friends on holidays too. So, I always had to choose between, meeting my grandmother or meeting my friends. But my father really wanted to go to grandmother's house, so there was no choice. I couldn't meet my friends on holiday.

But, my grandmother came to my house, so I saved my time a lot. Like, more than 9 hours for one way trip to get to my grandmother's house. So, I saved, like, a day. So, I could meet my friends on holiday. So, it was quite great for me.

학생 답변 요약

할머니 집에 가려 했지만, 할머니가 명절에 우리 집으로 오셔서 가지 않아도 됐다.
할머니 집까지 9시간이 걸리는데 시간을 절약할 수 있어 기뻤다.
어릴 때는 명절마다 친구도 만나고 싶었지만, 아버지가 항상 할머니 댁을 가자고 해서 친구를 못 만났다.
이번에는 시간을 많이 아껴 명절에 친구들을 만날 수 있었고, 나에게는 아주 좋은 경험이었다.

IH ▸ 전략 답변

Step 1 MP 말하기	**요약** 명절에 할머니가 갑자기 집에 오셔서 실망스러웠다. 저녁이 지루했기 때문이다. ❶ To keep it short, my grandmother paid us a surprise visit during the holidays. ❷ To be honest, I was a little disappointed because we ended up having a very boring dinner.
Step 2 MP와 다른 예시 말하기	**요약** 원래는 친구들과 영화를 보고 공원에서 축구하기로 했었다. ❸ Now, before she came, I had already made plans with my friends to go to the movies. ❹ After that, we were supposed to head to the park and play some soccer, which I was really looking forward to.
Step 3 MP로 돌아와 관련 예시 말하기	**요약** 하지만 부모님이 집에 있으라고 해서, 결국 지루한 저녁을 먹고 오래 이야기만 해야 했다. ❺ But the moment my grandmother rang the doorbell, my heart sank. ❻ My parents told me I had to cancel my plans and stay home. ❼ Since I was young, I had no choice but to listen. ❽ And so, instead of having fun outside, all we did was sit around, eat dinner, and talk for hours. ❾ It was the complete opposite of fun.

요약 그게 그 명절에 있었던 일이다.

⑩ So yeah, that's pretty much what happened on that holiday.

❶ 간단히 말해서, 명절에 할머니가 깜짝방문을 하셨어요. ❷ 솔직히 결국 정말 지루한 저녁 식사만 하게 되어서 좀 실망했어요. ❸ 사실, 할머니가 오시기 전에는 이미 친구들과 영화를 보러 가기로 계획을 세웠어요. ❹ 그 후에는 공원에 가서 축구도 하기로 했는데, 정말 기대하고 있었죠. ❺ 그런데 할머니가 초인종을 누르는 순간, 가슴이 철렁 내려앉았어요. ❻ 부모님께서는 저에게 계획을 취소하고 집에 있으라고 하셨거든요. ❼ 당시에는 어리다 보니 말을 들을 수밖에 없었어요. ❽ 그래서 밖에서 즐겁게 노는 대신, 저희는 그냥 집에서 앉아 저녁 먹고 몇 시간 동안 이야기만 했어요. ❾ 전혀 재미와는 거리가 멀었죠. ⑩ 그래서 네, 그 명절에 있었던 일은 대략 이런 거예요.

핵심 표현

❶ To keep it short, my grandmother **paid** us **a surprise visit** during the holidays.

pay a surprise visit은 '깜짝 방문을 하다'라는 표현이에요. 그냥 visit이라고 해도 되지만, a surprise visit은 더 구체적으로 '예고 없는 방문'을 강조해요.

ex My friend **paid** me **a surprise visit** on my birthday.
제 친구가 제 생일에 깜짝 방문을 했어요.

❾ It was **the complete opposite of** fun.

'~와 완전히 반대'라는 뜻이에요. 보통 부정적인 비교를 강조할 때 자주 써요.

ex The trip was **the complete opposite of** relaxing.
그 여행은 휴식과는 완전히 반대였어요.

CHAPTER 05   Holidays

오픽 필수 영어 표현

(IM) ❷ cancel 취소하다 ❷ typhoon 태풍 ❹ my heart sank (충격·슬픔으로) 가슴이 철렁 내려 앉았다, 실망했다
(IH) ❶ pay a surprise visit 깜짝 방문하다 ❸ make plans 계획을 세우다 ❹ head to ~로 향하다, ~에 가다 ❹ look forward to ~을 기대하다 ❼ have no choice but to ~할 수밖에 없다 ❾ the complete opposite of ~의 완전한 반대

문제, 전략 답변

ch05-8.mp3

QUESTION

People celebrate many different types of holidays throughout the year. Which kinds of holidays do you think help people feel more connected to one another? Why do you think those holidays have such a strong impact on relationships or community?

사람들은 1년 내내 다양한 휴일(명절)을 기념합니다. 사람들 사이의 관계를 더 끈끈하게 만들어주는 것은 어떤 종류의 휴일(명절)이라고 생각하나요? 왜 그런 휴일(명절)이 관계나 공동체에 강한 영향을 미친다고 생각하나요?

IH ≫ 학생 답변

I think there are two kinds of holidays. And one is just, a short term holiday, like, just for a day. And the other one is a long term holiday, like more than five days. And I think long term holiday has more stronger impact on your relationship rather than short term holiday. Because simply, long term holiday have more time to meet each other, right? So more time they have, more relationship, right? I believe like that.

And just for a day, to go to the other city to see my parents is… It doesn't have, enough time, right? It takes more than three hours to get to my parents' house for just a one way trip.

So, that's the main reason I believe long term holiday can make more stronger relationship with, I mean, between the people.

학생 답변 요약

휴일은 하루 같은 짧은 휴일과 5일 이상 되는 긴 휴일, 이 두 가지가 있다고 생각한다.
긴 휴일은 서로 만날 시간이 많아 관계에 더 큰 영향을 준다고 믿는다.
하루짜리 휴일은 부모님 댁까지 가는 데만 편도로 3시간이 걸려 시간이 부족하다.
그래서 긴 휴일이 사람들 사이의 관계를 더 돈독하게 만든다고 생각한다.

IH ≫ 전략 답변

Step 1 MP 말하기 (A, B)	**요약** 가족을 이어주는 중요한 명절은 추석과 어버이날이다.
	❶ To keep it short, I believe there are two holidays that really help people stay connected: Thanksgiving Day and Parents' Day.

<table>
<tr><td rowspan="2">Step 2
A를 자세히 설명</td><td>[요약] 추석에는 가족들이 함께 모여 보통 해외여행을 가는데 긴 연휴 덕분에 즐겁다.</td></tr>
<tr><td>❷ Now, when it comes to Thanksgiving, families love getting together and spending quality time.
❸ And my family, for example, loves going on vacation overseas during this time.
❹ I think it's a great opportunity because Thanksgiving is usually about a week long.
❺ That's one of the reasons why it's my favorite holiday.</td></tr>
<tr><td rowspan="2">Step 3
B를 자세히 설명</td><td>[요약] 어버이날에는 부모님을 찾아뵙고 함께 식사하고 감사함을 표현한다.</td></tr>
<tr><td>❻ We also have Parents' Day, which is another holiday where families come together.
❼ It's only for one day, but it's a perfect reason to visit your parents and share a nice meal.
❽ For Parents' Day, my brother and I usually take our parents to a nice restaurant.
❾ It's our way of showing them how much we appreciate them.</td></tr>
<tr><td rowspan="2">Step 4
MP와 연결하며 마무리</td><td>[요약] 그래서 가족 간의 관계를 돈독하게 해주는 명절은 추석과 어버이날이다.</td></tr>
<tr><td>❿ So yeah, those are the two holidays that I think are especially important for keeping strong relationships.</td></tr>
</table>

❶ 간단히 말해서, 사람들이 서로 잘 이어지게 해주는 명절은 두 가지가 있다고 생각해요: 추석과 어버이날이에요. ❷ 먼저, 추석은 가족들이 함께 모여서 좋은 시간을 보내는 날이에요. ❸ 예를 들어, 저희 가족은 이때 해외여행을 가는 걸 좋아해요. ❹ 추석은 보통 일주일 정도 긴 연휴라서 좋은 기회라고 생각해요. ❺ 그래서 추석이 제가 가장 좋아하는 휴일(명절) 중 하나예요. ❻ 또 다른 명절로는 어버이날이 있어요. 이날 역시 가족들이 함께 모여요. ❼ 하루뿐이지만 부모님을 찾아뵙고 맛있는 식사를 함께할 수 있는 완벽한 이유가 되죠. ❽ 저와 형은 보통 어버이날에 부모님을 좋은 레스토랑에 모시고 가요. ❾ 그게 우리가 부모님께 감사함을 표현하는 방법이에요. ❿ 네, 그래서 제가 생각하기에 가족 간의 관계를 돈독하게 해주는 특히 중요한 명절은 이 두 가지예요.

(핵심 표현) ❷ Now, when it comes to Thanksgiving, families love getting together and spending **quality time.**

quality time은 '의미 있고 알차게 보내는 시간'을 뜻해요.

[ex] We spent **quality time** together on our trip.
우리는 여행에서 함께 뜻깊은 시간을 보냈어요.

❾ It's our **way of** showing them how much we appreciate them.

'~하는 방식, 방법'이라는 뜻으로 개인이나 문화의 특징적인 방식을 설명할 때 자주 써요.

[ex] Cooking is her **way of** taking care of people.
요리는 그녀가 사람들을 챙기는 방식이에요.

오픽 필수 영어 표현

(IH) ❶ stay connected 서로 연결된 상태를 유지하다, 관계를 지속하다 ❷ when it comes to ~에 관해서는 ❷ quality time 의미 있는 시간, 함께 보내는 소중한 시간 ❹ long (기간이) ~ 동안 계속되는

QUESTION

These days, holidays are often featured in the news as a way for people to rest and recharge. Have you seen any news stories that talk about how holidays affect people's lives or routines? Why do you think taking time off during holidays is considered important?

요즘 뉴스에서는 휴일(명절)을 사람들이 휴식하고 재충전하는 시간으로 자주 다룹니다. 휴일(명절)이 사람들의 삶이나 일상에 어떤 영향을 주는지 다룬 뉴스를 본 적이 있나요? 왜 휴일(명절) 동안 휴식을 갖는 것이 중요한 일로 여겨진다고 생각 하나요?

IH >> 학생 답변

I heard the news about having a rest is really good for our mental health. Because our brain needs to rest.

And I think holiday is really good for this one because we didn't have to go to work more than five days. So, it means like, we can sleep a lot of time on the holidays, right? And that's why, I think holiday is really good for our mental health and for recharging.

Because, every people is working from Monday to Friday, 9 hours every day. And it's not that easy, right? It needs a lot of energy, physical energy or mental energy. And some people think about the work on weekends, too. Because they have to a lot of tasks they have to finish on time, right? So, that's why people need to have a rest. And if they have a rest, their brain can have a rest, right?

So, that's why I think having a rest is really good for the mental health. And holiday, during the holiday, we don't have to work, so we can sleep more and we can have a rest more. So, that's the reason. I think like this.

학생 답변 요약

휴식이 정신 건강에 좋다는 뉴스를 들었고, 뇌도 쉬어야 한다고 했다.
명절에는 5일 이상 일하지 않아 충분히 잘 수 있어 정신 건강과 재충전에 좋다고 생각한다.
사람들은 평일에 하루 9시간씩 일하고 주말에도 업무를 생각해야 해서 에너지가 많이 소모되므로 휴식이 꼭 필요하다.
그래서 휴식이 정신 건강에 좋다고 믿고, 명절에는 충분히 자고 쉴 수 있어 더욱 의미 있다고 생각한다.

Step 1 MP 말하기	[요약] 유튜브에서 명절의 중요성에 관한 뉴스 영상을 봤다. 가족과 함께 보내는 것이 정신 건강에 좋다고 했다. ❶ To keep it short, I saw a news clip on YouTube about the importance of holidays. ❷ And it mentioned that spending them with family is good for our overall mental health.
Step 2 MP와 다른 예시 말하기	[요약] 명절을 혼자 보내면 외롭고, 초과 근무를 하면 정신적으로 힘들 수 있다. ❸ Now, of course, there's the option to spend them alone. ❹ But that can feel lonely at times. ❺ And there's also the option to work overtime. ❻ But that can be very mentally draining.
Step 3 MP로 돌아와 관련 예시 말하기	[요약] 뉴스에서는 바빠서 자주 못 만나니 명절에는 가족과 함께 보내야 한다고 강조했다. ❼ But on a typical national holiday, the clip mentioned you should make plans to spend it with your family. ❽ They're the people closest to you, but it's often difficult to meet them when life gets busy. ❾ That's why holidays are a great opportunity to see your family throughout the year. ❿ I also agree with that.
Step 4 MP와 연결하며 마무리	[요약] 이게 그 뉴스에서 기억하는 내용이다. ⓫ So yeah, that's what I remember from that news clip.

❶ 간단히 말해서, 저는 명절의 중요성에 관한 뉴스 영상을 유튜브에서 봤어요. ❷ 그 영상에서는 가족과 함께 명절을 보내는 것이 전반적인 정신 건강에 좋다고 언급했어요. ❸ 물론, 혼자서 명절을 보낼 수도 있죠. ❹ 하지만 그건 가끔 외롭게 느껴질 수 있어요. ❺ 또 휴일에 초과 근무를 할 수도 있죠. ❻ 그렇지만 그건 정신적으로 굉장히 지칠 수 있어요. ❼ 그런데 일반적인 명절에는 가족과 함께할 계획을 세우라고 그 영상에서 말했어요. ❽ 가족은 우리에게 가장 가까운 사람들이지만, 삶이 바쁠 때는 자주 만나기 어렵잖아요. ❾ 그래서 명절은 1년 중 가족을 만날 수 있는 좋은 기회라고 했어요. ❿ 저도 그 말에 동의해요. ⓫ 그래서, 네, 그게 제가 그 뉴스 영상에서 기억하는 내용이에요.

[핵심 표현]〉〉 ❸ Now, of course, **there's the option to** spend them alone.

'~할 선택지가 있다'라는 뜻으로 가능한 대안이나 방법이 있다는 걸 말할 때 자주 써요.

[ex] **There's the option to** pay later.
나중에 결제할 선택지가 있어요.

◁ [오픽 필수 영어 표현]

(IH) ❹ at times 가끔, 때때로 ❻ mentally draining 정신적으로 지치게 하는 ❽ closest to you 당신에게 가장 가까운(가장 친한, 가까운 관계인) ❾ throughout the year 일 년 내내, 연중 내내

CHAPTER 06 Housing 거주지

Housing(거주지) 질문 한눈에 보기

❶ Description
묘사

I would like to know where you live. Can you describe your home to me? What does it look like? How many rooms does it have? Give me a description with lots of details.

❷ Habit
습관

What is your main responsibility at home? What is your role? Tell me in detail.

❸ Past Experience
과거 경험

Sometimes, we want to change something in our home. Maybe we want to get new furniture or do some painting or decorating. Tell me about one particular change that you made in your home. Tell me why you decided to make that change and everything you had to do to make that change happen.

❹ Comparison
비교

Tell me about the furniture you had in your childhood home. Was there anything different from the furniture that you have today? How has your taste in furniture changed over time?

❺ RP11
롤플레이

I would like to give you a situation and ask you to act it out. You've been asked to help one of your family members prepare for a party. Call them and have a short conversation to ask three or four questions about the party.

❻ RP12
롤플레이

I'm sorry, but there's a problem I need you to resolve. You were planning to host a dinner at your home, but suddenly there's a problem with your kitchen plumbing. Call your guests, explain the situation, and suggest two or three other ideas for where or how to have dinner.

❼ RP13
과거 경험

That's the end of the situation. Have you ever bought new furniture but felt disappointed after bringing it home? What was wrong with it, and how did you deal with the situation? Tell me everything you remember about what happened.

❽ IHU14
사회 / 이슈

People often look for different things when it comes to their homes. What do you think is important in making a home feel just right? Why do you think that matters so much to people?

❾ IHU15
사회 / 이슈

Housing issues are often reported in the news as a major concern in many communities. Have you seen any news stories about housing problems that affect a lot of people in your country? What kinds of solutions have been discussed in the news or suggested by local communities?

1 Description 묘사

ch06-1.mp3

QUESTION

I would like to know where you live. Can you describe your home to me? What does it look like? How many rooms does it have? Give me a description with lots of details.

당신이 어디에 사는지 알고 싶습니다. 당신의 집을 묘사해 줄 수 있나요? 어떻게 생겼나요? 방은 몇 개 있나요? 자세히 설명해 주세요.

IM 학생 답변

I live in the apartment with my mother. It have 3 rooms, but I usually use the smaller one. And my mother use the bigger one.
And it have also kitchen and 2 toilet.
My house looks like very cozy, you know? When I go to the home, it's like, just chill, like I can, I can do it, I cannot do anything there, right?

학생 답변 요약

나는 엄마와 아파트에 살고 있다. 방은 3개가 있는데 내가 작은 방을 쓰고, 엄마는 큰 방을 쓴다.
주방도 있고 화장실도 2개 있다.
집은 아늑해서 집에 가면 편하게 아무것도 안 하고 쉴 수 있다.

IM 전략 답변

Step 1 MP 말하기	**요약** 엄마와 함께 최근에 리모델링된 집에서 살고 있고 너무 좋다. ❶ To keep it short, I live in an old but modern home with my mother. ❷ And I like it because it was recently renovated.
Step 2 MP 관련 예시 말하기	**요약** 특별한 건 없지만, 작년에 엄마가 리모델링해서 지금은 정말 좋다. ❸ To be honest, our home is nothing special. ❹ We have 2 bathrooms, a small kitchen, and 3 bedrooms. ❺ But last year my mom renovated it, and now it's really nice. ❻ I think she made the right choice to upgrade our home.
Step 3 MP와 연결하며 마무리	**요약** 이것이 우리 집의 모습이다. ❼ So yeah, that's what my home is like.

❶ 간단히 말하면, 저는 엄마와 함께 오래되었지만 현대적인 집에 살고 있어요. ❷ 최근에 리모델링을 해서 마음에 들어요. ❸ 솔직히 말해, 저희 집은 특별할 건 없어요. ❹ 욕실은 두 개, 작은 부엌 하나, 그리고 침실이 세 개 있어요. ❺ 하지만 작년에 엄마가 집을 리모델링하셔서 지금은 정말 좋아졌어요. ❻ 집을 업그레이드한 건 아주 잘한 선택이었다고 생각해요. ❼ 그래서 제 집은 이런 모습이에요.

"

❻ I think she made the right choice to upgrade our home.

make the right choice는 '올바른 선택을 하다'라는 뜻으로 어떤 결정이 결과적으로 옳았을 때 사용할 수 있는 표현이에요.

ex **He made the right choice to quit smoking.**
그가 담배를 끊기로 한 것은 올바른 선택이었어요.

학생 답변

I'm living alone in a small studio. And it's like my own castle. Because since I'm living alone, so, it mean, I'm the boss about my house. I really love it because I can choose everything, you know, in the way I love.
For example, I can choose the color about my furnitures. And I can buy some figures what I love. And I can display it wherever I want. And, you know, I can decorate the wall with the picture I love. So, everything is… depends on me.
And I really love it because it's not stressful I think. So, my house, now I'm living alone is like, my own small castle and I really love it.

학생 답변 요약

나는 작은 원룸에서 혼자 살고 있고, 성처럼 느껴진다. 혼자라서 모든 걸 내가 정할 수 있어 좋다.
가구 색이나 피규어, 그림 등 원하는 대로 고르고 꾸밀 수 있다.
스트레스도 없고 지금 집은 나만의 작은 성이라 정말 마음에 든다.

전략 답변

Step 1 MP 말하기	요약 작은 원룸에 혼자 살고, 벽에 그림이 많이 걸려 있어서 마음에 든다. ❶ To keep it short, I'm currently living alone in a small studio apartment. ❷ And I love my home because I have lots of wonderful paintings decorating the walls.
Step 2 MP와 다른 예시 말하기	요약 집 자체는 특별하지 않다. 주방과 화장실이 작다. ❸ Now, to be honest, my home itself isn't that special. ❹ For example, my kitchen is pretty small with a tiny stove. ❺ And my bathroom is also very small with an uncomfortable toilet.
Step 3 MP로 돌아와 관련 예시 말하기	요약 하지만 그림 컬렉션을 자랑스럽게 생각한다. 덕분에 집이 특별해 보인다. ❻ But one thing I'm really proud of is the collection of paintings I have gathered over the years. ❼ I have them on almost every wall in my home. ❽ And they definitely make my place look more unique.
Step 4 MP와 연결하며 마무리	요약 이게 내 집이고 그림 덕분에 더 마음에 든다. ❾ So yeah, that's my home in a nutshell. ❿ I love it thanks to my paintings.

❶ 간단히 말하면, 저는 지금 작은 원룸에 혼자 살고 있어요. ❷ 그리고 저는 저희 집이 정말 좋아요, 벽에 멋진 그림들이 많이 걸려 있거든요. ❸ 솔직히 말하면, 집 자체는 특별한 게 없어요. ❹ 예를 들어, 주방은 아주 작고 조그마한 가스레인지가 있어요. ❺ 화장실도 아주 작고 변기도 불편해요. ❻ 하지만 제가 정말 자랑스러워하는 건 그동안 모아온 그림 컬렉션이에요. ❼ 집 안 거의 모든 벽에 그림이 걸려 있어요. ❽ 그리고 그것들이 제 공간을 확실히 더 특별하게 만들어 줘요. ❾ 그래서, 요약하자면, 그게 바로 제 집이에요. ❿ 그림들 덕분에 집이 참 마음에 들어요.

---

 ❽ And they **definitely** make my place look more unique.

단순히 make my place look unique라고 해도 되지만 definitely, really, absolutely 같은 부사를 붙이면 말이 더 풍부해지고 확신이 느껴져요.

ex This is **definitely** the best restaurant in town.
여기가 확실히 이 동네에서 가장 좋은 식당이에요.

❾ So yeah, that's my home **in a nutshell.**

in a nutshell은 '간단히 말해서, 요약하자면'이라는 뜻으로 보통 설명을 마무리할 때 깔끔하게 정리하는 표현으로 아주 좋아요.

ex **In a nutshell**, I love my job.
요약하자면, 저는 제 일을 좋아해요.

오픽 필수 영어 표현

(IM) ❷ renovate 리모델링하다, 새로 고치다 ❻ make the right choice 올바른 선택을 하다
(IH) ❶ currently 현재, 지금 ❶ studio apartment 원룸 아파트, 오피스텔 ❷ decorate 장식하다 ❻ gather 모으다, 수집하다 ❾ in a nutshell 간단히 말하면, 한마디로

2 Habit 습관

ch06-2.mp3

QUESTION

What is your main responsibility at home? What is your role? Tell me in detail.

집에서 당신이 주로 책임지고 하는 일은 무엇인가요? 당신의 역할은 무엇인가요? 구체적으로 설명해 주세요.

 **IM** 학생 답변

When I enter my house, actually, I didn't do nothing. Because my mother did all of things.
So, actually, there are many things to do in the home.
But I just clean up my room. I think that's it.

학생 답변 요약

집에 들어가면 내가 하는 일은 거의 없다. 엄마가 다 하신다.
사실 집에는 할 일이 많다.
하지만 나는 내 방만 치운다. 그게 전부다.

 **IM** 전략 답변

Step 1 MP 말하기 (행동 중심)	요약 집에서 나의 주요 역할은 방을 깨끗이 하는 것이다. ❶ To keep it short, my main responsibility at home is to keep my room clean.
Step 2 MP 관련 예시 말하기	요약 엄마가 집안일을 거의 다 하셔서 나는 방 정리만 하면 된다. 감사하게 생각한다. ❷ To be honest, I'm very thankful for that. ❸ My mom does the laundry, cooks, and cleans the whole house. ❹ And so, all I have to do is make sure my room is tidy. ❺ And that's pretty easy for me.
Step 3 MP와 연결하며 마무리	요약 그래서 그게 집에서 나의 주요 역할이다. ❻ So yeah, that's my main responsibility at home.

❶ 간단히 말하면, 방을 깨끗하게 유지하는 것이 저의 책임이에요. ❷ 사실 그 점이 정말 감사하다고 생각해요. ❸ 엄마께서 빨래도 하시고, 요리도 하시고, 집 전체를 청소하시거든요. ❹ 그래서 제가 해야 할 일은 제 방을 정리하는 것뿐이죠. ❺ 그리고 그건 꽤 쉬워요. ❻ 그래서 그게 집에서 제가 책임지고 하는 일이에요.

 ❺ And that's **pretty** easy for me.

pretty는 여기서 '꽤, 상당히'라는 뜻이에요. '예쁘다'라는 뜻만 떠올리기 쉬운데, 구어체에서 정도를 나타내는 부사로 자주 써요.

ex The test was **pretty** easy.
시험은 꽤 쉬웠어요.

학생 답변

Oh, okay, now, you know what? I'm living alone right now, so my responsibility is everything. And I really disliked it because it's really harsh.
For example, I have to pay for the rent fee. And I have to do the laundry. And I have to clean the room by myself. And you know, wash the dishes, and I have to cook. And you know, I have to organize my clothes. Everything, yeah. And it's quite tiring, yeah. It needs, a lot of time. And it needs a lot of energy to finish it.
So, I really disliked it because, I think I'm lazy. So, nowadays, responsibility about my home is everything. And I really disliked it.

학생 답변 요약

지금 혼자 살고 있어서 집안일 책임이 전부 내게 있다. 그래서 힘들고 싫다.
월세 내기, 빨래, 청소, 설거지, 요리, 옷 정리 등 모든 걸 혼자 해야 해서 시간과 에너지가 많이 든다.
그래서 더 싫고, 요즘 집안일 책임이 전부 내 몫이라는 게 부담스럽다.

전략 답변

Step 1 MP 말하기 (행동 중심 – 현재)	요약 혼자 살아서 책임져야 할 일이 많은데, 그중 가장 큰 건 빨래다. ❶ To keep it short, I live alone now, so I have a lot of responsibilities at home. ❷ But my main one is probably doing the laundry.
Step 2 빠른 비교 전략 (MP와 반대 내용 – 과거)	요약 예전에는 엄마가 다 해주셨다. 매일 빨래도 해주셔서 생활이 편했다. ❸ In the past, when I was living with my parents, my mom did everything for me. ❹ And now that I think about it, she really made my life easy. ❺ For example, she even did my laundry every single day!
Step 3 MP로 돌아와 관련 예시 말하기 (현재)	요약 지금은 혼자 살아 매일 직접 빨래를 해야 하고 헬스장에 자주 가서 하루도 건너뛸 수 없다. ❻ But these days, now that I'm on my own, I have to do the laundry every morning. ❼ I never realized how annoying it could be. ❽ And since I go to the gym quite often these days, I can't skip a single day!
Step 4 MP와 연결하며 마무리	요약 그래서 요즘 집에서 가장 중요한 책임은 빨래다. ❾ So yeah, that's my main responsibility at home these days.

❶ 간단히 말하면, 저는 지금 혼자 살고 있어서 집에서 책임지고 해야 할 일이 많아요. ❷ 그런데 그중 가장 큰 건 아마 빨래일 거예요. ❸ 예전에 부모님과 살 때는 엄마가 모든 일을 다 해주셨어요. ❹ 지금 생각해 보면, 참 제가 편하게 살도록 해주셨던 것 같아요. ❺ 예를 들어, 제 빨래까지 매일매일 해주셨거든요! ❻ 그런데 요즘은 혼자 살다 보니, 매일 아침 제가 직접 빨래를 해야 해요. ❼ 이렇게 귀찮을 줄 몰랐어요. ❽ 게다가 요즘 헬스장에 자주 가다 보니, 하루도 빼먹을 수가 없어요! ❾ 그래서 네, 요즘 집에서 제가 책임지고 해야 하는 가장 중요한 일은 빨래예요.

---

❹ And **now that I think about it,** she really made my life easy.

이 표현은 과거를 회상하면서 '지금 생각해보니'라는 뉘앙스로 자주 써요. 이야기를 전환할 때도 아주 유용해요.

> [ex] **Now that I think about it,** it wasn't that important.
> 지금 생각해보니, 그건 그렇게 중요한 게 아니었어요.

❼ I never realized **how** annoying **it could be.**

「how + 형용사/부사 + it could be」 패턴은 '얼마나 ~할 수 있는지'를 강조할 때 써요.

> [ex] I didn't know **how** expensive **it could be.**
> 얼마나 비쌀 수 있는지 (그렇게 비쌀지) 몰랐어요.

CHAPTER 06

Housing

오픽 필수 영어 표현

(IM) ❶ responsibility 책임, 역할 ❸ do the laundry 빨래를 하다 ❹ make sure 반드시 ~하도록 하다, 확인하다 ❹ tidy 깔끔한, 정돈된

(IH) ❹ now that I think about it 생각해보니, 돌이켜보니 ❹ make (one's) life easy ~의 삶을 편하게 해주다 ❻ now that 이제 ~이니까 / 이기 때문에 ❻ on my own 혼자서, 독립적으로 ❼ how annoying it could be 얼마나 짜증나는지

문제, 전략 답변

ch06-3.mp3

QUESTION

Sometimes, we want to change something in our home. Maybe we want to get new furniture or do some painting or decorating. Tell me about one particular change that you made in your home. Tell me why you decided to make that change and everything you had to do to make that change happen.

때때로 우리는 집에서 무언가를 바꾸고 싶어 합니다. 가구를 새로 사거나 페인트칠이나 인테리어를 할 수도 있죠. 집에서 실제로 바꾼 한 가지를 말해주세요. 왜 그런 변화를 주게 되었는지, 그리고 그 변화를 위해 어떤 일을 했는지 모두 설명해 주세요.

IM ▷ 학생 답변

Suddenly I don't know why I wanted to change the position of the bed. Actually, at that time, I think I need more space in my room.
So, I changed it alone. The bed a little bit heavy, but I'm tried best my thing. So, I did it finally.
And after that, I don't know why, really I don't know why my feeling was better.

학생 답변 요약

갑자기 침대 위치를 바꾸고 싶었고, 방에 공간이 더 필요하다고 생각했다.
혼자 옮겼는데 침대가 무거웠지만 최선을 다해 결국 바꿨다.
그러고 나서 이유는 모르지만 기분이 좋아졌다.

IM ▷ 전략 답변

Step 1 MP 말하기	요약 침대의 위치를 바꿨고, 옮기고 나서 기분이 좋았다. ❶ To keep it short, I decided to move my bed in my bedroom. ❷ And I felt really good about it afterwards.
Step 2 MP 관련 예시 말하기	요약 위치가 마음에 안 들어 옮겼다. 생각보다 무거웠지만 만족스러웠다. ❸ To be honest, I always hated how my bed was right next to the window. ❹ And so, I decided to move it to the other side of the room. ❺ And wow, it was a lot heavier than I thought. ❻ But when it was done, I felt very satisfied.
Step 3 MP와 연결하며 마무리	요약 그래서 그게 최근에 방에서 바꾼 것 중 하나다. ❼ So yeah, that's one change I made to my room recently.

❶ 간단히 말하면, 저는 침실에서 침대를 옮기기로 했어요. ❷ 그러고 나서 정말 기분이 좋았어요. ❸ 사실 침대가 창문 바로 옆에 있는 게 늘 싫었거든요. ❹ 그래서 방의 다른 쪽으로 옮기기로 했죠. ❺ 그런데 생각보다 훨씬 무겁더라고요. ❻ 하지만 다 끝냈을 때 정말 만족스러웠어요. ❼ 그래서 그게 최근에 제 방에서 바꾼 것들 중 하나입니다.

학생 답변

My room was like a room for the woman. Because I had a lot of stuff with the flower pattern, like pillow or blanket. Yeah, because my mother chose the design about the pillow and blanket.

But I changed every design for my room. From the pillow to the shelves. And now, it looks like the room for the guy. And I really love it because I'm a guy.

The blanket and pillow had a flower pattern what my mother's really love. But I hated it because I'm a guy, I'm a man. I don't use any stuff with a flower pattern. So, I bought new blankets and new pillow which has a simple design and simple pattern and also simple color. And now it has gray color and no pattern, I mean, no flower. And now it looks quite clean and modern.

And it really looks like, room for the guy.

학생 답변 요약

예전에는 엄마가 고른 꽃무늬 침구 때문에 방이 여자 방처럼 보였다.
그래서 베개부터 선반까지 디자인을 바꿨고, 지금은 남자 방처럼 보여서 마음에 든다.
꽃무늬 대신 심플한 회색의 무늬 없는 침구를 새로 사서 방이 깔끔하고 모던해졌다.

전략 답변

Step 1 MP 말하기	요약 작년에 방을 더 남자답게 보이게 회색과 흰색으로 바꿨다. 만족했다. ❶ To keep it short, I decorated my bedroom last year to make it look more like a guy's room. ❷ I changed the overall colors to gray and white. ❸ And in the end, I was very satisfied with the results.
Step 2 MP와 다른 예시 말하기	요약 그 전에는 방이 여성스러웠다. ❹ Now, before I made this change, it actually looked a little too girly. ❺ For example, my blankets had flowers on them. ❻ And my walls were bright yellow.
Step 3 MP로 돌아와 관련 예시 말하기	요약 그래서 이불과 벽 색을 바꿨고, 마음에 들었다. ❼ But eventually, I decided it was time for a big change. ❽ And so, I swapped my blankets for gray ones, and painted the walls white. ❾ And I was so happy with how it turned out.
Step 4 MP와 연결하며 마무리	요약 그게 내가 방의 분위기를 완전히 바꾼 방법이다. ❿ So yeah, that's how I completely changed the look of my room.

❶ 간단히 말하면, 작년에 제 방을 남자 방처럼 보이게 꾸몄어요. ❷ 전체 색상을 회색과 흰색으로 바꿨죠. ❸ 그리고 결과에 아주 만족했어요. ❹ 사실, 이렇게 바꾸기 전에는 제 방이 조금 너무 여성스럽게 보였어요. ❺ 예를 들어, 이불에는 꽃무늬가 있었어요. ❻ 그리고 벽은 밝은 노란색이었죠. ❼ 하지만 결국 큰 변화를 줄 때라고 생각했어요. ❽ 그래서 이불을 회색으로 바꾸고, 벽은 흰색으로 칠했어요. ❾ 그리고 그 결과가 정말 마음에 들었어요. ❿ 그래서 네, 그렇게 해서 방의 분위기를 완전히 바꿨습니다.

핵심 표현 ❼ But eventually, I decided it was **time for** a big change.

time for ~는 '~할 때다'라는 뜻이에요. 어떤 결심이나 전환점을 말할 때 자주 써요.

[ex] It was **time for** something new.
새로운 게 필요한 때였어요.

오픽 필수 영어 표현

(IM) ❷ afterwards 그 후에, 나중에 ❸ hate how ~인 게 싫다 ❹ the other side of ~의 반대편, 다른 쪽 ❺ heavier than I thought 내가 생각했던 것보다 무거운

(IH) ❶ decorate 장식하다, 꾸미다 ❷ overall 전체적인, 전반적인 ❹ girly 소녀 같은, 여성스러운 ❼ eventually 결국에는 ❼ it's time for ~할 때다 ❽ swap 바꾸다, 교환하다 ❾ turn out ~하게 되다, 결국 ~으로 드러나다

문제, 전략 답변

ch06-4.mp3

QUESTION

Tell me about the furniture you had in your childhood home. Was there anything different from the furniture that you have today? How has your taste in furniture changed over time?

어린 시절 집에 있던 가구에 대해 말해주세요. 지금 집에 있는 가구와는 다른 점이 있었나요? 시간이 지나면서 가구 취향이 어떻게 달라졌나요?

IM > 학생 답변

I'm gonna talk about my mother's taste. So, when I was young, we have a fishbowl in our home.
But I'm not sure she like it, but few years later, actually, we don't have, right now in our home.
So, I think at that time that is the trend, some people have a fishbowl.

학생 답변 요약

어릴 때 집에 어항이 있었다.
하지만 지금은 집에 어항이 없고, 엄마가 좋아하셨는지도 확실치 않다.
그 당시에는 어항을 두는 게 유행이었던 것 같다고 생각한다.

IM > 전략 답변

Step 1 MP 말하기 (현재)	요약 요즘 엄마는 빈티지 가구를 좋아하신다. 분위기를 좋아하고 장식하는 걸 즐기기 때문이다. ❶ To keep it short, my mom likes vintage furniture. ❷ She enjoys the look and puts decorations on it.
Step 2 MP와 반대 내용 말하기 (과거)	요약 예전에는 미니멀한 걸 좋아해서 집에 가구가 거의 없었다. ❸ In the past, she was very minimalistic. ❹ We barely had any furniture, and I didn't mind that.
Step 3 MP로 돌아와 관련 예시 말하기 (현재)	요약 지금은 희귀한 가구를 모으고 장식하는 걸 좋아하신다. ❺ But these days, her taste has changed. ❻ She likes collecting rare furniture and puts things like a fishbowl on top of it.
Step 4 MP와 연결하며 마무리	요약 그래서 요즘 엄마는 빈티지 가구에 푹 빠져 있다. ❼ So yeah, that's the type of furniture she's into these days.

❶ 간단히 말하면, 저희 엄마는 빈티지 가구를 좋아하세요. ❷ 그 분위기를 좋아하시고, 그 위에 장식도 올려두시죠. ❸ 예전에는 아주 미니멀한 편이셨어요. ❹ 집에 가구가 거의 없었는데, 저는 그게 싫지 않았어요. ❺ 하지만 요즘은 취향이 바뀌셨어요. ❻ 희귀한 가구를 모으는 걸 좋아하시고, 그 위에 어항 같은 것도 올려두세요. ❼ 그래서 그게 요즘 엄마가 좋아하시는 가구 취향이에요.

핵심 표현 >> ❺ But these days, her **taste** has changed.

여기서 taste는 '맛'이 아니라 '취향'이라는 뜻이에요. 패션, 음식, 음악 등에서 자주 써요.

ex She has good **taste** in music.
그녀는 음악 취향이 좋아요.

 >> 학생 답변

When I was a child, every furnitures and every stuffs in my room were in a pink color. And I really hated it because, you know, I'm a guy. I don't want to use any stuff in pink. But I had to use that because every household items were in a set. But right now, I'm living alone so I can choose the color for the furnitures and for the stuffs I have to use. So, I always buy a stuff in gray color. So now, every stuffs and furniture in my room has a gray. So, it looks like a more modern room.
But, in the past, when I was child, my room was like a room for the woman, for the girl, young girl, I think. I love my recent room more because, now, eventually, I mean, finally, it's like a room for the guy.

학생 답변 요약

어릴 때는 방의 가구와 물건이 모두 분홍색이었고, 남자인 나는 그게 싫었지만 세트라 어쩔 수 없이 써야 했다. 지금은 혼자 살면서 원하는 대로 회색 물건을 사서 방 전체가 회색으로 모던해졌다. 예전 방은 여자아이 방 같았지만, 지금은 남자 방 같아서 지금 방이 훨씬 마음에 든다.

 >> 전략 답변

Step 1 MP 말하기 (현재)	요약 집이 회색 톤이 많아서 현대적으로 보인다. 만족한다. ❶ To keep it short, I'm really satisfied with my home because it's mostly gray. ❷ That simple tone makes my place look modern.
Step 2 MP와 반대 내용 말하기 (과거)	요약 예전에는 부모님이 꾸민 집이 핑크색과 화려한 가구로 가득해 마음에 들지 않았다. ❸ In the past, my parents did all the decorating, even for my room. ❹ And for some reason, they gave me pink blankets and colorful furniture. ❺ I guess they thought I was their daughter or something.

<table>
<tr>
<td>Step 3
MP로 돌아와
관련 예시 말하기
(현재)</td>
<td>

요약 지금은 혼자 살아서 회색 이불과 가구로 덜 여성스럽고 현대적으로 보인다.

❻ But these days, now that I live alone, I have the freedom to do whatever I want.
❼ And so, my blankets are gray, and even a lot of my furniture is also gray!
❽ It makes my home look less feminine and more modern.
❾ Overall, I'm quite happy with how it looks.

</td>
</tr>
<tr>
<td>Step 4
MP와 연결하며 마무리</td>
<td>

요약 그래서 지금 집 스타일에 매우 만족한다.

❿ So yeah, that's the reason why the style of my home gives me so much satisfaction.

</td>
</tr>
</table>

❶ 간단히 말하면, 저희 집은 대부분 회색 톤이라 정말 만족하고 있어요. ❷ 그 단순한 톤 덕분에 집이 세련돼 보여요. ❸ 예전에는 부모님이 집 전체를 꾸미셨어요. 제 방까지도요. ❹ 이유는 모르겠지만, 저에게 분홍색 이불과 알록달록한 가구를 주셨죠. ❺ 아마 부모님이 저를 딸로 생각하신 것 같아요. ❻ 하지만 요즘은 혼자 살고 있어서 원하는 대로 꾸밀 자유가 있어요. ❼ 그래서 이불도 회색이고, 가구들도 대부분 회색이에요! ❽ 덕분에 집이 덜 여성스럽고 더 세련돼 보여요. ❾ 전체적으로 지금 모습이 꽤 마음에 들어요. ❿ 그래서 네, 바뀐 집 스타일이 저에게 큰 만족을 주는 이유가 바로 이거예요.

핵심 표현 ❹ And **for some reason**, they gave me pink blankets and colorful furniture.

'왠지 모르게, 이유는 모르겠지만'이라는 표현이에요.

ex **For some reason**, she was upset.
이유는 모르겠지만 그녀가 화가 났어요.

ⒾⓂ ❶ vintage 빈티지의, 오래된 멋이 있는 ❸ minimalistic 미니멀한, 최소한의 ❹ barely 거의 ~ 않다 ❺ taste 취향 ❼ be into ~에 관심이 많다, ~을 좋아하다
ⒾⒽ ❶ mostly 대부분, 주로 ❹ for some reason 왜 그런지는 모르겠지만 ❽ feminine 여성스러운

QUESTION

문제, 전략 답변

ch06-5.mp3

I would like to give you a situation and ask you to act it out. You've been asked to help one of your family members prepare for a party. Call them and have a short conversation to ask three or four questions about the party.

> 상황을 드릴 테니 연기를 해주세요. 가족 중 한 명이 파티 준비를 하기 위해 당신에게 도움을 요청했습니다. 가족에게 전화를 걸어 파티에 대해 서너 가지의 질문을 해보세요.

IM ⟩ 학생 답변

Hi, how are you? You gonna make a party for your friends? Okay, so what can I do? How can I help you? Oh yes.
Or would you need some balloons for party things? Okay, I can take it.
And then, what about the cakes or some food? Okay, I got it.

학생 답변 요약

친구들을 위한 파티를 연다고? 무엇을 도와줄까?
파티에 풍선 같은 게 필요해?
케이크나 음식은?

IM ⟩ 전략 답변

Step 1 간단한 상황 설명	요약 엄마, 내가 파티 준비를 도와줄게. ❶ Hey mom, I heard you want to host a party for your friends. ❷ I'd love to help, and I have a few questions.
Step 2 첫 번째 질문하기 긍정 반응	요약 몇 명이나 와? 6명 ❸ I'm wondering… how many people do you think will come? 질문 ❹ Oh, 6 including you? 상대방 말 ❺ Great. 반응
Step 3 두 번째 질문하기 긍정 반응	요약 거실을 풍선으로 꾸미는 건 어때? YES ❻ Do you want me to decorate the living room with balloons? 질문 ❼ Yeah? 반응 ❽ You'd love that? 상대방 말 ❾ OK, no problem. 반응

<table>
<tr><td>Step 4
마무리</td><td>
⑩ I'll come by later this afternoon to help.
⑪ See you soon!</td></tr>
</table>

❶ 엄마, 친구들을 위해 파티를 열고 싶어 한다고 들었어. ❷ 내가 도와주려는데, 몇 가지 질문이 있어. ❸ 몇 명이나 올 것 같아? ❹ 아, 엄마 포함해서 6명? ❺ 좋아. ❻ 거실을 풍선으로 꾸며볼까? ❼ 응? ❽ 마음에 든다고? ❾ 알겠어, 문제없어. ❿ 오늘 오후에 들러서 도와줄게. ⑪ 곧 봐!

학생 답변

Hi, this is me. And I heard about that you're planning a birthday party for you on this Saturday in, In our house. So, is there anything I can help?
Oh, so, the first thing I have to do is cleaning our house, right? Okay, it's not a big deal, I will do that.
And what else? What else I have to do? Oh, so, do I have to cook for your birthday? Okay, but you know what? I'm not good at cooking. Is it okay? Okay, okay, I will do my best.
And what time your friends will come to our house? I have to finish the cooking before that time. 3 p.m. Okay, I think I have enough to cook. Okay, so I think I gotta go for, you know, buy some ingredients in a market.
Okay, so I will call you later.

학생 답변 요약

토요일에 집에서 생일 파티를 한다면서, 도와줄 게 있어?
먼저 집 청소를 하라고? 요리도 해야 해? 친구들은 집에 몇 시에 와?
알겠어, 이따 전화할게.

전략 답변

<table>
<tr><td>Step 1
간단한 상황 설명</td><td>요약 엄마 생일파티 준비한다는 얘기 들었어.
❶ Hey Greg, I heard about the birthday party you're planning for mom this Saturday.</td></tr>
<tr><td>Step 2
첫 번째 질문하기
긍정 반응</td><td>요약 내가 도울 일 있어? 청소
❷ Is there anything I can help with? 질문
❸ Oh, you need help cleaning the house? 상대방 말
❹ Sure, that's no problem. 반응
❺ I'll gladly do that.</td></tr>
<tr><td>Step 3
두 번째 질문하기
긍정 반응</td><td>요약 또 뭐 도와줘야 해? 요리
❻ What else do you need help with? 질문
❼ Oh, you need help with cooking? 상대방 말
❽ No worries, just send me the recipe later, and I'll take care of it. 반응</td></tr>
</table>

<table>
<tr>
<td rowspan="3">Step 4
세 번째 질문하기
긍정 반응</td>
<td>[요약] 몇 시까지 가면 돼? 3시</td>
</tr>
<tr>
<td>❾ What time should I be there by? [질문]
❿ Oh, 3 p.m.? [상대방 말]
⓫ Sounds good. [반응]</td>
</tr>
</table>

<table>
<tr>
<td>Step 5
마무리</td>
<td>[요약] 토요일에 보자.

⓬ Mom's going to love it.
⓭ See you Saturday!</td>
</tr>
</table>

❶ 그렉, 이번 토요일에 엄마 생일파티 준비한다는 얘기 들었어. ❷ 내가 도울 일 있을까? ❸ 아, 집 청소를 도와달라고? ❹ 알았어, 문제없어. ❺ 내가 기꺼이 할게. ❻ 또 뭐 도와줄 게 있을까? ❼ 아, 요리도 도와달라고? ❽ 걱정하지 마. 레시피만 보내주면 내가 알아서 할게. ❾ 내가 몇 시까지 가면 될까? ❿ 오후 3시? ⓫ 좋아. ⓬ 엄마가 분명 좋아하실 거야. ⓭ 토요일에 보자!

---

 ❹ Sure, **that's no problem.**

상대방의 부탁이나 요청에 '괜찮아요, 문제없어요'라고 긍정적으로 답할 때 쓰기 좋은 표현이에요.

[ex] **That's no problem** at all.
전혀 문제없어요.

(IM) ❶ host a party 파티를 열다[주최하다] ❿ come by 잠깐 들르다
(IH) ❺ gladly 기꺼이, 흔쾌히 ❽ No worries 걱정 마, 괜찮아 ❽ take care of ~을 맡다, 처리하다 ❾ What time should I be there by? 내가 몇 시까지 가면 돼?

6 RP12 롤플레이

ch06-6.mp3

QUESTION

I'm sorry, but there's a problem I need you to resolve. You were planning to host a dinner at your home, but suddenly there's a problem with your kitchen plumbing. Call your guests, explain the situation, and suggest two or three other ideas for where or how to have dinner.

죄송하지만 당신이 해결해야 할 문제가 있습니다. 당신은 집에서 저녁 식사를 대접하려 했는데 갑자기 주방 배관에 문제가 생겼습니다. 손님들에게 전화해서 상황을 설명하고, 저녁 식사를 어디서 어떻게 할지에 대한 다른 방법을 두세 가지 제안해 보세요.

IM ≫ 학생 답변

I think I have some problems in our kitchen. I need your help. So, I don't know, I think the water is not, water is not draining. So, I think I have to call my, I have to call the mechanic center.
So, can you recommend anyway… any center?
Or can you help me?

학생 답변 요약

우리 집 부엌에 문제가 생겼어. 물이 빠지지 않아서 수리 센터에 전화해야 할 것 같아.
센터를 추천해 줄 수 있어?
아니면 직접 도와줄 수 있어?

IM ≫ 전략 답변

Step 1 간단한 상황 설명	요약 우리 집 부엌에 문제가 있어. ❶ Hey guys, I'm having some problems in my kitchen.
Step 2 첫 번째 제안하기 부정 반응	요약 두 시간 뒤에 올 수 있어? NO ❷ I'm wondering… could you come maybe 2 hours later? 제안 ❸ Oh, no? 상대방 말 ❹ You're already on the way? 상대방 말
Step 3 두 번째 제안하기 긍정 반응	요약 근처 식당에서 만나는 게 어때? YES ❺ Alright, then why don't we just meet at a nearby restaurant? 제안 ❻ Yeah? 반응 ❼ You think that's a good idea? 상대방 말 ❽ Perfect, thanks a lot. 반응

<table>
<tr><td>Step 4
마무리</td><td>요약 거기서 보자!

❾ I'll send you the address now.
❿ See you guys there!</td></tr>
</table>

❶ 얘들아, 우리 집 부엌에 문제가 좀 있어. ❷ 혹시 두 시간 뒤에 올 수 있을까? ❸ 아, 안 돼? ❹ 이미 오는 중이라고? ❺ 그럼 그냥 근처 식당에서 만나는 게 어때? ❻ 그래? ❼ 좋은 생각인 것 같아? ❽ 좋아, 고마워. ❾ 내가 지금 주소 보내줄게. ❿ 거기서 보자!

핵심 표현 ❺ Alright, then **why don't we** just meet at a nearby restaurant?

상대방에게 제안할 때 아주 자연스럽게 쓰는 표현이에요. Let's ~보다 부드럽게 들려요.

ex **Why don't we** go for a walk?
산책하러 갈래요?

학생 답변

Hi. This is me. Oh, are you coming right now? How long does it take from there? One hour and half, okay. I'm so sorry, but I was baking for the cookies to provide to you guys. But the oven is not working right now. I don't know why. So, I think we have to change the place for the dinner today. Is it okay? Okay, I'm so sorry. Thank you for your understanding.

So, there is a restaurant near my house, and it serve a great seafood. So, are you guys all okay about seafood? Oh, David cannot eat the seafood he has allergic. Oh I got it.

There is one more restaurant. And it provides, I mean, it serves a good steak. What about this one? You love it? Okay, I got it.

So, I'm going to send you the address of the restaurant. So, please get there directly. I will be there in one hour.

Okay, okay. So, see you later, guys.

학생 답변 요약

오븐이 고장 나서 집에서 저녁을 못 할 것 같으니 장소를 식당으로 바꾸자.
집 근처에 해산물 식당 괜찮아?
맛있는 스테이크가 나오는 식당은 어때?
이따 보자.

전략 답변

<table>
<tr><td>Step 1
간단한 상황 설명</td><td>요약 부엌 배관이 고장 난 것 같아.

❶ Hey, are you guys on your way here?
❷ Yeah?
❸ You are?
❹ OK listen, I have some bad news.
❺ I'm having some issues with my kitchen plumbing.</td></tr>
</table>

<table>
<tr><td rowspan="5">Step 2
첫 번째 제안하기
부정 반응</td><td>[요약] 해산물 식당에서 만나도 괜찮아? NO</td></tr>
<tr><td>❻ Would you guys be okay with meeting me at a restaurant near my place? [제안]</td></tr>
<tr><td>❼ They serve really good seafood!</td></tr>
<tr><td>❽ Oh, you're not really into seafood? [상대방 말]</td></tr>
<tr><td>❾ Alright, then we'll have to think of something else. [반응]</td></tr>
<tr><td rowspan="6">Step 3
두 번째 제안하기
긍정 반응</td><td>[요약] 스테이크 하우스는 어때? YES</td></tr>
<tr><td>❿ How about I take you guys to a steakhouse instead? [제안]</td></tr>
<tr><td>⓫ It's a little farther away, so it's probably better if we just meet there.</td></tr>
<tr><td>⓬ Yeah? [반응]</td></tr>
<tr><td>⓭ You think that's a great idea? [상대방 말]</td></tr>
<tr><td>⓮ Perfect. [반응]</td></tr>
<tr><td rowspan="3">Step 4
마무리</td><td>[요약] 곧 보자.</td></tr>
<tr><td>⓯ I'll text you the address.</td></tr>
<tr><td>⓰ See you guys soon!</td></tr>
</table>

❶ 얘들아, 지금 오는 길이야? ❷ 그래? ❸ 오고 있어? ❹ 알겠어, 근데 안 좋은 소식이 있어. ❺ 부엌 배관에 문제가 좀 생겼어. ❻ 우리 집 근처 식당에서 만나도 괜찮을까? ❼ 거기 해산물이 진짜 맛있어! ❽ 아, 너희 해산물 별로 안 좋아해? ❾ 알았어, 그럼 다른 걸 생각해야겠네. ❿ 그럼 대신 스테이크 하우스는 어때? ⓫ 조금 멀긴 하지만, 거기서 바로 만나는 게 더 나을 것 같아. ⓬ 그래? ⓭ 좋은 생각 같아? ⓮ 좋아. ⓯ 문자로 주소 보낼게. ⓰ 곧 보자!

(핵심 표현) ❺ I'm having some **issues** with my kitchen plumbing.

보통 학생들은 problem만 쓰는데 '문제, 문제 상황'을 표현할 때 issue도 자주 써요.

[ex] There are several **issues** we need to discuss.
우리가 논의해야 할 몇 가지 문제가 있어요.

오픽 필수 영어 표현

(IM) ❶ have problems in/with ~에 문제가 있다　❹ on the way 오는[가는] 중인
(IH) ❶ on one's way (~로) 가는[오는] 길　❺ plumbing 배관　❿ steakhouse 스테이크 전문점

7 RP13 과거 경험

ch06-7.mp3

QUESTION

That's the end of the situation. Have you ever bought new furniture but felt disappointed after bringing it home? What was wrong with it, and how did you deal with the situation? Tell me everything you remember about what happened.

이것으로 상황 종료입니다. 새 가구를 샀는데 집에 들이고 나서 실망한 적이 있나요? 무엇이 문제였고, 그 상황을 어떻게 해결했나요? 무슨 일이 있었는지 기억나는 걸 모두 말해 주세요.

IM ▷ 학생 답변

I ordered a bed because I wanted to get the new bed for me. So, finally it delivered right now. But actually I saw this bed, the bed is too small. So, I knew I didn't knew that, I didn't know that because I didn't check the size and information. So, I called the store.
So, I asked, "Can you change the size or I can charge the delivery fee."

학생 답변 요약

새 침대를 주문해서 배송을 받았다. 그런데 침대가 너무 작았고, 사이즈와 정보를 확인하지 않아서 생긴 문제였다. 그래서 가게에 전화해 사이즈 교환이 가능한지 물어봤다.

IM ▷ 전략 답변

Step 1 MP 말하기	요약 2년 전 새 침대를 샀는데, 예상보다 작아서 충격을 받았다. ❶ To keep it short, I bought a new bed about 2 years ago. ❷ But when it was delivered, I was shocked because it was smaller than I expected.
Step 2 MP 관련 예시 말하기	요약 크기를 확인하지 않아 작은 침대가 도착해 속상했지만, 다행히 큰 침대로 교환했다. ❸ To be honest, I didn't check the size on the website. ❹ The pictures made the bed look big, so I just bought it without thinking. ❺ But when it arrived, it was too small. ❻ I was so upset, but luckily, I was able to exchange it for a bigger one.
Step 3 MP와 연결하며 마무리	요약 그게 침대를 샀을 때 있었던 일이다. ❼ So yeah, that's what happened when I bought my bed.

❶ 간단히 말하면, 저는 약 2년 전에 새 침대를 샀어요. ❷ 그런데 배송이 되었을 때 예상보다 작아서 충격이었어요. ❸ 사실 웹사이트에서 사이즈를 확인하진 않았어요. ❹ 사진 속 침대가 커 보였기 때문에 별 생각 없이 그냥 샀죠. ❺ 그런데 막상 도착해서 보니 너무 작았어요. ❻ 정말 속상했지만, 다행히 더 큰 것으로 교환할 수 있었어요. ❼ 그래서 그게 제가 침대를 샀을 때 있었던 일입니다.

(핵심 표현) ❹ The pictures made the bed look big, so I just bought it **without thinking.**

without thinking은 '아무 생각 없이, 깊이 고민하지 않고'라는 뜻이에요.

(ex) I bought it **without thinking.**
저는 아무 생각 없이 그걸 샀어요.

IH ≫ 학생 답변

Once I bought a new table for my new house, but it was really disappointed. It was terrible, actually. Because the table was really small. It was not enough to use it for me.
But on the website, in the picture, it looked like really huge. It looked like, you know, it's enough to use it for me. And design was also great and price was also wonderful. So I decided to buy it. But after I got it, and I opened it, it's really, tiny. It's just, it looked like just a small figure of the table. It's not for using. It was just for seeing the table. It was quite embarrassed. And I really disappointed about, this brand.
So, from that day, I decided to don't believe the picture on any kind of website. So, nowadays, I always check the review about the item I want to buy.

학생 답변 요약

새 집을 위해 테이블을 샀는데 실제로는 너무 작아서 사용할 수 없었고 실망했다.
사진에서는 커 보였지만 실제로는 장식품처럼 작아서 당황스러웠다.
그 후로는 사진만 믿지 않고 반드시 리뷰를 확인하고 물건을 산다.

CHAPTER 06

Housing

Step 1 MP 말하기	[요약] 예전에 이케아에서 테이블을 샀는데, 너무 작아서 실망했고 바로 반품했다. ❶ To keep it short, I once bought a table from Ikea, but it turned out to be way too small. ❷ I was disappointed with the size and returned it right away.
Step 2 MP와 다른 예시 말하기	[요약] 웹사이트 사진은 커 보였고 세일해서 바로 샀다. ❸ Now, on the website, it looked like a large table. ❹ For some reason, there were no details about the dimensions, but the pictures looked fantastic. ❺ It was also on sale, so I bought it quickly without thinking too much.
Step 3 MP로 돌아와 관련 예시 말하기	[요약] 받아보니 너무 작아 충격이었다. 그래서 바로 환불했다. ❻ But when it arrived a week later, I was shocked at how small it was. ❼ It almost looked like a table for children. ❽ I was pretty upset. ❾ And so, I called them right away to get a refund.
Step 4 MP와 연결하며 마무리	[요약] 이게 이케아에서 작은 테이블을 샀던 기억이다. ❿ So yeah, that's pretty much what I remember about the small table I bought from Ikea.

❶ 간단히 말해서, 제가 한번 이케아에서 테이블을 샀는데, 알고 보니 너무 작았던 적이 있어요. ❷ 크기에 실망해서 바로 반품했죠. ❸ 사실 웹사이트에서는 큰 테이블처럼 보였어요. ❹ 왠지 모르지만, 치수 정보는 없었는데 사진은 정말 멋져 보였거든요. ❺ 게다가 세일 중이어서 별로 고민하지 않고 바로 샀어요. ❻ 그런데 일주일 뒤에 도착했을 때 보니, 너무 작아서 충격을 받았어요. ❼ 거의 어린이용 테이블처럼 보였어요. ❽ 정말 많이 속상했죠. ❾ 그래서 바로 전화를 걸어서 환불을 요청했어요. ❿ 네, 그러니까, 이게 제가 이케아에서 샀던 작은 테이블에 대해 기억하는 전부예요.

  ❻ But when it arrived a week later, I was **shocked at how** small it was.

「shocked at how + 형용사/부사」 패턴은 '어떻게 그렇게 ~하는지에 충격을 받은'이라는 뜻이에요.

ex I was **shocked at how** expensive it was.
그게 어떻게 그렇게 비싼지 충격을 받았어요.

(IM) ❷ deliver 배송하다, 배달하다 ❹ without thinking 생각하지 않고, 아무 생각 없이 ❻ luckily 다행히, 운 좋게
(IH) ❶ turn out 결국 ~로 드러나다, ~인 것으로 판명되다 ❷ return 반품하다, 되돌려주다 ❹ dimensions 치수, 크기 ❺ on sale 할인 중인

문제, 전략 답변

ch06-8.mp3

QUESTION

People often look for different things when it comes to their homes. What do you think is important in making a home feel just right? Why do you think that matters so much to people?

사람들은 각자 집에서 추구하는 점이 다릅니다. 집이 '내 집 같다'라고 느껴지게 만드는 데 중요한 것은 무엇이라고 생각하나요? 왜 그것이 사람들에게 그렇게 중요한 의미를 갖는다고 생각하나요?

IH > 학생 답변

I believe, color is the thing matters so much to people when it comes to house. Because color affect for people's feelings, right?

It's quite interesting because it's surprising how the color affect on people's feelings or, you know, mood, right? And I believe that theory.

So, I try to buy all of the stuffs and all of the furnitures in gray color. Because gray color gives me calm and relax mood.

So, I think that's why people cares about the color for their house. And I believe people have some specific color for themselves. So, that's why I think color is the thing matters so much to people.

학생 답변 요약

나는 집에서 색깔이 사람에게 매우 중요하다고 생각한다. 색이 기분과 분위기에 영향을 준다고 믿는다.
그래서 집안 물건과 가구를 모두 회색으로 두는데, 회색은 차분하고 편안한 느낌을 준다.
사람마다 자신만의 색이 있다고 생각하고, 그래서 색이 중요하다고 믿는다.

전략 답변

Step 1 MP 말하기 (A, B)	[요약] 집을 완벽하게 보이게 하는 두 가지 요소는 색과 가구의 수라고 생각한다. ❶ To keep it short, I believe there are two main factors in making a home look perfect: color and the amount of furniture.
Step 2 A를 자세히 설명	[요약] 색은 집 분위기를 결정한다. 우리 집은 회색을 사용해 현대적으로 보이게 했다. ❷ Let me start with color. ❸ I think color is important because it sets the tone for the entire house. ❹ To give you an example, my place is mostly gray. ❺ I have gray blankets, gray furniture, and even many of my appliances are gray. ❻ I like gray because it gives my home a modern feel.
Step 3 B를 자세히 설명	[요약] 다른 요소는 가구의 수이다. 가구가 적을수록 집이 넓고 깔끔해 보인다. ❼ The other important factor is the amount of furniture you have. ❽ Having less furniture usually makes your place look bigger. ❾ It also makes it look cleaner, which I think is just as important.
Step 4 MP와 연결하며 마무리	[요약] 그래서 집을 완벽하게 만드는 데는 색과 가구의 수가 중요하다. ❿ So yeah, that's why I believe color and furniture are so important for any home.

❶ 간단히 말해서, 집을 완벽하게 보이게 만드는 데에는 두 가지 주요 요소가 있다고 생각해요. 바로 색과 가구의 수예요. ❷ 먼저 색부터 시작해 볼게요. ❸ 색은 집 전체의 분위기를 결정하기 때문에 중요하다고 생각해요. ❹ 예를 들어, 저희 집은 대부분 회색이에요. ❺ 회색 담요, 회색 가구, 심지어 많은 가전제품들도 회색이에요. ❻ 집을 현대적으로 보이게 하기 때문에 전 회색을 좋아해요. ❼ 다른 중요한 요소는 가지고 있는 가구의 수예요. ❽ 가구가 적을수록 집이 보통 더 넓어 보여요. ❾ 또 집이 더 깔끔해 보이는데, 이것도 마찬가지로 중요하다고 생각해요. ❿ 그래서, 네, 어느 집이든 색과 가구가 매우 중요한 것 같아요.

[핵심 표현]

❶ **To keep it short, I believe there are two main factors in making a home look perfect: color and the amount of furniture.**

여기서 in은 '~하는 데 있어서'라는 뜻으로 factors in making ~은 '~을 만드는 데 있어서 요인들'이라는 자연스러운 구조예요.

[ex] Patience is important **in** learning a new language.
새로운 언어를 배우는 데 있어서 인내심은 중요해요.

[오픽 필수 영어 표현]

[IH] ❶ factor 요소, 요인 ❶ the amount of ~의 양 ❸ set the tone for ~의 분위기를 만들다 ❺ appliances 가전제품 ❻ modern feel 현대적인 느낌

문제, 전략 답변

ch06-9.mp3

QUESTION

Housing issues are often reported in the news as a major concern in many communities. Have you seen any news stories about housing problems that affect a lot of people in your country? What kinds of solutions have been discussed in the news or suggested by local communities?

주거 문제는 많은 지역 사회에서 중요한 관심사로 뉴스에 자주 보도됩니다. 당신 나라에서 집 문제(주거 문제)로 인해 많은 사람들이 어려움을 겪는다는 뉴스 보도를 본 적이 있나요? 뉴스나 지역 사회에서 어떤 해결책이 논의되거나 제안되었나요?

IH 학생 답변

I heard about the news. And the news said the rental fee for the house is getting expensive. And I was so sad because I'm also living in a studio and I'm paying for the rental fee every month. And it's really expensive.

I think, it affects a lot for the people because it's like more than 30% of our salary. So it's really huge. So, you know, I searched about the solution about this problem. But there was no solution about this problem until we buy our own house. It mean, I have to pay for the rental fee until I got my own house.

And it's really not that easy to buy my own house. It's really expensive in Korea. So, that's why the rental fee is the big problem for the young people for their housing.

학생 답변 요약

집 임대료가 계속 비싸지고 있다는 뉴스를 들었다. 나도 매달 원룸 월세를 내고 있어서 속상하다.
임대료가 월급의 30퍼센트 이상이라 부담이 크고, 집을 사기 전까지 해결책이 없다는 걸 알았다.
한국에서 집을 사는 건 너무 비싸서 쉽지 않고, 그래서 임대료는 젊은 세대에게 큰 문제라고 생각한다.

전략 답변

Step 1 MP 말하기	**[요약]** 유튜브에서 월세가 비싸져서 사람들이 불평한다는 뉴스 영상을 봤다. ❶ To keep it short, I recently saw a news clip on YouTube about people complaining that rent is getting too expensive. ❷ It's becoming harder and harder to keep up with the payments.
Step 2 MP와 다른 예시 말하기	**[요약]** 임금은 오르지 않고 식비는 올라 상황이 더 힘들다고 했다. ❸ Now, the clip also mentioned that wages aren't increasing. ❹ And on top of that, food costs are going up as well, which definitely doesn't help.
Step 3 MP로 돌아와 관련 예시 말하기	**[요약]** 이런 요인들로 월세 내기가 더 어려워졌다. 나도 작은 집으로 이사했다. ❺ But all of this is making it even more difficult for people to pay rent. ❻ I also feel the same way. ❼ I actually had to move to a smaller place just to lower my rent. ❽ But even though my new place is about 30% smaller… ❾ My rent only went down by around 10%.
Step 4 MP와 연결하며 마무리	**[요약]** 그래서 뉴스 영상에서 기억나는 건 이런 내용이다. ❿ And so, in a nutshell, that's what I remember from that news clip.

❶ 간단히 말해서, 최근에 유튜브에서 집세가 점점 비싸져서 사람들이 불평하는 뉴스 영상을 봤어요. ❷ 월세를 감당하는 게 점점 더 힘들어지고 있어요. ❸ 그런데 그 영상에서 또 언급하기를, 임금은 오르지 않고 있다고 했어요. ❹ 게다가 식비까지 오르고 있어서 상황에 전혀 도움이 안 된다고 했죠. ❺ 이런 모든 것들이 사람들이 월세를 내는 걸 더 어렵게 만들고 있어요. ❻ 저도 그 말에 공감해요. ❼ 사실 저도 월세를 줄이려고 더 작은 집으로 이사를 했거든요. ❽ 새 집은 이전 집보다 약 30%나 작지만… ❾ 월세는 겨우 10% 정도만 줄었어요. ❿ 그래서, 네, 한마디로 말하자면, 그 뉴스 영상에서 제가 기억하는 건 바로 그 내용이에요.

[핵심 표현] ❾ My rent only **went down by** around 10%.

go down by ~는 '~만큼 내려가다 / 줄다'라는 뜻으로 보통 수치나 퍼센트와 함께 쓰여요.

[ex] Sales **went down by** 20% last year.
판매량이 작년에 20% 줄었어요.

[오픽 필수 영어 표현]

(IH) ❶ get too expensive 너무 비싸지다 ❷ become harder and harder 점점 더 어려워지다 ❷ keep up with (비용·속도 등을) 따라가다, 감당하다 ❸ wage(s) 임금, 급여 ❹ on top of that 게다가, 그뿐만 아니라 ❾ by around 약 ~만큼 ❿ in a nutshell 간단히 말해서, 요약하자면

CHAPTER 07 Music 음악

Music(음악) 질문 한눈에 보기

❶ Description
묘사

You indicated in the survey that you listen to music. What kind of music do you listen to? Who are some of your favorite musicians or composers?

❷ Habit
습관

When and where do you usually listen to music? Do you listen to the radio? Do you go to concerts? Tell me about the different ways you enjoy music.

❸ Past Experience
과거 경험

Can you think back to a particularly memorable time when you heard live music? Describe that experience in detail. When was it? Where were you? Who were you with? What made that performance so memorable or special?

❹ Comparison
비교

When did you first become interested in music? What kinds of music did you like first? Tell me how your interest in music has developed from your childhood until today.

❺ RP11
롤플레이

I'd like to give you a situation to act it out. You want to buy a new pair of headphones for listening to music, but you're not sure which kind to choose. Call an electronics store and ask three or four questions to get information about different headphones.

❻ RP12
롤플레이

I'm sorry, but there's a problem I need you to resolve. You're listening to music at home, but your speakers suddenly stop working. You also have friends coming over soon to listen to music together. Call an electronics store, explain the situation, and ask about two or three possible solutions.

❼ RP13
과거 경험

That's the end of the situation. Have you ever gone to a concert and faced an unexpected problem? What happened, and how did you deal with it? How did you feel about that experience?

❽ IHU14
사회 / 이슈

People enjoy different types of music for different reasons. What are two types of music that you think are quite different from each other? Why do you think people are drawn to one more than the other?

❾ IHU15
사회 / 이슈

There have been news stories about music apps that pick songs automatically based on a person's mood. Have you seen or heard anything about this in the news? What do you think about these kinds of apps?

1 Description 묘사

ch07-1.mp3

QUESTION

You indicated in the survey that you listen to music. What kind of music do you listen to? Who are some of your favorite musicians or composers?

설문조사에서 음악을 듣는다고 하셨습니다. 보통 어떤 음악을 듣나요? 좋아하는 뮤지션이나 작곡가는 누구인가요?

IM ＞ 학생 답변

I like pop song and ballad. I think I like everything, so…
But, these days, I fall in love with "K-pop Demon Hunters." Actually, I'm not sure who is the singer. But the music sound is very good.
So, these days, I listen this song every single day when I'm working and I doing exercise… whenever.

학생 답변 요약

팝송이나 발라드를 좋아하고, 사실 웬만한 음악은 다 좋아한다.
요즘은 'k-pop Demon Hunters'라는 노래에 빠져 있는데, 가수는 잘 모르지만 멜로디가 정말 좋다.
그래서 일할 때나 운동할 때 매일 이 노래를 듣는다.

IM ＞ 전략 답변

Step 1 MP 말하기	요약 요즘 영어 팝송에 푹 빠져 있다. 영어를 배우기 좋기 때문이다. ❶ To keep it short, I'm really into English pop songs these days. ❷ They're great for learning English!
Step 2 MP 관련 예시 말하기	요약 케이팝도 좋아하지만 영어 공부에 도움이 돼서 영어 팝송을 즐겨 듣는다. ❸ To be honest, I also like Korean pop. ❹ But since I'm studying English now, listening to English pop is very helpful. ❺ The songs are very energetic, so I never get bored.
Step 3 MP와 연결하며 마무리	요약 그래서 영어 팝송 듣는 것을 좋아한다. ❻ So yeah, that's why I really like listening to English pop nowadays.

❶ 간단히 말하면, 저는 요즘 영어 팝송에 정말 푹 빠져 있어요. ❷ 영어를 배우기 정말 좋아요! ❸ 솔직히 저는 케이팝도 좋아해요. ❹ 하지만 지금 영어를 공부하고 있어서 영어 팝송을 듣는 게 아주 도움이 돼요. ❺ 노래들이 에너지가 넘쳐서 절대 지루하지 않아요. ❻ 그래서 요즘 영어 팝송 듣는 걸 정말 좋아해요.

These days, I usually listen to K-pop music. It's really energetic. It makes me feel more alive and more active. That's the main reason I love listen to it.

Sometimes, I also listen to Jazz at a café because, you know, jazz gives me, some kinds of comfortable vibe or, you know, cozy mood. So, jazz is also one another genre of music I love. And, also, I listen to hip-hop at a car because, hip-hop is not boring, right? So, whenever I drive, I listen to hip-hop to, you know, keep waking up myself.

But these days, I usually listen to K-pop music because I want to feel more energetic vibe these days. Because you know, Monday to Thursday, I usually work and sleep, work and sleep again. And I realized that, I want to feel some new feelings these days. So, yeah, I think that's the main reason I listen to K-pop these days.

학생 답변 요약

요즘은 주로 케이팝을 듣는데, 에너지가 넘쳐서 활기를 주기 때문이다.
가끔 카페에서는 재즈를 들으며 편안한 분위기를 즐기고, 운전할 때는 힙합을 들어 지루하지 않게 깨어 있게 한다.
하지만 요즘은 반복되는 일상 속에서 새로운 기분을 느끼고 싶어 다시 케이팝을 자주 듣는다.

IH ▶ 전략 답변

Step 1 MP 말하기	**요약** 주로 케이팝을 듣는다. 에너지가 넘쳐서 좋아한다. ❶ To keep it short, these days, I usually listen to K-pop. ❷ And the main reason I love it is because it's so energetic.
Step 2 MP와 다른 예시 말하기	**요약** 차분한 재즈도 듣고 가끔은 힙합도 듣는다. ❸ Now, I also listen to jazz since it has a calmer vibe for me. ❹ I listen to hip-hop as well, especially when I want deep, meaningful lyrics.
Step 3 MP로 돌아와 관련 예시 말하기	**요약** 하지만 주로 케이팝을 듣는다. 에너지가 넘쳐서 좋고 가장 좋아하는 아티스트는 에스파다. ❺ But I'd say I mostly stick to K-pop because I love the energy of the beats. ❻ It makes me feel more alive and keeps my day from feeling boring. ❼ And when it comes to the artists I listen to, one of my favorites is definitely AESPA. ❽ It's spelled A-E-S-P-A. ❾ And honestly, their energy level is unbelievable!
Step 4 MP와 연결하며 마무리	**요약** 그래서 나는 케이팝 듣는 걸 좋아한다. ❿ So yeah, that's why I love listening to K-pop.

❶ 간단히 말해서, 요즘 저는 보통 케이팝을 들어요. ❷ 그걸 좋아하는 가장 큰 이유는 에너지가 넘치기 때문이에요. ❸ 또 차분한 느낌을 주는 재즈도 들어요. ❹ 가끔은 힙합도 듣죠, 특히 깊이 있고 의미 있는 가사를 듣고 싶을 때는요. ❺ 하지만 주로 케이팝을 듣는 편이에요, 왜냐면 비트의 에너지가 정말 좋거든요. ❻ 그걸 들으면 더 살아 있는 느낌이 나고, 하루가 지루하지 않게 돼요. ❼ 그리고 제가 좋아하는 아티스트 중 최애는 당연히 에스파(AESPA)예요. ❽ A-E-S-P-A라고 써요. ❾ 솔직히 말해서, 그들의 에너지 수준은 믿을 수 없을 정도예요! ❿ 그래서 제가 케이팝 듣는 걸 좋아하는 이유는 바로 그거예요.

❺ But **I'd say** I mostly **stick to** K-pop because I love the energy of the beats.

I'd say ~는 '제 생각에는 ~ 같아요'라는 뜻으로 I think보다 조금 더 부드럽고 조심스럽게 말하는 뉘앙스가 있어요.

ex **I'd say** this restaurant is the best in town.
제 생각에는 이 식당이 이 동네에서 제일 좋은 것 같아요.

stick to ~는 '~만 고수하다, ~에 집중하다'라는 뜻으로 like보다 더 강하게, 특정한 습관이나 선택을 유지한다는 느낌을 줘요.

ex I **stick to** a healthy diet.
저는 건강한 식단만 고수해요.

오픽 필수 영어 표현

(IM) ❹ helpful 도움이 되는, 유익한 ❺ energetic 에너지가 넘치는, 활기찬 ❺ never get bored 절대 지루해지지 않다 ❻ nowadays 요즘, 최근에

(IH) ❸ vibe 분위기, 느낌 ❹ meaningful 의미 있는, 뜻깊은 ❺ stick to ~을 고수하다, ~만 주로 하다 ❺ the beats (음악의) 박자, 비트 ❻ feel alive 살아 있는 느낌이 들다, 활력이 생기다

ch07-2.mp3

2 Habit 습관

QUESTION

When and where do you usually listen to music? Do you listen to the radio? Do you go to concerts? Tell me about the different ways you enjoy music.

보통 언제 어디에서 음악을 듣나요? 라디오를 듣나요? 콘서트에 가나요? 당신이 음악을 즐기는 다양한 방법에 대해 말해 주세요.

 **IM** 〉 학생 답변

I usually use to my smartphone with the YouTube. These days, YouTube premium music is very active, I think. So, when I start just one sing was, one song, and after that, the song is finish, after that it's very similar song is started. It's very awesome. So, usually I used just MP3 or YouTube… Melon… I think that's it.
I don't like the noisy areas. So, I just use to listen the song by my phone, smartphone.

학생 답변 요약

주로 스마트폰으로 유튜브를 이용한다. 요즘은 유튜브 프리미엄 음악을 자주 쓴다.
노래 하나를 틀면 비슷한 노래가 자동으로 이어져서 정말 편리하다. 예전에는 MP3나 멜론을 쓰곤 했다.
시끄러운 곳을 좋아하지 않아서 주로 스마트폰으로 노래를 듣는다.

 **IM** 〉 전략 답변

Step 1 MP 말하기 (행동 중심)	요약 주로 유튜브 뮤직 앱으로 음악을 듣는다. ❶ To keep it short, I mainly use the YouTube Music app to listen to music.
Step 2 MP 관련 예시 말하기	요약 거의 모든 노래가 있고, 통학이나 운동할 때 자주 쓴다. ❷ To be honest, it's a really good app. ❸ It has almost every song, which is great. ❹ Whenever I commute, work out, or clean my room, I always play it. ❺ I personally don't like going to concerts, so this is my favorite way to enjoy music.
Step 3 MP와 연결하며 마무리	요약 그래서 유튜브 뮤직을 구독한다. ❻ So yeah, that's the reason why I subscribe to YouTube Music.

❶ 간단히 말하면, 저는 주로 유튜브 뮤직 앱을 사용해서 음악을 들어요. ❷ 솔직히 정말 좋은 앱이에요. ❸ 거의 모든 노래가 있어서 아주 좋죠. ❹ 출근길이나 운동할 때, 방을 청소할 때마다 항상 틀어놓아요. ❺ 저는 개인적으로 콘서트에 가는 걸 좋아하지 않아서, 이게 음악을 즐기는 제가 가장 좋아하는 방법이에요. ❻ 그래서 네, 그게 바로 제가 유튜브 뮤직을 구독한 이유입니다.

❺ I **personally** don't like going to concerts, so this is my favorite way to enjoy **music.**

personally를 넣으면 '개인적으로는'이라는 의미가 더해져서 문장이 더 구체적이고 부드럽게 들려요.

ex **Personally**, I don't agree with that idea.
저는 개인적으로 그 의견에 동의하지 않아요.

IH 학생 답변

I listen to music on my phone because it has a wonderful music app from music company. It makes me be able to listen to music whenever I want and wherever I want.
Sometimes, I go to a live concert with some of my friends. But it needs a lot of times and a lot of money. It's quite expensive.
And you know, sometimes, I also listen to music on YouTube. But I also have to pay for the YouTube premium to listen to music on it.
But, if I use this music app on my phone, it takes only, you know, 1 dollar for a month. So, it's really cheap. And the thing is, whenever I have my phone and airpods, I can listen to music. It's really convenient. So, I'm thankful for someone who invent this music app.

학생 답변 요약

핸드폰의 음악 앱으로 언제 어디서든 음악을 들을 수 있다.
가끔 친구들과 콘서트에도 가지만 시간과 돈이 많이 들고, 유튜브로 들을 때는 프리미엄 결제가 필요하다.
하지만 이 앱은 한 달에 1달러밖에 안 들어서 저렴하고, 핸드폰과 에어팟만 있으면 편리하게 음악을 들을 수 있어 고맙게 생각한다.

IH 전략 답변

Step 1 MP 말하기 (행동 중심 – 현재)	요약 보통 휴대폰으로 유튜브 뮤직을 이용해 음악을 듣는다. 편리하다. ❶ To keep it short, I usually listen to music on my phone using YouTube Music. ❷ It's so convenient to use.
Step 2 빠른 비교 전략 (MP와 반대 내용 – 과거)	요약 예전에는 콘서트에서 음악을 즐겼지만 비쌌다. ❸ In the past, before I knew about this app, I mostly enjoyed music through concerts. ❹ It was definitely a great experience, but it was also pretty expensive.

<table>
<tr><td rowspan="2">Step 3
MP로 돌아와
관련 예시 말하기
(현재)</td><td> 요즘은 모든 장르의 노래를 들을 수 있고 저렴해서 유튜브 뮤직만 사용한다.</td></tr>
<tr><td>❺ But these days, I'm all about YouTube Music.
❻ Whenever I feel like listening to quality music, I rely on it completely.
❼ It's also very affordable.
❽ Around 10 dollars a month.
❾ And I think that's an amazing deal considering it has songs from every genre.</td></tr>
<tr><td>Step 4
MP와 연결하며 마무리</td><td>요약 그래서 나는 이렇게 음악을 듣는다.
❿ So yeah, that's how I usually listen to music.</td></tr>
</table>

❶ 간단히 말해서, 저는 보통 휴대폰으로 유튜브 뮤직을 이용해 음악을 들어요. ❷ 사용하기가 정말 편리해요. ❸ 예전에, 이 앱을 알기 전에는 주로 콘서트에서 음악을 즐겼어요. ❹ 확실히 좋은 경험이었지만, 꽤 비쌌죠. ❺ 하지만 요즘은 전적으로 유튜브 뮤직만 써요. ❻ 좋은 음악을 듣고 싶을 때마다 완전히 이 앱에 의지하고 있어요. ❼ 게다가 가격도 아주 저렴해요. ❽ 한 달에 약 10달러 정도예요. ❾ 그리고 모든 장르의 노래가 있다는 걸 생각하면 정말 괜찮은 가격이라고 생각해요. ❿ 그래서, 네, 제가 보통 음악을 듣는 방식은 바로 이거예요.

핵심 표현 ❺ But these days, **I'm all about** YouTube Music.

I'm all about ~은 '나는 ~에 푹 빠져 있다, ~을 아주 좋아한다'라는 뜻의 구어체 표현이에요.

ex **She's all about** K-dramas lately.
그녀는 요즘 한국 드라마에 푹 빠져 있어요.

❾ And I think that's an amazing deal **considering** it has songs from every genre.

considering ~은 '~을 고려하면'이라는 뜻으로 문장 앞이나 중간에서 조건을 덧붙일 때 자주 써요.

ex He did well, **considering** his age.
나이를 고려하면 그는 잘했어요.

오픽 필수 영어 표현

(IM) ❹ commute 출퇴근하다 ❹ work out 운동하다 ❻ subscribe (to~) (~에) 구독하다, 가입하다

(IH) ❷ convenient 편리한 ❸ through ~을 통해, ~으로 ❺ be all about ~에 완전히 집중하다, ~을 전적으로 좋아하다 ❻ rely on ~에 의지하다, ~을 믿다 ❼ affordable (가격이) 알맞은, 부담 없는 ❾ deal 거래, 좋은 조건, 혜택 ❾ genre 장르, 유형

문제, 전략 답변

ch07-3.mp3

QUESTION

Can you think back to a particularly memorable time when you heard live music? Describe that experience in detail. When was it? Where were you? Who were you with? What made that performance so memorable or special?

특별히 기억에 남는 라이브 음악을 들었던 경험이 있나요? 그 경험을 자세히 설명해 주세요. 언제였나요? 어디였나요? 누구와 함께 있었나요? 그 공연이 왜 그렇게 기억에 남거나 특별했나요?

 **IM** > 학생 답변

When I walk the street, I heard the song and I followed the song. And some guy sang a song right there, just, just right there.
So, actually, I was depressed at that time… So, I heard the song for a long time. And then, I felt my feeling was better.
And then, until now, I cannot forget that song.

학생 답변 요약

길을 걷다가 우연히 노랫소리를 듣고 따라갔더니 한 남자가 노래를 부르고 있었다.
그때 우울했는데 오래 들으면서 기분이 나아졌다.
그래서 지금까지도 그 노래를 잊을 수 없다.

 **IM** > 전략 답변

Step 1 MP 말하기	요약 길을 걷다가 버스킹을 봤는데, 공연이 인상적이었다. ❶ To keep it short, I was walking on the street and saw a guy singing. ❷ He was busking, and his performance was impressive.
Step 2 MP 관련 예시 말하기	요약 좋아하는 브루노 마스 노래가 나와 멈춰서 들었고, 그날 기분이 안 좋았지만 노래 덕분에 나아졌다. ❸ To be honest, I didn't notice him at first. ❹ But when he sang an English song I liked, I stopped right away. ❺ It was a Bruno Mars song, and his version was really catchy. ❻ I was feeling down that day, but his singing made me feel better.
Step 3 MP와 연결하며 마무리	요약 그래서 그게 최근에 본 버스킹 경험이었다. ❼ So yeah, that was my recent live busking experience.

❶ 간단히 말하면, 길을 걷다가 노래하는 사람을 본 적이 있어요. ❷ 그는 버스킹을 하고 있었는데, 인상적인 공연이었어요. ❸ 사실 처음에는 그를 알아차리지 못했어요. ❹ 그런데 제가 좋아하는 영어 노래를 불러서 바로 멈춰 섰어요. ❺ 브루노 마스의 노래였는데, 그의 버전이 정말 귀에 쏙 들어왔어요. ❻ 그날 기분이 안 좋았는데, 그의 노래 덕분에 기분이 좋아졌어요. ❼ 그래서 그게 제가 최근에 겪은 라이브 버스킹 경험이었어요.

---

 ❶ To keep it short, I was walking on the street and **saw a guy singing**.

「see + 사람 + -ing」 구조는 '~가 ~하고 있는 것을 보다'라는 뜻이에요.

ex I **saw him running** in the park.
나는 그가 공원에서 달리고 있는 걸 봤어요.

학생 답변

I have a wonderful memory about live concert. And the thing is, I went to the concert with some of my friends and our seats were very close from the main stage. I really loved it because finally I could meet my favorite singer at a very close distance.

You know, the live tickets, I mean, the tickets for the concert is really expensive. But whenever I bought the tickets, the seats were way far from the main stage. So, I could barely see my favorite singer. So, it was not that fun. And I couldn't feel that active vibe that much.

But, you know, for the last time, my friends bought 3 tickets for my friends. And the tickets were really expensive, but has a great benefit. And the benefit is the seats are very close from the main stage. So, my friends made my day. I finally could meet my favorite singer at a very close distance. So, it was actually like a dream because I always thought about meeting my favorite singer at a very close distance. But, yeah, finally, my friends made my day at the last time we went to the concert.

학생 답변 요약

좋은 추억은 친구들과 콘서트에 갔을 때인데, 무대 가까이에서 좋아하는 가수를 볼 수 있어서 너무 좋았다.
이전에는 표가 비싸도 좌석이 멀어서 가수를 거의 볼 수 없었고 현장 분위기도 잘 느낄 수 없었다.
하지만 마지막 콘서트에서는 친구들이 무대 가까운 좌석을 구해줘서 마치 꿈같았고, 그날이 정말 특별한 추억으로 남았다.

전략 답변

Step 1 MP 말하기	요약 친구들과 라이브 콘서트에 갔다. 좌석이 무대와 가까워서 정말 멋진 경험이었다. ❶ To keep it short, I once went to a live concert with a group of friends, and it was an amazing experience. ❷ The best part was that our seats were really close to the stage.
Step 2 MP와 다른 예시 말하기	요약 하지만 티켓 값이 비싸고 좌석이 작았던 점은 아쉬웠다. ❸ Now, I didn't love everything about the concert. ❹ For example, the tickets were extremely expensive. ❺ Nearly 200 dollars each! ❻ And also, the seats were a little too small.
Step 3 MP로 돌아와 관련 예시 말하기	요약 그래도 무대 바로 앞에서 가수들을 가까이 볼 수 있어 전반적으로 환상적이었다. ❼ But everything else was fantastic. ❽ And being right in front of the stage made the experience even better. ❾ I couldn't believe I was able to clearly see the K-pop singers as they sang and danced.
Step 4 MP와 연결하며 마무리	요약 그게 내가 기억하는 콘서트 경험이다. ❿ So yeah, that's my memorable experience at a live concert.

❶ 간단히 말해서, 저는 예전에 친구들이랑 같이 라이브 콘서트에 갔었는데, 정말 멋진 경험이었어요. ❷ 가장 좋았던 건 우리 좌석이 무대랑 정말 가까웠다는 거예요. ❸ 사실, 콘서트의 모든 것들이 다 좋았던 건 아니에요. ❹ 예를 들면, 티켓이 엄청 비쌌어요. ❺ 한 장에 거의 200달러나 했어요! ❻ 그리고 좌석도 너무 작았죠. ❼ 하지만 그 외의 모든 건 환상적이었어요. ❽ 무대 바로 앞에 있으니까 그 경험이 훨씬 더 특별했어요. ❾ 가수들이 노래하고 춤추는 걸 제가 그렇게 또렷하게 볼 수 있다는 게 믿기지 않았어요. ❿ 그래서 네, 그게 라이브 콘서트에서 기억에 남는 경험이에요.

핵심 표현 ❶ To keep it short, I once went to a live concert with **a group of friends**, and it was an amazing experience.

a group of friends는 '친구 무리, 여러 명의 친구들'이라는 뜻이에요. with friends라고 해도 되지만, a group of friends라고 하면 '무리 지어 함께'라는 뉘앙스가 강조돼요.

ex I went hiking with **a group of friends**.
저는 친구 무리와 함께 등산을 갔어요.

오픽 필수 영어 표현

IM ❷ busk 거리 공연을 하다 ❷ impressive 인상적인 ❺ catchy (멜로디·문구 등이) 귀에 쏙 들어오는, 중독성 있는 ❻ feel down 기분이 우울하다, 처지다 ❻ make me feel better 나를 기분 좋게 해주다

IH ❶ live concert 라이브 콘서트, 현장 공연 ❹ extremely 매우, 극도로, 엄청나게 ❺ nearly 거의 ❽ right in front of ~ 바로 앞에 ❿ memorable 기억에 남을, 인상적인

4 Comparison 비교

ch07-4.mp3

QUESTION

When did you first become interested in music? What kinds of music did you like first? Tell me how your interest in music has developed from your childhood until today.

음악에 처음 관심을 갖게 된 때는 언제인가요? 처음에는 어떤 종류의 음악을 좋아했나요? 어릴 때부터 지금까지 당신의 음악 취향이 어떻게 변했는지 말해주세요.

IM ▶ 학생 답변

When I was young, I usually listen the song like a kind of ballad.
But now, I like more active song, like, a pop song, dance song, like this.
I don't know… Sometimes when I heard, when I listen the sad song like a ballad, my feeling followed that song. So, I want to change my mood, if I want to change my mood, emotional mood, I listened the active song I think.

학생 답변 요약

어렸을 때는 주로 발라드를 들었다.
지금은 팝송이나 댄스 같은 더 신나는 노래를 좋아한다.
발라드를 들으면 기분이 따라가서, 기분을 바꾸고 싶을 때는 신나는 노래를 듣는다.

IM ▶ 전략 답변

Step 1 MP 말하기 (현재)	[요약] 요즘은 팝송을 주로 듣는다. 영어 공부에 도움이 돼서 좋아한다. ❶ To keep it short, I'm mainly into pop songs these days. ❷ And more specifically, I like English pop because it helps with my English studies.
Step 2 MP와 반대 내용 말하기 (과거)	[요약] 예전에는 가사와 멜로디가 차분한 한국 발라드를 들었다. ❸ In the past, I only listened to soft Korean ballads. ❹ The lyrics were deep, and I loved the soothing tune.
Step 3 MP로 돌아와 관련 예시 말하기 (현재)	[요약] 지금은 에너지 넘치고 공부에도 도움이 되는 영어 팝송을 선호한다. ❺ But these days, I prefer more energetic songs. ❻ English pop wakes me up and helps me study at the same time.
Step 4 MP와 연결하며 마무리	[요약] 그래서 요즘은 주로 영어 팝송을 듣는다. ❼ So yeah, that's why I mostly listen to English pop now.

❶ 간단히 말하면, 저는 요즘 주로 팝송에 빠져 있어요. ❷ 좀 더 구체적으로는, 영어 공부에 도움이 되기 때문에 영어 팝송을 좋아해요. ❸ 예전에는 부드러운 한국 발라드만 들었어요. ❹ 가사가 깊이 있기도 했고, 차분한 멜로디가 참 좋았어요. ❺ 하지만 요즘은 더 에너지 넘치는 노래를 선호해요. ❻ 팝송은 제가 정신을 차리게 해주고, 동시에 공부에도 도움이 되죠. ❼ 그래서 네, 요즘은 주로 영어 팝송을 들어요.

---

 ❷ And more specifically, I like English pop because it helps with my English **studies.**

study는 '공부하다'라는 뜻의 동사이지만, studies라고 하면 '학업, 공부 과정'이라는 의미가 돼요.

[ex] She finished her **studies** abroad.
그녀는 해외에서 학업을 마쳤어요.

 학생 답변

I don't exactly remember when was the first time I got interested in music. But I clearly remember the genre I, you know, loved to listen to when I was a child. The genre was trot. And the reason was my mother really loved to listen to trot music. But after I turned on 13, I mean, after I went to elementary school, my taste for music changed a lot. Because all of my friends in my classroom listened to K-pop music. K-pop was really trendy at that time.

So, I need to listen to K-pop music to talk about music with my friends and make more friends in the new semester. So, from that day to this days, I listen to K-pop music.

학생 답변 요약

어릴 때는 엄마의 영향으로 트로트를 좋아했다.
13살 무렵 학교에 들어가면서 친구들이 다 케이팝을 들어서 나도 듣기 시작했다.
그때부터 지금까지 계속 케이팝을 듣고 있다.

IH 전략 답변

Step 1 MP 말하기 (현재)	[요약] 요즘 주로 케이팝을 듣는다. 에너지가 넘쳐서 좋아한다. ❶ To keep it short, these days, I mainly listen to K-pop. ❷ And I'm really into it because it's just so energetic.
Step 2 MP와 반대 내용 말하기 (과거)	[요약] 예전에는 엄마 영향으로 트로트를 많이 들었다. ❸ In the past, I never listened to K-pop. ❹ I actually listened to a lot of trot, which is a Korean music genre that many older people enjoy. ❺ My mom loved it, so I ended up listening to it because of her.

<table>
<tr>
<td rowspan="2">Step 3
MP로 돌아와
관련 예시 말하기
(현재)</td>
<td>요약 고등학교 때 친구들의 영향으로 케이팝을 듣기 시작했고 지금도 그 강한 에너지가 너무 좋아 계속 듣고 있다.</td>
</tr>
<tr>
<td>❻ But these days, my taste has completely changed.
❼ Influenced by my friends, I eventually started listening to K-pop in high school.
❽ Now I'm an adult, and I still listen to it!
❾ The energy level of K-pop is just way too addictive.</td>
</tr>
<tr>
<td rowspan="2">Step 4
MP와 연결하며 마무리</td>
<td>요약 케이팝을 듣게 된 계기가 바로 그것이다.</td>
</tr>
<tr>
<td>❿ So yeah, that's how I started listening to K-pop.</td>
</tr>
</table>

❶ 간단히 말해서, 요즘 저는 주로 케이팝을 들어요. ❷ 그리고 제가 케이팝을 정말 좋아하는 이유는, 무척 에너지가 넘치기 때문이에요. ❸ 예전에는 케이팝을 전혀 듣지 않았어요. ❹ 사실 트로트를 많이 들었는데, 트로트는 주로 나이 드신 분들이 좋아하는 한국 음악 장르예요. ❺ 저희 엄마가 트로트를 좋아하셔서, 저도 따라서 듣게 되었죠. ❻ 그런데 요즘에는 음악 취향이 완전히 바뀌었어요. ❼ 친구들의 영향을 받아서, 고등학교 때 결국 케이팝을 듣기 시작했어요. ❽ 이제 저는 어른이 되었지만, 여전히 케이팝을 듣고 있어요! ❾ 케이팝의 에너지는 정말 너무 중독적이에요. ❿ 그래서 네, 그게 제가 케이팝을 듣게 된 계기예요.

 ❼ **Influenced by** my friends, I eventually started listening to K-pop in high school.

'~의 영향을 받아'라는 의미예요. 원인이나 계기를 멋지게 설명할 때 자주 쓰여요.

ex **Influenced by** my parents, I started cooking.
부모님의 영향을 받아, 저는 요리를 시작했어요.

(IM) ❷ more specifically 더 구체적으로 말하면 ❹ lyrics 가사 ❹ soothing 마음을 진정시키는, 편안하게 해주는 ❻ wake (someone) up ~를 깨우다, 활기를 주다

(IH) ❹ trot 트로트 ❺ end up -ing 결국 ~하게 되다 ❼ influenced by ~의 영향을 받아 ❾ addictive 중독성 있는

문제, 전략 답변

ch07-5.mp3

QUESTION

I'd like to give you a situation to act it out. You want to buy a new pair of headphones for listening to music, but you're not sure which kind to choose. Call an electronics store and ask three or four questions to get information about different headphones.

상황을 드릴 테니 연기를 해주세요. 당신은 음악을 듣기 위해 새 헤드폰을 사고 싶지만, 어떤 걸 골라야 할지 모릅니다. 전자제품 가게에 전화해서 서너 가지 질문을 하며 다양한 헤드폰에 대한 정보를 얻어보세요.

IM 학생 답변

Hi, how are you? Actually, I wanted to buy some headphone for me. But actually, I don't know about what kind of… is best… what kind of headphone is the best. So, could you recommend the headphone for me?
Or I just wanted to know about the price because my budget is a bit low.

학생 답변 요약

헤드폰을 사고 싶은데 어떤 게 좋은지 잘 모르겠어요.
좋은 모델 추천해 줄 수 있나요?
예산이 조금 빠듯해서 가격도 알고 싶어요.

IM 전략 답변

Step 1 간단한 상황 설명	요약 헤드폰을 사려고 해요. ❶ Hi there, I'm looking to buy a pair of headphones. ❷ And I have a few questions.
Step 2 첫 번째 질문하기 긍정 반응	요약 가장 좋은 모델이 무엇인가요? 애플 ❸ I'm wondering… what's your best headphone model? 질문 ❹ Oh, this Apple one? 상대방 말 ❺ It looks great. 반응
Step 3 두 번째 질문하기 긍정 반응	요약 가격은 얼마인가요? 500달러 ❻ How much is it? 질문 ❼ Oh, 500 dollars? 상대방 말 ❽ That's not too bad. 반응

<table><tr><td>**Step 4**
마무리</td><td>요약 **도와주셔서 감사합니다.**

❾ OK, I'll take it.
❿ Thanks a lot for your help.</td></tr></table>

❶ 안녕하세요, 헤드폰 하나 사려고 하는데요.　❷ 몇 가지 질문이 있어요.　❸ 혹시 가장 좋은 헤드폰 모델이 뭔가요?　❹ 아, 이 애플 제품인가요?　❺ 멋져 보이네요.　❻ 가격이 어떻게 되나요?　❼ 오, 500달러요?　❽ 그 정도면 괜찮네요.　❾ 알겠습니다, 이걸로 할게요.　❿ 도와주셔서 감사합니다.

핵심 표현 ❶ Hi there, I'm looking to buy **a pair of** headphones.

headphones는 보통 a pair of와 함께 복수형으로 쓰여요. pants, earphones, socks 같은 것들도 마찬가지예요.

ex I bought **a pair of** pants.
새 바지를 한 벌 샀어요.

A pair of earphones was included with the phone.
휴대폰에 이어폰 한 쌍이 포함되어 있었어요.

I packed three **pairs of socks** for the trip.
저는 여행을 위해 양말 세 켤레를 챙겼어요.

❸ I'm wondering… what's your best **headphone model**?

여기서는 왜 headphones model이라고 하지 않고 headphone model이라고 했을까요? 이렇게 「명사 + 명사」 구조에서는 앞의 명사가 형용사 역할을 하기 때문에 보통 단수형을 써요.

ex I went to **a shoe store** near my house.
저는 집 근처 신발 가게에 갔어요.

I went on **a 30 minute walk** in the morning.
아침에 30분 정도 산책을 했어요.

CHAPTER 07

Music

Oh, hi there. It's ABC headphone market, right? Oh, hi. I dropped my headphone and it's not working. So, I'm looking for a new headphone. So, can I ask you something? Oh, okay.

Which kinds of headphone from what brand do you have? One is Apple and one is Samsung, right? Okay.

So, can I ask the biggest difference between the two kinds of headphone? The headphone from Apple is more expensive, but also has a great quality. And Samsung is the cheaper one. Oh, I got it. The thing is, I don't have enough budget. So, can I buy the Samsung headphone? Okay. Oh, so you have only the black color for Samsung headphone. Yeah, okay, fine. It's okay.

So, how can I pay for that? Oh, I got it. You will send me the account that I have to send my money. Okay. Oh, I got it. Okay.

If I get a message from you, I will deposit the money right away. Okay.

Thank you so much for your help. And have a great day.

학생 답변 요약

헤드폰을 떨어뜨려 고장이 나서 새 헤드폰을 사려고 하는데요.
어떤 브랜드가 있나요?
두 헤드폰의 차이점은 무엇인가요?
결제는 어떻게 하면 되나요?
도와주셔서 감사합니다.

IH ▷ 전략 답변

Step 1 간단한 상황 설명	요약 헤드폰이 고장 나서 새로 사고 싶어요. ❶ Hi there, this is ABC Headphone Market, right? ❷ Great. ❸ I dropped my headphones and now they're not working. ❹ And so, I'm looking for a new pair, and I have a few questions.
Step 2 첫 번째 질문하기 긍정 반응	요약 어떤 브랜드가 있나요? 애플 & 삼성 ❺ I'm wondering… what top brands do you offer? 질문 ❻ Oh, Apple and Samsung? 상대방 말 ❼ Sounds good. 반응
Step 3 두 번째 질문하기 긍정 반응	요약 두 브랜드의 차이가 뭔가요? 프리미엄 & 저렴한 제품 ❽ What's the biggest difference between them? 질문 ❾ Ah, Apple is your premium line and Samsung is more affordable. 상대방 말 ❿ OK, that makes sense. 반응
Step 4 세 번째 질문하기 긍정 반응	요약 블랙 색상 있나요? YES ⓫ Alright, I'll go with Samsung. ⓬ You have it in black, right? 질문 ⓭ Yes? 상대방 말 ⓮ Great. 반응

<table>
<tr><td>**Step 5**
마무리</td><td>요약 **구매할게요.**
⑮ Then I'm ready to make a purchase.
⑯ Thanks so much for your help.</td></tr>
</table>

❶ 안녕하세요, 여기 ABC 헤드폰 마켓 맞죠? ❷ 좋습니다. ❸ 제가 헤드폰을 떨어뜨렸는데 이제 작동을 안 해서요. ❹ 그래서 새것을 하나 사려고 하는데, 몇 가지 질문이 있어요. ❺ 판매하시는 것들 중에 어떤 대표 브랜드들이 있나요? ❻ 오, 애플이랑 삼성요? ❼ 괜찮네요. ❽ 두 브랜드의 가장 큰 차이가 뭐예요? ❾ 아, 애플은 프리미엄 라인이고, 삼성은 좀 더 저렴하군요. ❿ 아, 이해됐어요. ⓫ 좋아요, 그럼 삼성으로 할게요. ⓬ 블랙 색상 있죠? ⓭ 있다고요? ⓮ 좋네요. ⑮ 그럼 구매할게요. ⑯ 도와주셔서 정말 감사합니다.

핵심 표현 ⓬ You have it **in black**, right?

'~색으로 나오다, ~색을 입다'를 표현할 때 「in + color」를 써요.

ex She was dressed **in red**.
그녀는 빨간색 옷을 입고 있었어요.

The car comes **in white or silver**.
그 차는 흰색이나 은색으로 나와요.

오픽 필수 영어 표현

(IM) ❶ a pair of 한 쌍의, 하나의(헤드폰/안경/신발 등 쌍으로 쓰는 물건) ❽ not too bad 나쁘지 않은, 꽤 괜찮은 ❾ I'll take it 이거 살게요

(IH) ❸ drop 떨어뜨리다 ❹ a pair (헤드폰·안경 등) 한 개, 한 쌍 ❾ premium line 고급 라인, 프리미엄 제품군 ❾ affordable (가격이) 알맞은, 부담 없는

문제, 전략 답변

ch07-6.mp3

QUESTION

I'm sorry, but there's a problem I need you to resolve. You're listening to music at home, but your speakers suddenly stop working. You also have friends coming over soon to listen to music together. Call an electronics store, explain the situation, and ask about two or three possible solutions.

죄송하지만 당신이 해결해야 할 문제가 있습니다. 집에서 음악을 듣고 있는데 갑자기 스피커가 작동을 멈췄습니다. 곧 친구들이 함께 음악을 들으러 올 예정입니다. 전자제품 가게에 전화해서 상황을 설명하고, 가능한 해결책 두세 가지를 물어보세요.

IM ▷ 학생 답변

I think my speaker is not working. I didn't do anything, but suddenly it's not working. Oh no.
How can I do? Can you help me? I wanted to fix these situations because few hours later, my friend's birthday. So, we wanted to start to get… We wanted to enjoy the party.
Can I fix it right now?
Or can you, do you have any other speakers?

학생 답변 요약

스피커가 갑자기 고장 났어요.
어떻게 해야 할까요?
지금 바로 고칠 수 있나요?
다른 스피커가 있나요?

IM ▷ 전략 답변

Step 1 간단한 상황 설명	요약 스피커 전원이 켜지지 않아요.
	❶ Hi there, is this the ABC Repair shop? ❷ Alright, I have a problem with my speakers. ❸ They won't turn on.
Step 2 첫 번째 제안하기 부정 반응	요약 직접 가져가서 점검받을 수 있나요? NO
	❹ I'm wondering… could I bring them to the shop to get checked? 제안 ❺ Oh, no? 상대방 말 ❻ You're fully booked this week? 상대방 말 ❼ That's unfortunate. 반응

<table>
<tr><td rowspan="2">Step 3
두 번째 제안하기
긍정 반응</td><td>요약 어떤 선택지가 있나요? 기사님을 보내줄 수 있다.</td></tr>
<tr><td>❽ Then what are my options? 제안
❾ Oh, you can send a technician to my house this evening?
상대방 말
❿ That's amazing. 반응</td></tr>
<tr><td rowspan="2">Step 4
마무리</td><td>요약 도와주셔서 감사합니다.</td></tr>
<tr><td>⓫ Alright, 7 p.m. works best for me.
⓬ Thanks a lot for your help!</td></tr>
</table>

❶ 안녕하세요, 거기 ABC 수리점 맞죠? ❷ 제 스피커에 문제가 있어서요. ❸ 전원이 켜지지 않아요. ❹ 제가 가게로 가져가서 점검받을 수 있을까요? ❺ 아, 안 되나요? ❻ 이번 주는 예약이 꽉 찼다고요? ❼ 안타깝네요. ❽ 그러면 저에게 어떤 선택지가 있나요? ❾ 아, 오늘 저녁에 기사님을 저희 집으로 보내주실 수 있다고요? ❿ 정말 놀랍네요. ⓫ 좋아요, 저녁 7시가 가장 좋습니다. ⓬ 도와주셔서 정말 감사합니다!

핵심 표현 ❹ I'm wondering… **could I** bring them to the shop to get checked?

Can I ~?보다 Could I가 더 정중한 요청 표현이에요. 특히 가게, 서비스, 공식적인 상황에서 많이 써요.

ex **Could I** speak to the manager?
매니저와 통화할 수 있을까요?

⓫ Alright, 7 p.m. **works** best for me.

work는 '잘 맞다, 괜찮다'라는 의미로 시간이나 일정에서 자주 써요.

ex Does tomorrow **work** for you?
내일 괜찮으세요?

IH 학생 답변

Oh, hi. This is golden speaker, right? Yeah, hi. I'm using your golden speaker at my home, but suddenly it stopped working.
But I had an appointment with my friends for listening to music with this device today. So what can I do? Oh, so, I had to check some conditions of devices with you. Okay, sure.
What can I do for the first? Yes, there is blue button right in the middle of this device. Okay, I clicked it, but it's not still working. The plug, okay. Yes, the plug is, right in the… right place. But it's still not working.
So, your shop is near my house. Okay. Oh, so you are open right now. So, if I bring my golden speaker there, you can fix it.
Okay. How long does it take for, fixing my speaker? Oh, just 15 minutes. Oh, sounds amazing. Okay, so, I don't have enough time, so I will get there right away. Okay, oh, okay. See you then.

 전략 답변

Step 1 간단한 상황 설명	**요약** 스피커가 고장 났어요. ❶ Hi there, this is Golden Speaker, right? ❷ Great. ❸ The speaker I purchased from you last week suddenly stopped working. ❹ It's just not turning on. ❺ And I've got friends coming over later this evening.
Step 2 첫 번째 제안하기 부정 반응	**요약** 전화로 알려주시면 제가 고칠 수 있나요? NO ❻ I was wondering… can we fix this over the phone? 제안 ❼ No? 상대방 말 ❽ A technician needs to come by? 상대방 말 ❾ Ah, that's unfortunate. 반응
Step 3 두 번째 제안하기 긍정 반응	**요약** 최대한 빨리 고치려면 어떻게 해야 하나요? 매장에 들고 오기 ❿ Then what are my options to get this fixed as soon as possible? 제안 ⓫ Oh, I can bring it to the store today and you'll fix it within an hour? 상대방 말 ⓬ That's perfect. 반응
Step 4 마무리	**요약** 도와주셔서 감사합니다. ⓭ I'll stop by in about 30 minutes. ⓮ Thanks so much for your help!

❶ 안녕하세요, 골든 스피커 맞죠? ❷ 좋습니다. ❸ 지난주에 여기서 산 스피커가 갑자기 고장이 났어요. ❹ 전원이 켜지지 않아요. ❺ 게다가 오늘 저녁에 제 친구들이 집에 오기로 했거든요. ❻ 혹시 전화로 알려주시면 고칠 수 있을까요? ❼ 안 된다고요? ❽ 기사님이 직접 와야 한다고요? ❾ 아, 그거 안타깝네요. ❿ 그렇다면 이걸 최대한 빨리 고치려면 어떤 방법이 있을까요? ⓫ 아, 오늘 매장에 가져가면 한 시간 안에 고쳐 주신다고요? ⓬ 너무 좋아요. ⓭ 그럼 제가 한 30분 후에 들르겠습니다. ⓮ 도와주셔서 정말 감사합니다!

핵심 표현 ❻ I was wondering… can we fix this **over the phone**?

over the phone은 '전화로'라는 뜻이에요.

ex I explained everything **over the phone**.
저는 모든 걸 전화로 설명했어요.

오픽 필수 영어 표현

IM ❸ turn on (전원이) 켜지다 ❹ get checked 점검받다, 검사받다 ❻ fully booked 예약이 꽉 찬 ❼ That's unfortunate 안타깝네요 ❾ technician 기술자, 수리 기사
IH ❸ purchase 구매하다 ❺ come over 집에 오다, 들르다, 방문하다

7 RP13 과거 경험

ch07-7.mp3

QUESTION

That's the end of the situation. Have you ever gone to a concert and faced an unexpected problem? What happened, and how did you deal with it? How did you feel about that experience?

이것으로 상황 종료입니다. 콘서트에 갔다가 예상치 못한 문제를 겪은 적이 있나요? 무슨 일이 있었고, 어떻게 대처했나요? 그 경험에 대해 어떻게 느꼈는지 말해 주세요.

IM ≫ 학생 답변

When I was in London, I went to see a musical. And and I find my seat, and I enjoyed musical.

But, the trouble… the situation is, was happened at that time. A middle of the musical, someone, in front of my seat, someone hide my sight. So, I couldn't see anything because I'm too small. But the other person is, so, it was so big.

So, I can't, I couldn't do anything because that is the public area. At that time, it was so difficult to me.

학생 답변 요약

런던에서 뮤지컬을 보러 갔다.
그런데 앞사람 때문에 시야가 가려져서 아무것도 볼 수 없었다.
공공 장소라 어쩔 수 없어서 많이 힘들었다.

IM ≫ 전략 답변

Step 1 MP 말하기	**요약** 런던에서 콘서트에 갔는데, 키 큰 사람이 앞에서 내 시야를 가려서 짜증났다. ❶ To keep it short, I once went to a concert in London, but one thing was very annoying. ❷ There was a tall guy in front of me that blocked my view!
Step 2 MP 관련 예시 말하기	**요약** 그 사람 잘못은 아니었지만 무대가 잘 안 보였고, 비싼 티켓이라 속상했다. ❸ To be honest, he didn't do anything wrong. ❹ But he was so tall that I couldn't see the stage clearly. ❺ The concert ticket was about 200 pounds, so it was upsetting. ❻ But there was nothing I could do about it.
Step 3 MP와 연결하며 마무리	**요약** 그래서 그게 런던에서의 예상치 못한 콘서트 경험이었다. ❼ So yeah, that was my unexpected concert experience in London.

❶ 간단히 말하면, 제가 런던에서 콘서트를 보러 간 적이 있는데 아주 짜증 나는 일이 하나 있었어요. ❷ 제 앞에 키 큰 사람이 있어서 제 시야를 가린 거예요! ❸ 사실 그는 잘못한 게 없었어요. ❹ 하지만 너무 키가 커서 무대를 제대로 볼 수 없었어요. ❺ 콘서트 티켓이 약 200파운드였기 때문에 속상했죠. ❻ 하지만 제가 할 수 있는 건 아무것도 없었어요. ❼ 그래서 그게 런던에서 제가 겪었던 예상치 못한 콘서트 경험이었어요.

---

 ❻ But there was nothing I could **do about it**.

do about it은 '문제를 어떻게 조치하다, 해결하다'라는 뜻이에요.

ex There's nothing we can **do about it**.
그건 우리가 어떻게 할 수 있는 게 아니에요.

학생 답변

Once there was a time I went to a live concert. But I was really disappointed because my seat was way too far from the main stage. So, I couldn't see my favorite singer. I only enjoyed the concert with a huge monitor.
But some people bought really expensive ticket for the concert. So, they could see their favorite singers and favorite rappers at a very, very close distance.
But my ticket was quite cheap because I was just a student. I didn't have enough money. So, I couldn't buy the premium tickets.
So, I couldn't meet my singer and it was just like watching a concert at my home with YouTube.
So, I thought I, you know, wasted my money. So, it was quite disappointed memory about live concert. So, I realized that money is really important for our life, for everything.

학생 답변 요약

콘서트에 갔는데 자리가 너무 멀어서 가수는 보지 못하고 모니터로만 봤다.
비싼 티켓을 산 사람들은 가까이에서 공연을 볼 수 있었다.
학생이라 돈이 없어서 싼 티켓만 살 수 있었고, 결국 유튜브로 보는 것과 다르지 않았다.
돈이 인생에서 정말 중요하다는 걸 깨달았다.

전략 답변

Step 1 MP 말하기	**요약** 여자 친구와 콘서트에 갔지만 좌석이 무대에서 너무 멀어 실망스러웠다. ❶ To keep it short, I once went to a live concert with my girlfriend, but it turned out to be a pretty disappointing experience. ❷ The main reason was that our seats were way too far from the stage.
Step 2 MP와 다른 예시 말하기	**요약** 공연 자체는 멋졌다. 가수들은 에너지가 넘쳤고 티켓도 반값이었다. ❸ Now, the concert itself was amazing. ❹ For example, the singers were full of energy. ❺ And also, the tickets were 50 percent off.

<table>
<tr>
<td rowspan="4">Step 3
MP로 돌아와
관련 예시 말하기</td>
<td>요약 하지만 꼭대기 좌석이라 화면으로만 봐야 했고, 돈이 아깝게 느껴졌다.</td>
</tr>
<tr><td>❻ But because our seats were in the nosebleeds, we had to watch the large screen the whole time.</td></tr>
<tr><td>❼ To be honest, it didn't feel much different from just watching a concert on YouTube.</td></tr>
<tr><td>❽ And so, even though we got a discount, I still felt like it was a bit of a waste of money.</td></tr>
<tr>
<td rowspan="3">Step 4
MP와 연결하며 마무리</td>
<td>요약 공연은 좋았지만 좌석 때문에 실망스러운 경험으로 남았다.</td>
</tr>
<tr><td>❾ So yeah, the performance itself was great.</td></tr>
<tr><td>❿ But I was really disappointed with how bad our seats were.</td></tr>
</table>

❶ 간단히 말하자면, 예전에 여자 친구랑 콘서트에 간 적이 있는데, 꽤 실망스러운 경험이었어요. ❷ 가장 큰 이유는 우리 좌석이 무대에서 너무 멀리 떨어져 있었기 때문이에요. ❸ 그렇지만, 공연 자체는 정말 멋졌어요. ❹ 예를 들면, 가수들이 에너지가 넘쳤어요. ❺ 게다가 티켓이 50% 할인된 가격이었죠. ❻ 그런데 우리 좌석이 꼭대기에 있어서, 공연 내내 큰 화면만 봐야 했어요. ❼ 솔직히 말하면, 그냥 유튜브로 콘서트를 보는 것과 별로 다르지 않게 느껴졌어요. ❽ 그래서 할인을 받긴 했지만, 여전히 돈이 조금 아깝다고 느꼈어요. ❾ 그러니까, 네, 공연 자체는 정말 좋았어요. ❿ 하지만 좌석이 너무 안 좋아서 정말 실망했어요.

핵심 표현 ❻ But because our seats were in the **nosebleeds**, we had to watch the large screen the whole time.

공연장에서 nosebleed seats는 무대와 아주 멀리 떨어진 '가장 높은 자리'라는 뜻이에요. '너무 높은 곳에 앉아 있으니까 공기가 희박해서 코피가 난다'는 농담에서 나온 표현이에요. 실제로 고산지대에 가면 코피가 나는 경우가 있잖아요? 그 이미지를 공연장 맨 위 좌석에 비유한 거예요.

ex We bought the cheapest tickets, so we sat in the **nosebleed** seats.
우리는 가장 싼 표를 사서, 맨 위 좌석에 앉았어요.

CHAPTER 07
Music

오픽 필수 영어 표현

(IM) ❷ block one's view 시야를 가리다 ❹ clearly 분명히, 선명하게 ❺ upsetting 속상한, 실망스러운 ❼ unexpected 예상치 못한

(IH) ❶ turn out to be 결국 ~로 드러나다, ~인 것으로 판명되다 ❷ far from ~에서 먼 ❹ full of energy 에너지가 넘치는 ❻ nosebleeds (=nosebleed seats) (공연장·경기장에서) 꼭대기 층, 무대에서 가장 먼 자리 ❽ a waste of money 돈 낭비

8 IHU14 사회 / 이슈

ch07-8.mp3

QUESTION

People enjoy different types of music for different reasons. What are two types of music that you think are quite different from each other? Why do you think people are drawn to one more than the other?

사람들은 여러 가지 이유로 서로 다른 음악을 즐깁니다. 서로 상당히 다르다고 생각하는 음악 장르 두 가지는 무엇인가요? 왜 사람들은 한쪽 음악에 더 끌린다고 생각하나요?

IH ≫ 학생 답변

Put simply, I think, introverted people love to listen to ballad or jazz. And some extroverted people love to listen to K-pop and hip-hop music.
Simply because, you know, K-pop and hip-hop is noisy and, you know, it gives people, it gives people positive, active, and you know, energetic vibe. And jazz and ballad music give people like, more calm and, you know, comfortable vibe, right? And that kinds of things are exactly what they need, I think.
Introverted people want to feel more comfortable and cozy, I mean, not noisy. But extroverted people, I think they want to feel more active and feel more energetic. So, that kinds of taste makes the differences from the people about the music.

학생 답변 요약

내향적인 사람은 발라드나 재즈를 좋아하고, 외향적인 사람은 케이팝이나 힙합을 좋아한다고 생각한다.
케이팝이나 힙합은 시끄럽고 에너지가 넘치고, 발라드나 재즈는 편안하고 차분한 분위기를 준다.
그래서 내향적인 사람은 편안함을, 외향적인 사람은 활발함을 원하기 때문에 음악 취향이 다르다고 본다.

Step 1 MP 말하기 (A, B)	요약 사람들이 서로 다른 이유로 발라드와 힙합을 좋아한다.
	❶ To keep it short, I think people love ballads and hip hop for different reasons.

Step 2 A를 자세히 설명	요약 발라드는 내성적인 사람들이 선호한다. 차분하고 의미 있는 가사가 매력적이다.
	❷ I feel that ballads, like soft rock or K-pop, are mostly favored by introverted people. ❸ They enjoy calm music with deep, meaningful lyrics. ❹ It's emotional music that helps them reflect on life. ❺ And I'd say I fall into this category myself.

Step 3 B를 자세히 설명	요약 힙합은 외향적인 사람들이 선호한다. 에너지 넘치고 긍정적인 기분을 준다.
	❻ On the other hand, hip hop is usually favored by more extroverted people. ❼ They like energetic music because they're often outgoing themselves. ❽ I think they prefer upbeat songs that help them stay positive.

Step 4 MP와 연결하며 마무리	요약 결국 발라드와 힙합을 좋아하는 이유는 다르지만, 모두가 사랑하는 장르다.
	❾ So yeah, that's why I believe ballads and hip hop are loved by many, but for very different reasons.

❶ 간단히 말하자면, 사람들은 발라드와 힙합을 서로 다른 이유로 좋아한다고 생각해요. ❷ 제 생각에 발라드 같은 음악, 예를 들어 소프트 록이나 케이팝은 주로 내성적인 사람들이 좋아하는 것 같아요. ❸ 그들은 깊이 있고 의미 있는 가사를 가진 차분한 음악을 즐겨요. ❹ 인생을 되돌아보는 데 도움이 되는 감성적인 음악이요. ❺ 그리고 사실 저도 이쪽에 속한다고 생각해요. ❻ 반면에, 힙합은 보통 더 외향적인 사람들이 좋아해요. ❼ 본인들이 에너지가 넘치기 때문에 음악도 그런 음악을 좋아하는 거죠. ❽ 그들은 기분을 좋게 유지시켜주는 신나는 노래를 선호한다고 생각해요. ❾ 그래서 네, 이 많은 사람들에게 사랑받지만, 발라드와 힙합 좋아하는 이유는 분명히 서로 다르다고 생각해요.

핵심 표현 ❷ I feel that ballads, like soft rock or K-pop, are mostly **favored by** introverted people.

be favored by ~는 '~에게 선호되다'라는 뜻이에요.

ex This product is **favored by** young people.
이 제품은 젊은 사람들에게 선호돼요.

오픽 필수 영어 표현

IH ❷ be mostly favored by 주로 ~에게 선호되다[사랑받다] ❹ reflect on life 인생을 되돌아보다 ❺ fall into a category 범주에 속하다 ❼ outgoing 사교적인, 외향적인 ❽ upbeat 신나는, 경쾌한

IHU15 사회 / 이슈

문제, 전략 답변

ch07-9.mp3

QUESTION

There have been news stories about music apps that pick songs automatically based on a person's mood. Have you seen or heard anything about this in the news? What do you think about these kinds of apps?

사람의 기분에 따라 자동으로 노래를 골라주는 음악 앱에 관한 뉴스가 있었습니다. 이와 관련된 뉴스를 본 적이나 들어 본 적이 있나요? 이런 종류의 앱에 대해 어떻게 생각하나요?

 **학생 답변**

Oh, recently I heard about the news. And the new said like, the music apps these days can pick some songs I might like.

And it's really amazing, right? AI system can choose a lot of songs I might like automatically. So, I don't have to, you know, search about the music anymore. It's fantastic.

Back in the days, whenever I find... whenever I wanted to find more songs, I mean, in a similar genre, I had to find by myself.

It took a lot of time and took a lot of energy. And it's really hard to, you know, find songs in a similar, similar genre.

But these days, AI can, you know, pick some songs I might like or the similar types of songs with what I'm listening to right now. So, it's really amazing and convenient. So, I'm so thankful for someone who invents the AI system.

학생 답변 요약

최근 음악 앱이 내가 좋아할 만한 노래를 AI로 추천해 준다는 뉴스를 들었다.
예전에는 비슷한 장르의 노래를 찾으려면 혼자 힘들게 찾아야 해서 시간과 에너지가 많이 들었다.
요즘은 AI가 자동으로 추천해 주니 너무 편리하고, 이 시스템을 만든 사람에게 감사하다.

전략 답변

Step 1 MP 말하기	**요약** 최근에 유튜브에서 기분에 따라 노래를 재생해 주는 음악 앱 관련 뉴스 영상을 봤다. 흥미로웠다. ❶ To keep it short, I recently watched something interesting on YouTube. ❷ It was a news clip about music apps that play songs based on a person's mood.
Step 2 MP와 다른 예시 말하기	**요약** 과거에는 음악 앱이 방대한 곡을 제공하거나 장르별로 나눠 검색을 쉽게 해줬다. ❸ Now, the clip shared some interesting statistics. ❹ For example, in the past, most music apps focused on having a huge library of songs for listeners to choose from. ❺ They also tried to make it easier to search for songs by categorizing them into genres.
Step 3 MP로 돌아와 관련 예시 말하기	**요약** 하지만 사람들은 기분을 선택해 앱이 알아서 플레이리스트를 만들어주는 방식을 더 선호한다. ❻ But it turns out that people often prefer to listen to music based on how they feel. ❼ In many cases, they don't want to search for songs at all. ❽ Instead, they like the option to indicate their mood and have the app create a playlist for them. ❾ And personally, I like this feature as well.
Step 4 MP와 연결하며 마무리	**요약** 이게 음악 앱이 하는 일에 관한 뉴스 클립에서 본 내용이다. ❿ So yeah, that's what I remember from that news clip about what music apps are doing these days.

❶ 간단히 말하자면, 최근에 유튜브에서 흥미로운 걸 봤어요. ❷ 사람의 기분에 따라 노래를 재생해 주는 음악 앱에 관한 뉴스 영상이었어요. ❸ 그런데 그 영상에서 흥미로운 통계를 공유했어요. ❹ 예를 들면, 예전에는 대부분의 음악 앱이 이용자들이 선택할 수 있도록 방대한 음악 라이브러리를 갖추는 데 집중했어요. ❺ 또, 장르별로 분류해서 노래를 더 쉽게 검색할 수 있게 하려고 했죠. ❻ 하지만 사람들은 보통 기분에 따라 음악을 듣는 걸 더 선호한다는 게 밝혀졌어요. ❼ 많은 경우, 노래 검색 자체를 하고 싶어 하지 않아요. ❽ 대신, 자신의 기분을 표시하면 앱이 알아서 플레이리스트를 만들어주는 걸 좋아하죠. ❾ 그리고 개인적으로 저도 이 기능을 좋아해요. ❿ 그래서 네, 이게 요즘 음악 앱이 하는 일에 대해 그 뉴스 영상에서 기억나는 내용이에요.

핵심 표현 ❹ For example, in the past, most music apps focused on having a huge **library** of songs for listeners to choose from.

library는 '도서관'이라는 뜻도 있지만, 여기서는 '모음집, 자료실'이라는 뜻이에요. library of songs는 '노래 모음집'이라고 자연스럽게 해석할 수 있어요.

ex The app has a huge **library** of movies.
그 앱에는 방대한 영화 모음집이 있어요.

오픽 필수 영어 표현

IH ❸ statistics 통계 ❹ a huge library of songs 방대한 노래 모음집, 아주 많은 노래 컬렉션 ❺ categorize into ~으로 분류하다 ❼ in many cases 많은 경우에 ❽ indicate 나타내다, 표시하다, 보여주다

Overseas Travel(해외여행) 질문 한눈에 보기

❶ Description 묘사	Where do people in your country go to when they travel abroad? Why do they like visiting those locations? What is special about those countries they visit?
❷ Habit 습관	What activities do you enjoy when you travel overseas? Talk about the kinds of things you like to do when you're on vacation in another country.
❸ Past Experience 과거 경험	Think about another country that you visited when you were young. Describe what that country was like with lots of details. What were your impressions there?
❹ Comparison 비교	You indicated in the survey that you like to travel abroad. Did you like to travel alone in the past? If so, do you still prefer traveling alone these days?
❺ RP11 롤플레이	I'd like to give you a situation to act it out. You're planning an overseas trip and want to find out more about your options. Call a travel agency and ask three or four questions to get the information you need.
❻ RP12 롤플레이	I'm sorry, but there's a problem I need you to resolve. You've arrived in another country, but your luggage didn't come off the plane. Talk to the airline staff, explain the situation, and suggest two or three ways they might be able to help.
❼ RP13 과거 경험	That's the end of the situation. Can you now tell me about a time during one of your vacations when something went wrong? Explain what the problem was and how you handled it. Start by telling me where you were and who you were with, then describe everything that happened.
❽ IHU14 사회 / 이슈	People travel overseas for many different reasons. What are some common reasons people go abroad? Why do you think these kinds of trips are meaningful or important?
❾ IHU15 사회 / 이슈	Recently, there have been news reports about stricter visa rules in some countries for international travelers. Have you seen or heard anything about this in the news? What are your thoughts on how visa or entry issues can affect people's travel plans?

1 Description 묘사

QUESTION

ch08-1.mp3

Where do people in your country go to when they travel abroad? Why do they like visiting those locations? What is special about those countries they visit?

당신 나라의 사람들은 해외여행을 갈 때 주로 어디로 가나요? 왜 그곳들을 방문하는 걸 좋아하나요? 그들이 방문하는 나라에는 어떤 특별한 점이 있나요?

IM ▷ 학생 답변

Many Koreans like go to Japan. I think the distance is very close from Korea. Just plane, by plane 2 or 3 hours, right?
And then, ramen, like a… this food is very yummy, right? So, if you want to go to Japan, you have to try some ramen.

학생 답변 요약

한국 사람들이 일본을 좋아하는 이유는 거리가 가깝기 때문이라고 생각한다.
또 일본 라멘이 맛있어서 좋아한다. 그래서 일본에 간다면 꼭 라멘을 먹어야 한다.

IM ▷ 전략 답변

Step 1 MP 말하기	요약 한국인들에게 일본이 인기 있는 여행지다. 라멘 같은 맛있는 음식이 주된 이유라고 생각한다. ❶ To keep it short, Japan is a very popular country for travel among Koreans. ❷ I think it's mainly because of the delicious food like Japanese ramen.
Step 2 MP 관련 예시 말하기	요약 일본은 한국에서 가깝고, 라멘이 세계적으로 유명해 한국인들도 좋아한다. ❸ To be honest, Japan is very close, like only about 2 to 3 hours away by plane from Korea. ❹ But even if it were far, I think many Koreans would still visit often. ❺ Japanese ramen is famous worldwide, and Koreans really love it. ❻ I think I could probably eat it for almost every meal.
Step 3 MP와 연결하며 마무리	요약 그래서 한국인들이 일본에 가는 걸 좋아한다고 생각한다. ❼ So yeah, that's why I think Koreans love going to Japan.

❶ 간단히 말하면, 일본은 한국인들에게 아주 인기 있는 여행지예요. ❷ 주로 일본 라멘 같은 맛있는 음식 때문이라고 생각해요. ❸ 솔직히 일본은 한국에서 비행기로 2∼3시간밖에 걸리지 않아 아주 가까워요. ❹ 하지만 멀었더라도 많은 한국인들이 자주 방문했을 거라고 생각해요. ❺ 일본 라멘은 전 세계적으로 유명하고, 한국인들이 정말 좋아해요. ❻ 저도 아마 매 끼니마다 먹을 수 있을 것 같아요. ❼ 그래서 한국인들이 일본에 가는 걸 좋아한다고 생각해요.

---

 ❹ But **even if it were** far, I think many Koreans would still visit often.

여기서 even if it were는 사실이 아닌 상황을 가정하는 표현이에요. 실제로는 가깝지만 '만약 멀다고 하더라도'라는 가정법으로 표현했어요. 현재 사실과 다른 상황을 가정할 때는 「if + 주어 + was/were」를 써요.

ex **Even if it were** raining, I would still go.
비가 온다고 해도, 저는 여전히 갈 거예요.

학생 답변

These days, I think a lot of people go to Japan when they travel abroad. And I think the main reason is the distance. It's really close from the airport. And it's even closer than the distance from the airport to the capital city of Korea. It's really crazy, right?

So, if people plan the trip to Japan, they need only 2 days, I mean, 2 nights, 3 days. It means they can go to Japan for traveling during the weekends. If they go to Japan on Friday, they can come back to Korea by Sunday. They have 3 days, and it's enough time to enjoy the Japan because they don't have to waste their time on the flight. It's really amazing.

I also, you know, sometimes go to Japan during the weekends. Distance… So, I realized that distance is how important for the traveling.

요즘 많은 사람들이 일본 여행을 가는데, 가장 큰 이유는 거리가 가깝기 때문이라고 생각한다.
주말만으로도 2박 3일 여행이 가능하고, 비행시간에 시간을 낭비하지 않아도 된다.
나도 가끔 주말에 일본에 가는데, 여행에서 거리가 정말 중요하다는 걸 느꼈다.

전략 답변

Step 1 MP 말하기	요약 요즘 많은 한국인들은 해외여행 갈 때 일본을 간다. 가까워서 편하기 때문이다. ❶ To keep it short, these days, I think a lot of Koreans enjoy visiting Japan when they travel abroad. ❷ And the main reason is its close distance to Korea.
Step 2 MP와 다른 예시 말하기	요약 하지만 단점도 있다. 표를 구하기 어렵고 특히 휴일에는 비싸다. ❸ Now, there are some downsides. ❹ For example, it's not easy to get tickets since many people try to book them at the same time. ❺ It's also quite expensive, especially during holidays.
Step 3 MP로 돌아와 관련 예시 말하기	요약 그래도 일본은 인기다. 가까워서 주말에 즉흥적으로 다녀올 수 있다. ❻ But aside from that, people love going to Japan. ❼ I also enjoy traveling there since it takes less than 3 hours by plane. ❽ That means I can book a ticket on a Friday and be back by Sunday pretty often. ❾ And so, trips like this can even be planned on a random weekend whenever I feel like it.
Step 4 MP와 연결하며 마무리	요약 그래서 한국인들이 해외여행 갈 때 일본을 선호한다고 생각한다. ❿ So yeah, that's mainly why I think Koreans prefer visiting Japan when they travel abroad.

❶ 간단히 말해서, 요즘 한국인들은 해외여행을 갈 때 일본을 많이 찾는다고 생각해요. ❷ 그리고 가장 큰 이유는 한국에서 가깝기 때문이에요. ❸ 물론 단점도 있어요. ❹ 예를 들면, 많은 사람들이 동시에 예매하려고 하다 보니 표를 구하기가 쉽지 않아요. ❺ 또, 특히 휴일에는 꽤 비싸기도 하고요. ❻ 그래도 그런 점들을 제외하면, 사람들은 일본 여행을 정말 좋아해요. ❼ 저도 일본 여행을 즐겨요. 비행기로 3시간도 안 걸리거든요. ❽ 즉, 금요일에 표를 예매해서 일요일까지 다녀올 수도 있다는 뜻이죠. 꽤 자주요. ❾ 그래서 이런 여행은 주말에 갑자기 떠나고 싶을 때 쉽게 계획할 수 있어요. ❿ 그래서, 네, 한국인들이 해외여행을 갈 때 일본을 선호하는 주된 이유가 바로 이거라고 생각해요.

핵심 표현 ❷ And the main reason is **its close distance** to Korea.

여기서 its close distance처럼 「형용사 + 명사」 형태로 표현하면 훨씬 자연스러워요. because it is close to Korea라고 해도 되지만, 명사형 표현을 쓰면 문장이 간결해지고 정돈된 느낌이 나요.

ex The main reason is **its high price**.
주된 이유는 그것의 높은 가격이에요.

❸ Now, there are some **downsides**.

downside는 '단점, 불리한 점'이라는 뜻이에요.

ex The only **downside** is the price.
유일한 단점은 가격이에요.

오픽 필수 영어 표현

(IM) ❶ among ~ 사이에서 ❹ still 아직도, 여전히 ❺ worldwide 전 세계적으로

(IH) ❶ abroad 해외에, 외국에 ❷ distance 거리, 간격 ❸ downside 단점, 부정적인 면 ❻ aside from ~을 제외하고, ~ 외에는

2. Habit 습관

ch08-2.mp3

QUESTION

What activities do you enjoy when you travel overseas? Talk about the kinds of things you like to do when you're on vacation in another country.

해외여행을 갈 때 어떤 활동을 즐기나요? 다른 나라에서 휴가를 보낼 때 좋아하는 일들에 대해 말해주세요.

IM ▶ 학생 답변

Whenever I go to visit another country like a travel… I'm used to feel just like a local atmosphere.

Just walking the street… stay in the café and take some breakfast, take some breakfast, like, like a just local people. For me, it's like a very chill. It was like a very chill.

So whatever, I didn't do that, I didn't do anything, I think it depends on people, right? So for me, I just wanted to feel their life and their, and their atmosphere.

학생 답변 요약

해외여행을 가면 현지 분위기를 느끼고 싶다.
길을 걷거나 카페에 머물며 아침을 먹는 것만으로도 편안하다.
특별한 걸 하지 않아도 사람들의 삶과 분위기를 느끼고 싶다.

IM ▶ 전략 답변

Step 1 MP 말하기 (행동 중심)	[요약] 해외여행을 가면 많이 먹는 편이다.
	❶ To keep it short, whenever I travel to another country, I tend to eat a lot.
Step 2 MP 관련 예시 말하기	[요약] 여행 중에는 다이어트를 신경 쓰지 않는다. 많이 주문하고 사진을 찍고 배부를 때까지 먹는다.
	❷ To be honest, I love trying different foods from different cultures. ❸ And so, when I'm traveling, I don't think about dieting. ❹ I actually do the exact opposite. ❺ I usually order a lot, take pictures, and eat until I'm super full. ❻ It's always enjoyable for me.
Step 3 MP와 연결하며 마무리	[요약] 그래서 그게 내가 여행할 때 보통 하는 일이다.
	❼ So yeah, that's what I usually do when I travel.

❶ 간단히 말하면, 저는 다른 나라로 여행을 가면 보통 많이 먹는 편이에요. ❷ 솔직히 저는 다양한 문화의 여러 음식을 맛보는 걸 좋아해요. ❸ 그래서 여행할 때는 다이어트는 신경 쓰지 않아요. ❹ 오히려 정반대로 행동하죠. ❺ 보통 음식을 많이 주문하고, 사진도 찍고, 배가 부를 때까지 먹어요. ❻ 그건 항상 저에게 즐거운 일이에요. ❼ 그래서 그게 제가 여행할 때 보통 하는 일이에요.

---

 ❹ I actually **do the exact opposite.**

'정확히 반대로 하다'라는 뜻이에요. 그냥 I do the opposite라고 해도 되지만, the exact opposite라고 하면 강조가 돼요.

[ex] He **did the exact opposite** of what I told him.
그는 내가 말한 것과 정확히 반대로 했어요.

학생 답변

What I always do and what I always enjoy in the other countries, I mean, when I travel abroad, is trying their local food.
I really love it because I believe the local food has their culture and it reflects their lifestyle. So, what I always do, right after I arrive in other countries, is going to a traditional market and try to… the local food.
Also, not only for the culture and the lifestyle, the traditional, I mean, the local food is made with their local spice, right? So, I can feel the whole different taste of the food from the food I usually eat in my country. So, I love that.
I love trying new things and know about the country I'm traveling. So, that's pretty much about I do and I enjoy in other countries when I travel abroad.

해외여행을 가면 항상 현지 음식을 먹는다.
현지 음식은 그 나라의 문화와 생활을 보여주기 때문이다.
또한 현지 향신료로 만들어져서 내 나라 음식과는 완전히 다른 맛을 느낄 수 있다.
그래서 새로운 걸 경험하고 그 나라를 알아가는 게 즐겁다.

전략 답변

Step 1 MP 말하기 (행동 중심 – 현재)	요약 해외에 가면 항상 현지 음식을 먹어본다. ❶ To keep it short, what I always do when I visit another country is try their local food.
Step 2 빠른 비교 전략 (MP와 반대 내용 – 과거)	요약 예전에는 관심이 없어 한국 음식만 먹고 관광지만 돌아다녔다. ❷ In the past, I was never really interested in that. ❸ I mostly stuck to Korean food. ❹ And so, instead of exploring local cuisine, I spent my time at popular tourist spots.

<table>
<tr><td rowspan="2">Step 3
MP로 돌아와
관련 예시 말하기
(현재)</td><td>요약 요즘은 식당, 길거리 음식, 전통 시장을 다니며 새로운 음식을 즐기고, 마음에 들면 한국에 와서 비슷한 음식을 찾는다.</td></tr>
<tr><td>❺ But these days, my mindset has changed.
❻ I enjoy visiting different restaurants, trying street food, and even exploring traditional food markets.
❼ And when I do this, I often discover new dishes that I really like.
❽ It's so satisfying to find something new abroad and then look for something similar once I'm back in Korea.</td></tr>
<tr><td>Step 4
MP와 연결하며 마무리</td><td>요약 그래서 나는 해외여행을 가면 보통 이렇게 한다.
❾ So yeah, that's what I usually do when I travel overseas.</td></tr>
</table>

❶ 간단히 말해서, 제가 다른 나라에 가면 꼭 하는 일은 그 나라의 현지 음식을 먹어보는 거예요. ❷ 예전에는 사실 그런 것에 별로 관심이 없었어요. ❸ 주로 한국 음식만 먹었죠. ❹ 그래서 현지 음식을 탐험하기보다는 유명한 관광지에서 시간을 보냈어요. ❺ 하지만 요즘은 생각이 달라졌어요. ❻ 여러 레스토랑에 가고, 길거리 음식도 먹어보고, 전통 시장을 둘러보는 걸 즐겨요. ❼ 그러다 보면 제가 정말 좋아하는 새로운 음식을 발견할 때가 많아요. ❽ 해외에서 새로운 음식을 발견하고, 한국에 돌아와서 비슷한 음식을 찾아보는 과정이 정말 만족스러워요. ❾ 그래서, 네, 보통 해외여행을 가면 제가 하는 일은 바로 이런 거예요.

핵심 표현 ❹ And so, instead of exploring local **cuisine**, I spent my time at popular tourist spots.

food는 일반적으로 '음식'이라는 뜻이고, cuisine은 특정 나라, 지역, 문화의 '요리'라는 뜻으로 좀 더 격식 있고 전문적인 표현이에요.

ex Italian **cuisine** is famous worldwide.
이탈리아 요리는 전 세계적으로 유명해요.

❺ But these days, my **mindset** has changed.

mindset은 '사고방식, 마음가짐'이라는 뜻으로 조금 더 정리된 사고방식을 강조할 때 자주 써요.

ex His **mindset** is very different from mine.
그의 사고방식은 저와 많이 달라요.

(IM) ❶ tend to ~하는 경향이 있다 ❹ the exact opposite 정반대 ❺ super full 매우 배부른
(IH) ❶ local food 현지 음식 ❸ stuck to ~만 고수했다, ~에만 매달렸다 ❹ cuisine 요리, 음식 문화 ❺ mindset 사고방식, 마음가짐 ❻ street food 길거리 음식 ❼ dish 요리, 음식 한 접시

3 Past Experience 과거 경험

QUESTION

Think about another country that you visited when you were young. Describe what that country was like with lots of details. What were your impressions there?

어렸을 때 방문했던 다른 나라에 대해 생각해 보세요. 그 나라가 어떤 곳이었는지 자세히 설명해 주세요. 그곳의 인상은 어땠나요?

 **학생 답변**

I just wanted to tell you when I was in Switzerland with my sister. At that time, go to far from Korea, that is the first time.
And then, I gathered, before I gathered a lot of money because of the travel. And then, I enjoyed travel with my sisters. I was so happy because that is the, that was my first dream. And I enjoyed activities… I enjoyed all of their food.
So, that memories I cannot forget.

학생 답변 요약

언니와 스위스에 간 적이 있는데, 한국에서 멀리 간 건 처음이었다.
그 여행을 위해 돈을 많이 모았다. 언니와 함께 여행하며 활동도 하고 음식도 즐겨서 정말 행복했다.
그래서 그 추억은 절대 잊을 수 없다.

 **전략 답변**

Step 1 MP 말하기	요약 고등학교 졸업 후 언니와 스위스에 갔다. 자연이 정말 아름다워서 놀라웠다. ❶ To keep it short, I once went to Switzerland with my older sister right after I graduated high school. ❷ And it was amazing because the nature there was so beautiful.
Step 2 MP 관련 예시 말하기	요약 첫 해외여행이었고, 언니와 많이 탐험하며 산 정상에도 올라갔다. ❸ To be honest, it was my first time traveling overseas. ❹ My sister and I explored as much as we could. ❺ And the mountains were breathtaking. ❻ We even went to the top of one of them, and it felt like a dream!
Step 3 MP와 연결하며 마무리	요약 그래서 그게 어릴 때 가장 좋아했던 여행 경험 중 하나였다. ❼ So yeah, that was one of my favorite travel experiences when I was younger.

❶ 간단히 말하면, 저는 고등학교를 졸업하자마자 언니와 함께 스위스에 간 적이 있어요. ❷ 그곳의 자연이 너무 아름다워서 정말 놀라웠어요. ❸ 사실 그때가 저의 첫 해외여행이었어요. ❹ 언니와 저는 가능한 한 많이 돌아다니며 탐험했어요. ❺ 산들이 정말 숨 막히게 아름다웠죠. ❻ 심지어 산 정상까지 올라갔는데, 꿈만 같았어요! ❼ 그래서 그게 제가 어렸을 때 가장 좋아했던 여행 경험 중 하나였습니다.

❶ To keep it short, I once went to Switzerland with my older sister **right after** I graduated high school.

right after는 '~하자마자'라는 뜻으로 단순히 after만 쓰는 것보다 더 즉각적인 느낌을 줘요.

ex I went to bed **right after** dinner.
저는 저녁을 먹자마자 잠자리에 들었어요.

학생 답변

I went to Japan when I was a child. And it was really fantastic.
Because, you know, the Japanese foods were exactly the same with what I imagined before, from the Japanese animation. You know what? I really love watching Japanese animation. And in that animation, the character ate the Japanese ramyeon and it looked really tasty. So, I always, you know, hoped to eat Japanese ramen in Japan someday.
So, I finally went to Japan alone. I tried the ramen there. And it was really tasty. The taste was exactly the same with what I imagined.
So, I couldn't forget the taste until to these days. So, the travel was still I remember. And I think I will not forget about that moment and that taste forever.

어렸을 때 일본에 갔는데 정말 환상적이었다.
일본 음식이 내가 애니메이션에서 상상했던 모습과 똑같았다.
혼자 일본에 가서 라멘을 먹었는데, 상상했던 맛 그대로여서 정말 맛있었다.
그래서 그 순간과 그 맛을 지금까지도 잊을 수 없다.

전략 답변

Step 1 MP 말하기	요약 어렸을 때 가족과 일본에 갔다. 그때 처음 일본 라멘을 먹었는데 정말 맛있었다. ❶ To keep it short, I went to Japan with my family when I was a child, and that's when I tried Japanese ramen for the first time. ❷ It was absolutely fantastic!
Step 2 MP와 다른 예시 말하기	요약 라멘을 먹기 전에도 좋았다. 사람들이 예의 바르고 만화 가게 방문도 즐거웠다. ❸ Now, before we even went to that restaurant, we were already loving other things about Japan. ❹ For example, everyone was incredibly polite. ❺ Even though I was just in elementary school, people treated me with such respect. ❻ I also enjoyed visiting comic stores because I loved watching Japanese anime.

Step 3 MP로 돌아와 관련 예시 말하기	요약 하지만 가장 인상 깊었던 건 라멘이었다. 애니메이션에서 보던 걸 실제로 먹으니 믿을 수 없을 만큼 맛있었다. ❼ But my favorite experience was definitely trying ramen. ❽ I first saw it in an anime series, and I had always wanted to try it. ❾ And when I finally took my first bite, I couldn't believe how delicious it was. ❿ I still remember the taste so clearly.
Step 4 MP와 연결하며 마무리	요약 그 맛을 아직도 기억한다. 어린 시절 가장 기억에 남는 여행 경험 중 하나였다. ⓫ So yeah, that was honestly one of my most memorable travel experiences as a child.

❶ 간단히 말해서, 어렸을 때 가족과 함께 일본에 갔었는데, 그때 처음으로 일본 라멘을 먹어봤어요. ❷ 정말 환상적이었어요! ❸ 사실, 그 식당에 가기 전부터, 일본의 다른 것들을 이미 즐기고 있었어요. ❹ 예를 들면, 모든 사람들이 엄청나게 예의 바르더군요. ❺ 저는 그때 초등학생이었는데도, 사람들이 저를 정말 존중해 줬어요. ❻ 또 일본 만화를 좋아해서 만화 가게를 방문한 것도 정말 즐거웠어요. ❼ 하지만 제가 가장 좋아했던 경험은 확실히 라멘을 먹어본 거였어요. ❽ 그걸 처음 본 건 애니메이션에서였는데, 언젠가 일본에서 직접 먹어보고 싶다고 항상 생각했거든요. ❾ 그래서 드디어 첫 입을 먹었을 때, 너무 맛있어서 믿을 수가 없었어요. ❿ 지금도 그 맛이 아주 선명하게 기억나요. ⓫ 그래서 네, 솔직히 그게 제가 어렸을 때 했던 여행 중에서 정말 잊을 수 없는 경험이었어요.

핵심 표현 ❺ Even though I was just in elementary school, people **treated** me **with** such respect.

「treat + 사람 + with + 태도/감정」은 '~에게 ~하게 대하다'라는 뜻이에요.

ex They **treated** me **with** kindness.
그들은 저를 친절하게 대했어요.

❿ I still remember the taste so **clearly**.

I still remember the taste.에서 문장을 끝낼 수도 있지만, clearly를 붙이면 '아주 선명하게, 똑똑히'라는 강조가 돼서 훨씬 풍부하게 들려요.

ex I remember the day **clearly**.
저는 그날을 선명하게 기억해요.

CHAPTER 08
Overseas Travel

오픽 필수 영어 표현

(IM) ❶ right after ~하자마자, 바로 직후에 ❸ overseas 해외로, 해외에 ❺ breathtaking 숨이 멎을 정도로 아름다운 ❻ felt like a dream 꿈같이 느껴졌다

(IH) ❹ incredibly polite 믿을 수 없을 정도로 예의 바른 ❺ treat 대우하다 ❺ with such respect 큰 존중심을 가지고 ❻ anime 일본 애니메이션 ❿ clearly 분명히, 똑똑히, 확실히

4 Comparison 비교

ch08-4.mp3

QUESTION

You indicated in the survey that you like to travel abroad. Did you like to travel alone in the past? If so, do you still prefer traveling alone these days?

설문조사에서 해외여행을 좋아한다고 하셨습니다. 과거에는 혼자 여행하는 것을 좋아했나요? 요즘도 여전히 혼자 여행하는 것을 선호하나요?

 학생 답변

When I was in London, that is the first time that I traveled alone. First time, I was so scared because that is the first time. And it's very far from Korea. So, I was so scared, but the fear very, the fear disappeared very soon.
And finally, I prefer to travel, go, go to travel alone right now. I don't know why. If I go to somewhere alone, I can feel only by my myself. So, I think it's better for me.

학생 답변 요약

런던에 갔을 때가 처음 혼자 여행한 경험이었다. 처음에는 너무 무섭고 한국에서 멀리 와서 두려웠지만, 곧 사라졌다. 그 이후로는 혼자 여행하는 걸 더 좋아하게 되었다. 혼자 가면 나만 느낄 수 있어서 나에게 더 맞는 것 같다.

 전략 답변

Step 1 MP 말하기 (현재)	요약 요즘은 언니와 함께 여행하는 걸 좋아한다. 혼자보다 안전해서 마음이 편하다. ❶ To keep it short, I like traveling with others, especially my older sister. ❷ I feel a lot safer that way.
Step 2 MP와 반대 내용 말하기 (과거)	요약 예전에 혼자 런던에 갔었다. 즐겁기보다 무서웠다. ❸ In the past, I traveled alone to London. ❹ And honestly, it was more scary than fun.
Step 3 MP로 돌아와 관련 예시 말하기 (현재)	요약 지금은 언니와 함께 여행해서 안전 걱정 없이 편하게 여행을 즐길 수 있다. ❺ But these days, when I travel with my sister, I never have to worry about safety. ❻ I can just relax and enjoy the trip.
Step 4 MP와 연결하며 마무리	요약 그래서 이제 혼자 여행하지 않는다. ❼ So yeah, that's why I don't travel alone anymore.

❶ 간단히 말하면, 저는 다른 사람과, 특히 언니와 함께 여행하는 것을 좋아해요. ❷ 그게 훨씬 더 안전하다고 느끼거든요. ❸ 예전에 혼자 런던에 여행 간 적이 있어요. ❹ 그런데 솔직히 즐겁다기보다 무서웠어요. ❺ 하지만 요즘은 언니와 함께 여행하면 안전에 대해 전혀 걱정할 필요가 없어요. ❻ 그냥 편하게 여행을 즐길 수 있죠. ❼ 그래서 네, 그게 바로 제가 이제 혼자 여행하지 않는 이유예요.

---

 ❹ And honestly, it was **more** scary **than** fun.

more A than B는 'B라기보다는 A'라는 뜻의 비교 표현이에요.

ex The trip was **more** tiring **than** exciting.
그 여행은 신났다기보다는 피곤했어요.

학생 답변

I think I prefer traveling alone these days rather than traveling with my friends. Because, you know, traveling alone is more convenient and I can go everywhere whenever I want. I really love it.

But, you know, back in the days, I preferred traveling somewhere with my friends. Even though it's quite fun because I had great time with my friends. But there were a lot of things we had to, you know, think about together. And some things we had same opinion but for some things we had different opinion. So, it took a lot of energy to adjust our opinion for the destination and foods for dinner, and you know, driving or riding the bike.

But I tried to travel alone to Japan. It was really convenient. I could eat whatever I want. And I could go somewhere whenever I want. So, I didn't waste my time to adjusting for a destination, and you know, the foods with my friends.

So, after that days, I prefer traveling alone.

학생 답변 요약

요즘은 친구들과 함께 여행하는 것보다 혼자 여행하는 걸 더 좋아한다.
예전에는 친구들과 같이 여행하는 걸 선호했지만, 의견을 맞추는 데 에너지가 많이 들었다.
혼자 일본에 갔을 때는 내가 원하는 대로 먹고 가고 싶은 데로 가서 훨씬 편했다.
그 경험 이후로 혼자 여행하는 걸 더 선호하게 되었다.

전략 답변

Step 1 MP 말하기 (현재)	요약 요즘은 혼자 여행하는 걸 더 좋아한다. 훨씬 편하기 때문이다. ❶ To keep it short, I think I enjoy traveling alone these days because it's more convenient.
Step 2 MP와 반대 내용 말하기 (과거)	요약 예전에는 친구들과 함께 여행했다. 하고 싶은 게 달라 결정하기 어려웠고 타협이 필요했다. ❷ In the past, I definitely preferred traveling with friends. ❸ It was fun, but sometimes we wanted to do different things. ❹ That's when it became difficult to make decisions. ❺ And I remember having to make some compromises from time to time.

<table>
<tr>
<td rowspan="5">Step 3
MP로 돌아와
관련 예시 말하기
(현재)</td>
<td>요약 요즘은 혼자 여행을 한다. 원하는 걸 자유롭게 선택할 수 있어 더 만족스럽다.</td>
</tr>
<tr><td>❻ But these days, when I travel alone, I can make any decision I want.</td></tr>
<tr><td>❼ And so, if I want to go to an expensive restaurant, I can.</td></tr>
<tr><td>❽ If I want to just relax in my hotel, I will.</td></tr>
<tr><td>❾ I really love that freedom.</td></tr>
<tr>
<td rowspan="2">Step 4
MP와 연결하며 마무리</td>
<td>요약 그래서 요즘은 혼자 여행을 선호한다.</td>
</tr>
<tr><td>❿ So yeah, that's the main reason why I enjoy traveling alone.</td></tr>
</table>

❶ 간단히 말해서, 요즘 저는 혼자 여행하는 걸 좋아하는 것 같아요. 훨씬 편하거든요. ❷ 예전에는 확실히 친구들과 함께 여행하는 걸 더 좋아했어요. ❸ 재미있긴 했지만, 가끔은 서로 하고 싶은 게 달랐어요. ❹ 그럴 때 결정을 내리기가 어려웠죠. ❺ 가끔씩 서로 타협해야 했던 기억이 나요. ❻ 그런데 요즘은 혼자 여행을 가면 제가 원하는 모든 걸 스스로 결정할 수 있어요. ❼ 그래서 만약 비싼 레스토랑에 가고 싶으면 갈 수 있어요. ❽ 그냥 호텔에서 쉬고 싶으면 그렇게 하고요. ❾ 그런 자유로움이 정말 좋아요. ❿ 그래서 네, 그게 제가 혼자 여행하는 걸 좋아하는 주된 이유예요.

핵심 표현 ❺ And I remember having to **make** some **compromises** from time to time.

make compromises는 '타협을 하다'라는 뜻의 표현이에요.

ex We often **make compromises** at work.
우리는 직장에서 종종 타협을 해요.

5 RP11 롤플레이

ch08-5.mp3

QUESTION

I'd like to give you a situation to act it out. You're planning an overseas trip and want to find out more about your options. Call a travel agency and ask three or four questions to get the information you need.

상황을 드릴 테니 연기를 해주세요. 해외여행을 계획하고 있는데 더 많은 정보를 알고 싶습니다. 여행사에 전화해서 서너 가지 질문을 하여 필요한 정보를 얻으세요.

IM 》 학생 답변

Hi, how are you? I just wondering, I wanted to make a plan go to travel to German. So, can I ask you something? Okay.
And, if I go there, do I have to need something or passport or some informations?
And then, do you guys have any activities?

학생 답변 요약

독일 여행 계획을 세우고 싶은데요.
여행에 필요한 여권이나 정보가 있나요?
독일에서 할 수 있는 액티비티가 있나요?

IM 》 전략 답변

Step 1 간단한 상황 설명	**요약** 독일에 가려고 하는데 질문이 있어요. ❶ Hi there, is this XYZ Travel? ❷ Great. I'm interested in going to Germany, and I have a few questions.
Step 2 첫 번째 질문하기 긍정 반응	**요약** 할인 패키지가 있나요? YES ❸ I'm wondering… do you have any discount packages? 질문 ❹ Oh really? 반응 ❺ A 50 percent discount if I buy this month? 상대방 말 ❻ That's great. 반응
Step 3 두 번째 질문하기 긍정 반응	**요약** 할인된 가격이 얼마인가요? 1000달러 ❼ How much is it with the discount? 질문 ❽ Oh, 1000 dollars for 7 nights? 상대방 말 ❾ It includes the plane ticket and hotel? 상대방 말 ❿ That's amazing! 반응

<table>
<tr><td rowspan="3">Step 4
마무리</td><td>요약 도와주셔서 감사합니다.</td></tr>
<tr><td>⑪ OK, I'll take it.</td></tr>
<tr><td>⑫ Thanks a lot for your help.</td></tr>
</table>

❶ 안녕하세요, 거기 XYZ 여행사 맞죠? ❷ 좋아요, 독일에 가고 싶은데 몇 가지 질문이 있어서요. ❸ 혹시 할인 패키지가 있나요? ❹ 아, 정말요? ❺ 이번 달에 사면 50퍼센트 할인된다고요? ❻ 좋네요. ❼ 그럼 할인가로 얼마인가요? ❽ 오, 7박에 1000달러요? ❾ 비행기표와 호텔이 포함되어 있다고요? ❿ 정말 좋네요! ⑪ 알겠습니다. 그걸로 할게요. ⑫ 도와주셔서 정말 감사합니다.

---

 ❼ How much is it **with the discount**?

with the discount는 '할인을 적용하면'이라는 뜻이에요.

ex **With the discount**, it's only $10.
할인을 적용하면 10달러밖에 안 돼요.

학생 답변

> Oh, hi, this is ABC Travel Agency, right? Hi, I'm planning to go travel abroad on this summer vacation.
> And I want to ask you about, you know, what kind of country I can go on July. Okay, so I have Japan and Malaysia on this July, right? Okay. Both of them are quite good to travel. But I really love swimming.
> So, how much is the ticket for Malaysia? Oh, only 100 dollar? I love it.
> Oh, so, how can I buy that? Oh, so, I have to buy the tickets on your website first. After that, I have to call you back. Okay, I got it. I will do that right away. What? Oh, there's only 1 ticket left, so I have to hurry. Okay, okay. I will do that right away. Okay. Thank you so much for your help. I will call you back later.
>
> **학생 답변 요약**
> ABC 여행사인가요?
> 7월에 갈 수 있는 나라가 어디인가요?
> 말레이시아 항공권은 얼마인가요?
> 어떻게 사나요?
> 감사합니다.

전략 답변

<table>
<tr><td rowspan="5">Step 1
간단한 상황 설명</td><td>요약 해외여행을 계획중인데 질문이 있어요.</td></tr>
<tr><td>❶ Oh, hi there.</td></tr>
<tr><td>❷ This is ABC Travel Agency, right?</td></tr>
<tr><td>❸ Great.</td></tr>
<tr><td>❹ I'm planning to travel abroad this summer, and I have a few questions if you don't mind.</td></tr>
</table>

<table>
<tr><td rowspan="3">Step 2
첫 번째 질문하기
긍정 반응</td><td>[요약] 7월에 여행하기 좋은 나라는 어디인가요? 일본 & 말레이시아</td></tr>
<tr><td>❺ I'm wondering… what countries are best to visit around July?
질문</td></tr>
<tr><td>❻ Oh, Japan or Malaysia? 상대방 말
❼ OK, I'll keep that in mind. 반응</td></tr>
<tr><td rowspan="3">Step 3
두 번째 질문하기
긍정 반응</td><td>[요약] 수상 활동을 즐기기 더 좋은 곳은 어디인가요? 말레이시아</td></tr>
<tr><td>❽ Out of the two, which is better for swimming and various water activities? 질문</td></tr>
<tr><td>❾ Oh, you think Malaysia is better? 상대방 말
❿ Great. 반응</td></tr>
<tr><td rowspan="3">Step 4
세 번째 질문하기
긍정 반응</td><td>[요약] 티켓 가격이 얼마인가요? 300달러</td></tr>
<tr><td>⓫ Then how much is a round trip to Malaysia? 질문</td></tr>
<tr><td>⓬ About 300 dollars? 상대방 말
⓭ That's perfect. 반응</td></tr>
<tr><td rowspan="2">Step 5
마무리</td><td>[요약] 감사합니다.</td></tr>
<tr><td>⓮ I'll stop by tomorrow to make the purchase.
⓯ Thanks so much for your help.</td></tr>
</table>

❶ 오, 안녕하세요. ❷ ABC 여행사 맞죠? ❸ 좋아요. ❹ 이번 여름에 해외여행을 계획 중인데, 괜찮으시면 몇 가지 여쭤보고 싶어서요. ❺ 7월에 여행하기 좋은 나라는 어디인가요? ❻ 오, 일본이나 말레이시아요? ❼ 알겠습니다. 참고할게요. ❽ 두 나라 중에서 수영이나 다양한 수상 활동을 즐기기에 더 좋은 곳은 어디인가요? ❾ 오, 말레이시아가 더 좋다고요? ❿ 좋네요. ⓫ 그렇다면 말레이시아 왕복 티켓은 얼마인가요? ⓬ 약 300달러요? ⓭ 완벽하네요. ⓮ 내일 직접 들러서 구매할게요. ⓯ 도와주셔서 정말 감사합니다.

(IM) ❸ discount package 할인 패키지 ❾ plane ticket 항공권 ⓫ I'll take it (쇼핑/예약 상황) 그걸로 할게요

(IH) ❼ keep in mind 기억하다, 명심하다 ❽ various 다양한 ⓫ round trip 왕복 여행 ⓮ make the purchase 구매하다, 결제하다

ch08-6.mp3

6 RP12 롤플레이

QUESTION

I'm sorry, but there's a problem I need you to resolve. You've arrived in another country, but your luggage didn't come off the plane. Talk to the airline staff, explain the situation, and suggest two or three ways they might be able to help.

> 죄송하지만 당신이 해결해야 할 문제가 있습니다. 해외에 도착했는데, 짐이 비행기에서 나오지 않았습니다. 항공사 직원에게 상황을 설명하고, 도움을 받을 수 있는 방법 두세 가지를 제안해 보세요.

 학생 답변

I just arrived here, but I have some problems. My luggage is not arrived. I think there's a problem.
So, can you help me? How can I do?
Or can you tell me where should I go?
Or do I have to call the police?

학생 답변 요약

도착했는데 짐이 나오지 않았어요.
도와주실 수 있나요? 제가 어떻게 해야 하나요?
어디로 가서 말해야 하나요?
경찰을 불러야 하나요?

 전략 답변

Step 1 간단한 상황 설명	요약 짐을 찾을 수가 없어요. ❶ Hi, I just arrived, but I have a problem. ❷ I can't find my luggage.
Step 2 첫 번째 제안하기 부정 반응	요약 더 기다려야 하나요? NO ❸ I'm wondering… should I just wait a bit longer? 제안 ❹ Oh, no? 상대방 말 ❺ There's a system error and I have to wait till tomorrow? 상대방 말 ❻ That's very unfortunate. 반응

<table>
<tr><td rowspan="6">Step 3
두 번째 제안하기
긍정 반응</td><td>요약 짐을 호텔로 보내줄 수 있나요? YES</td></tr>
<tr><td>❼ Then could you deliver my luggage to my hotel? 제안</td></tr>
<tr><td>❽ I'll give you the address.</td></tr>
<tr><td>❾ Really? 반응</td></tr>
<tr><td>❿ You'll send it tomorrow? 상대방 말</td></tr>
<tr><td>⓫ That's great. 반응</td></tr>
<tr><td rowspan="3">Step 4
마무리</td><td>요약 도와주셔서 감사합니다.</td></tr>
<tr><td>⓬ Alright, here's my hotel address.</td></tr>
<tr><td>⓭ Thanks a lot for your help.</td></tr>
</table>

❶ 안녕하세요, 방금 도착했는데 문제가 생겼어요. ❷ 제 짐을 찾을 수가 없어요. ❸ 혹시 조금 더 기다려야 하나요? ❹ 아, 아니라고요? ❺ 시스템 오류로 내일까지 기다려야 한다고요? ❻ 정말 안타깝네요. ❼ 그렇다면 제 짐을 호텔로 보내주실 수 있나요? ❽ 제가 주소를 알려드릴게요. ❾ 정말요? ❿ 내일 보내주신다고요? ⓫ 정말 다행이네요. ⓬ 알겠습니다, 여기 제 호텔 주소입니다. ⓭ 도와주셔서 정말 감사합니다.

 학생 답변

> Oh, hi, excuse me. I've arrived here 10 minutes ago. But I cannot find my luggage on a conveyor belt. So, can you check it for me?
> Okay. Oh, yeah. Passport. Okay. Oh, my gosh. I think my passport is in my luggage. So, I don't have it right now. Okay. I.D. card? Yes, I have. Here you are. Oh, so my luggage is coming here with the next flight. Oh, I got it.
> Yeah, it's no big deal. At least it's coming, right? So, all I have to do is just waiting. Yeah, it's no big deal. Okay, okay.
> Thank you for your help. Have a great day.
>
> **학생 답변 요약**
>
> 도착했는데 짐이 컨베이어 벨트에 없어요.
> 확인 좀 해주세요.
> 감사합니다.

 전략 답변

<table>
<tr><td rowspan="3">Step 1
간단한 상황 설명</td><td>요약 짐이 아직 나오지 않았어요.</td></tr>
<tr><td>❶ Hi, excuse me.</td></tr>
<tr><td>❷ I've been waiting for about 45 minutes now, and my luggage still hasn't come off the plane.</td></tr>
<tr><td rowspan="5">Step 2
첫 번째 제안하기
부정 반응</td><td>요약 더 기다려야 하나요? NO</td></tr>
<tr><td>❸ I was wondering… should I just wait a little longer? 제안</td></tr>
<tr><td>❹ No? 상대방 말</td></tr>
<tr><td>❺ There's a delay, and it won't arrive until tomorrow? 상대방 말</td></tr>
<tr><td>❻ Oh wow, that's really unfortunate. 반응</td></tr>
</table>

<table>
<tr><td rowspan="2">Step 3
두 번째 제안하기
긍정 반응</td><td>[요약] 호텔로 짐을 보내줄 수 있나요? YES</td></tr>
<tr><td>❼ I won't be around the area tomorrow.
❽ Would it be possible to have it delivered to my hotel instead?
[제안]
❾ Oh really? [반응]
❿ I just need to give you the address, and it'll arrive by tomorrow?
[상대방 말]
⓫ Perfect. [반응]</td></tr>
<tr><td rowspan="2">Step 4
마무리</td><td>[요약] 감사합니다.</td></tr>
<tr><td>⓬ OK, here it is.
⓭ Thanks so much for your help.</td></tr>
</table>

❶ 안녕하세요, 실례합니다. ❷ 지금 약 45분 정도 기다렸는데, 제 짐이 아직 비행기에서 나오지 않아서요. ❸ 그래서 혹시… 조금 더 기다려야 할까요? ❹ 아니라고요? ❺ 지연이 있어서 내일까지 도착하지 않는다고요? ❻ 아, 세상에… 정말 운이 나쁘네요. ❼ 그런데 내일은 제가 이 근처에 없을 거예요. ❽ 대신 제 호텔로 짐을 배송해 주실 수 있을까요? ❾ 아, 정말요? ❿ 주소만 알려드리면 내일까지 도착한다고요? ⓫ 완벽하네요. ⓬ 네, 여기 있습니다. ⓭ 도와주셔서 정말 감사합니다.

[핵심 표현] ❷ I've been waiting for about 45 minutes now, and my luggage still hasn't **come off** the plane.

come off는 '떨어져 나오다, 내려오다'라는 의미인데, 여기서는 '(비행기에서 짐이) 나오다'라는 의미로 쓰였어요.

[ex] My luggage **came off** last.
제 짐이 제일 늦게 나왔어요.

The button **came off** my shirt.
셔츠 단추가 떨어졌어요.

❽ Would it be possible to **have it delivered** to my hotel instead?

여기서 have는 '시키다, ~하게 하다'라는 뜻의 동사로 쓰였어요. 즉, have it delivered는 '그것이 배달되게 하다 = 배달시키다'라는 뜻이에요.

[ex] She **had her hair cut**.
그녀는 (미용실에서) 머리를 잘랐어요.

I **had my car washed**.
저는 (돈을 주고) 차를 세차시켰어요.

[오픽 필수 영어 표현]

(IM) ❷ luggage 짐, 수하물 ❺ system error 시스템 오류 ❺ till ~까지
(IH) ❷ come off (운송 수단에서) 나오다 ❺ delay 지연, 늦어짐 ❽ Would it be possible to ~? ~하는 게 가능할까요?, ~해 주실 수 있을까요? (공손한 부탁) ❿ arrive by ~까지 도착하다

7 RP13 과거 경험

ch08-7.mp3

QUESTION

That's the end of the situation. Can you now tell me about a time during one of your vacations when something went wrong? Explain what the problem was and how you handled it. Start by telling me where you were and who you were with, then describe everything that happened.

이것으로 상황 종료입니다. 휴가 중에 무언가 잘못되었던 경험에 대해 말해주세요. 어떤 문제가 있었는지, 그리고 어떻게 해결했는지 설명해 주세요. 어디에 있었고 누구와 함께였는지부터 시작해서, 그때 있었던 일을 모두 설명해 주세요.

 **학생 답변**

When I was in London, I thought, at that time I already booked the room. And I go to and I went to hotel, but they said, you don't have any booked under your name. I was so shocked.
So, I checked again my application. But finally, I realized I didn't complete the booking. So, oh no, I couldn't do anything.
Just, so I just re-booked in person. So, I can go to the room.

학생 답변 요약

런던에서 호텔을 예약했다고 생각했는데, 호텔에 가보니 예약이 없다고 했다.
앱을 확인해 보니 예약이 완료되지 않았던 것이었다.
그래서 현장에서 다시 예약을 하고 방에 들어갈 수 있었다.

 **전략 답변**

Step 1 MP 말하기	요약 런던 호텔에서 체크인하려 했는데 내 이름이 시스템에 없어서 충격을 받았다.
	❶ To keep it short, I once tried to check in at a hotel in London, but my name wasn't in the system. ❷ And I was so shocked.
Step 2 MP 관련 예시 말하기	요약 온라인에서 제대로 했다고 생각했지만 내 실수였고, 현장에서 전액을 지불해야 해서 실망스러웠다.
	❸ To be honest, I thought I did everything properly online before I arrived. ❹ But when the concierge told me they couldn't find my name, I quickly checked my phone. ❺ I then realized it was actually my mistake. ❻ And so, I had to pay full price on the spot, which was disappointing.

❶ 간단히 말하면, 런던의 한 호텔에 체크인하려는데 제 이름이 시스템에 없었던 적이 있어요. ❷ 그래서 정말 충격을 받았어요. ❸ 사실 저는 도착하기 전에 온라인에서 모든 걸 제대로 했다고 생각했어요. ❹ 그런데 프런트 직원이 제 이름을 찾을 수 없다고 해서, 급히 제 휴대폰을 확인했죠. ❺ 그리고 그것이 사실 제 실수였다는 걸 깨달았어요. ❻ 결국 현장에서 전액을 지불해야 했고, 그래서 실망스러웠어요. ❼ 그래서 그게 제가 여행 중에 겪었던 문제 중 하나였어요.

핵심 표현 ❺ I **then** realized it was actually my mistake.

then은 문장 맨 앞이나 중간에 자유롭게 넣을 수 있어요. 여기서는 '그때 가서야, 그 순간에' 라는 의미예요.

ex We **then** moved to another city.
우리는 그 후에 다른 도시로 이사 갔어요.

❻ And so, I had to pay full price **on the spot**, which was disappointing.

on the spot은 '그 자리에서 바로, 즉시'라는 뜻이에요.

ex I had to decide **on the spot**.
저는 그 자리에서 결정을 내려야 했어요.

IH 학생 답변

I studied abroad in the Philippines as an exchange student. And there was a time I missed my last bus. And it was really scaring because I didn't know the other way to get back to the dormitory. And it was really dark outside.
You know, in Korea, usually the bus and subway, every kind of transportation is open by, you know, 11 p.m. or 11:30. And even there are some night bus and night subway. So, I didn't have to worry about the, you know, last bus. missing something. But I didn't know that in the Philippines, the last bus is at 9 p.m or 8:30? Yeah, so, I thought, like, there would be a bus at 10 p.m. So, I hang out with my friends at night.
And I tried to, you know, get back to the dormitory, but subway station was closed. There were no more bus at the bus station.
So, I was really shocked because it was really scaring. Because, you know, I didn't know the other way how to get back to my dormitory. So, I took a taxi, even though it was really expensive. I took a taxi and safely got back to the dormitory. But still, it's a quite, a scaring memory in my head.

학생 답변 요약

필리핀에서 교환학생으로 지낼 때 막차를 놓친 적이 있었고, 기숙사로 돌아가는 길을 몰라 무서웠다.
한국은 밤늦게까지 교통편이 있지만, 필리핀은 8시 반이나 9시에 막차가 끝난다는 사실을 몰랐다.
결국 택시를 타고 돌아오긴 했지만, 지금도 무서운 기억으로 남아 있다.

Step 1 MP 말하기	[요약] 8년 전 교환학생 시절, 밤에 버스를 놓쳐 혼자 남아 무서웠다.
	❶ To keep it short, I studied abroad about eight years ago in the Philippines as an exchange student. ❷ My time there felt like a long vacation. ❸ But I remember one scary incident when I missed the last bus after class. ❹ It was late, I was alone, and it was really dark outside.
Step 2 MP와 다른 예시 말하기	[요약] 한국에서는 대중교통이 늦게까지 다니고 밤에 어둡지 않아서 이런 상황을 거의 느끼지 않았다.
	❺ Now in Korea, I never really felt this way. ❻ For example, public transportation is usually available 24/7. ❼ And also, main areas are rarely that dark at night.
Step 3 MP로 돌아와 관련 예시 말하기	[요약] 필리핀은 밤이 빨리 어둑해지고 교통이 일찍 끊겨 혼자 있어서 불편해 결국 택시를 탔다.
	❽ But in the Philippines, it often gets very dark in the evenings. ❾ And public transportation shuts down early, sometimes before 9 p.m. ❿ And so, I felt uncomfortable being alone, so I decided to take a taxi instead.
Step 4 MP와 연결하며 마무리	[요약] 그게 필리핀에서 가장 기억에 남는 문제 상황이다.
	⓫ So yeah, that's the one problem story I clearly remember from my time in the Philippines.

❶ 간단히 말해서, 저는 약 8년 전에 교환학생으로 필리핀에서 유학을 했어요. ❷ 마치 긴 휴가를 보내는 것 같은 시간이었죠. ❸ 하지만 수업이 끝난 뒤 막차를 놓쳐서 무서웠던 일이 기억나요. ❹ 늦은 시간 전 혼자였고, 밖이 정말 어두웠거든요. ❺ 그런데 한국에 있을 때는 사실 그런 기분을 거의 느껴본 적이 없었어요. ❻ 예를 들어, 한국의 대중교통은 보통 하루 24시간 연중무휴로 이용할 수 있거든요. ❼ 그리고 주요 지역은 밤에도 그렇게 어둡지 않아요. ❽ 하지만 필리핀은 저녁이 되면 정말 어두워질 때가 많아요. ❾ 그리고 대중교통이 일찍 끊기는데, 가끔은 밤 9시 전에 끊길 때도 있어요. ❿ 그래서 혼자 있으니 불안해져서, 결국 택시를 타기로 했어요. ⓫ 네, 그래서 그게 제가 필리핀에서 유학할 때 겪었던 문제 상황 중에서 또렷이 기억에 남는 일이에요.

[핵심 표현] ▶ ❿ And so, I **felt uncomfortable being** alone, so I decided to take a taxi instead.

feel uncomfortable being ~은 '~인 상태가 불편하다'라는 뜻의 표현이에요.

[ex] I **felt uncomfortable being** the center of attention.
저는 주목받는 게 불편했어요.

[오픽 필수 영어 표현]

(IM) ▶ ❶ in the system 시스템에 등록된[기록된] ❸ properly 제대로, 올바르게, 적절하게 ❹ concierge 호텔 안내원, 프런트 직원 ❺ pay full price 정가를 지불하다 ❻ on the spot 그 자리에서, 즉시

(IH) ▶ ❶ study abroad 해외에서 공부하다 ❶ exchange student 교환학생 ❸ incident 사건, 일 ❻ available 24/7 24시간 7일 내내 이용 가능한, 항상 열려 있는 ❾ shut down 멈추다, 운영을 중단하다

문제, 전략 답변

ch08-8.mp3

QUESTION

People travel overseas for many different reasons. What are some common reasons people go abroad? Why do you think these kinds of trips are meaningful or important?

사람들은 여러 가지 이유로 해외여행을 합니다. 사람들이 해외로 나가는 흔한 이유는 무엇인가요? 이런 여행들이 왜 의미 있거나 중요하다고 생각하나요?

IH >> 학생 답변

I think many people love to go travel abroad to, you know, see and to feel the new things. Because, you know, simply, every countries has various cultures, right? So, and you know, experiencing the new things is always fun, right?

Of course, some people don't like to go travel abroad. Because sometimes, you know, experiencing new things or going to the whole new place makes, you know, fear about getting into the place I don't know everything about them, right? But some kinds of people really love that kinds of things, getting themselves into the whole unfamiliar and new culture and new things.

And I also love it. So, some people love to go abroad on their vacation and holidays. And they really enjoy, the new kinds of food and new kind of culture and new kind of stuff and new kinds of activities, everything. So, I think that kinds of things are the reasons, people enjoy going traveling abroad.

학생 답변 요약

많은 사람들이 해외여행을 좋아하는 이유는 새로운 문화를 보고 느낄 수 있기 때문이라고 생각한다.
물론 낯선 곳이 두려워서 해외여행을 싫어하는 사람들도 있지만, 오히려 이런 새로운 경험을 즐기는 사람들도 있다.
나도 해외여행을 좋아한다. 새로운 음식과 문화, 활동을 즐길 수 있어서 사람들이 여행을 좋아한다고 생각한다.

IH >> 전략 답변

Step 1 MP 말하기 (A, B)	**요약** 사람들이 해외여행을 좋아하는 이유는 새로운 경험 때문이다. 큰 이유는 음식과 문화 활동이다. ❶ To keep it short, I think many people love traveling abroad to experience new things. ❷ And I'd say the two biggest reasons are food and cultural activities.

<table>
<tr><td>Step 2
A를 자세히 설명</td><td>

❸ Food is something everyone can enjoy.
❹ And trying dishes you'd never find in your own country is always exciting.
❺ And personally, I think learning about different cultures through food is one of the best parts of traveling.
❻ For example, I still remember going to Japan with my family and having the best sushi of my life.

</td></tr>
<tr><td>Step 3
B를 자세히 설명</td><td>

요약 또 다른 이유는 현지 활동이다. 태국의 물총 축제처럼 직접 경험하는 건 잊을 수 없고, 영상으로 보는 것과 다르다.

❼ Aside from food, there are also unique activities you can try in different countries.
❽ Experiencing something first-hand, like joining a water-gun festival in Thailand, is unforgettable.
❾ And it's completely different from just watching a video of it on YouTube.

</td></tr>
<tr><td>Step 4
MP와 연결하며 마무리</td><td>

요약 그래서 사람들이 해외여행을 좋아한다고 생각한다.

❿ So yeah, those are the two main reasons why I think people enjoy traveling overseas.

</td></tr>
</table>

❶ 간단히 말해서, 많은 사람들이 새로운 것을 경험하기 위해서 해외여행을 좋아한다고 생각해요. ❷ 그리고 그중 가장 큰 이유 두 가지는 음식과 문화 활동이라고 말할 수 있어요. ❸ 모두가 즐길 수 있는 게 바로 음식이죠. ❹ 그리고 자기 나라에서는 결코 찾을 수 없는 요리를 맛보는 건 언제나 신나는 일이에요. ❺ 개인적으로, 음식을 통해 다른 문화를 배우는 것이 여행에서 가장 좋은 부분 중 하나라고 생각해요. ❻ 예를 들어, 저는 가족과 일본에 갔을 때 인생 최고의 스시를 먹었던 기억이 아직도 생생하거든요. ❼ 음식 외에도 다른 나라에서만 해볼 수 있는 독특한 활동들이 있어요. ❽ 예를 들어, 태국의 물총 축제에 참여하는 것처럼 직접 경험하는 것은 정말 잊을 수 없어요. ❾ 그냥 유튜브 영상으로 보는 것과는 완전히 다르죠. ❿ 네, 그래서 이것들이 사람들이 해외여행을 즐기는 두 가지 주요 이유라고 생각해요.

핵심 표현 » ❺ And personally, I think **learning** about different cultures **through** food is one of the best parts of traveling.

learn ~ through ~는 '~을 통해 ~을 배우다'라는 뜻이에요.

ex I **learned** English **through** movies.
저는 영화를 통해 영어를 배웠어요.

❽ **Experiencing** something **first-hand**, like joining a water-gun festival in Thailand, is unforgettable.

experience ~ first-hand는 '~을 직접 경험하다'라는 뜻이에요.

ex They **experienced** the problem **first-hand**.
그들은 그 문제를 직접 경험했어요.

오픽 필수 영어 표현

IH ❷ cultural activities 문화 활동 ❼ aside from ~을 제외하고, ~뿐만 아니라 ❽ first-hand 직접, 직접 체험한 ❽ unforgettable 잊을 수 없는

문제, 전략 답변

ch08-9.mp3

QUESTION

Recently, there have been news reports about stricter visa rules in some countries for international travelers. Have you seen or heard anything about this in the news? What are your thoughts on how visa or entry issues can affect people's travel plans?

최근, 뉴스에서 일부 나라들이 외국인 관광객들에게 더 엄격한 비자 규정을 적용하고 있다는 보도가 있었습니다. 뉴스에서 이런 이야기를 보거나 들어본 적이 있나요? 비자나 입국 문제들이 사람들의 여행 계획에 어떤 영향을 줄 수 있다고 생각하나요?

IH 〉 학생 답변

I think every countries have to have more stronger, I mean, more strict VISA rules for themselves. Because I often heard about the news, heard about the crime from foreign tourists.

And I think foreign people have less responsibility about public facilities and other things. Because, yeah, of course, they will stay there just for 7 days and 3 days. So, it's like a hotel I think. They don't have to cleaned up their room because the hotel staff will cleaned it after they leave their place, right?

So, it's the same. The country and the local people will clean up every street and every facilities after they, I mean, after foreign tourists leave this country, right? So, I think they have more stronger and strict VISA for themselves to, you know, have more good foreign tourists.

학생 답변 요약

모든 나라는 비자를 더 엄격하게 해야 한다고 생각한다. 외국인 관광객의 범죄 소식을 자주 들었기 때문이다.
관광객은 잠깐만 머물다 가기 때문에 공공시설에 책임감이 부족하다고 본다. 마치 호텔처럼 떠난 뒤에는 다른 사람들이 치워준다고 생각한다.
그래서 좋은 관광객을 받기 위해 비자 규정을 더 강화해야 한다고 생각한다.

IH 〉 전략 답변

요약 최근 유튜브에서 관광객 비자 규정이 엄격해졌다는 영상을 봤다. 여행자들에게 큰 불편이 되어 해외여행이 더 어려워지고 있다고 했다.

Step 1
MP 말하기

❶ To keep it short, I recently watched a news clip on YouTube about strict visa rules for tourists.

❷ And it seems like this is becoming a real frustration for travelers, making it harder to go abroad.

Step 2 MP와 다른 예시 말하기	요약 항공권은 비싸고 성수기엔 구하기 어렵다. 비행 시간도 불편하다. ❸ Now, the video also mentioned other challenges with traveling. ❹ For example, plane tickets are expensive and often difficult to get during peak seasons. ❺ And on top of that, flight times can be undesirable, sometimes as early as 4 a.m.
Step 3 MP로 돌아와 관련 예시 말하기	요약 비자가 가장 큰 문제였다. 나라에 따라 필요하고, 없으면 비행기를 못 탄다. 여행만 더 어렵게 만든다. ❻ But what stood out the most to me was the visa issue. ❼ Some countries require a visa, while others don't. ❽ And if you forget to get one, you can't board the plane even if you've already paid for everything. ❾ I understand visas are meant for security reasons, but what security do they really provide? ❿ It feels like this added requirement just makes traveling harder for no good reason.
Step 4 MP와 연결하며 마무리	요약 이게 비자 규정 관련 뉴스에서 기억하는 내용이다. ⓫ So yeah, that's what I remember from the news clip about strict visa rules.

❶ 간단히 말해서, 저는 최근에 유튜브에서 관광객들을 위한 엄격한 비자 규정에 관한 뉴스 영상을 봤어요. ❷ 그리고 이게 여행객들에게 큰 불편이 되어 해외여행을 더 어렵게 만드는 것 같아요. ❸ 그 영상에서는 여행과 관련된 다른 어려움들도 언급했어요. ❹ 예를 들어, 비행기 표는 비싸고 성수기에는 구하기 어렵다고 했어요. ❺ 게다가 어떤 경우에는 새벽 4시 같은 너무 이른 시간에 출발해서 좀 불만족스러울 때가 있죠. ❻ 그런데 제게 가장 눈에 띄었던 건 비자 문제였어요. ❼ 어떤 나라는 비자가 필요하지만, 또 어떤 나라는 필요하지 않아요. ❽ 그런데 만약 비자를 깜빡하고 준비하지 않으면, 이미 모든 비용을 다 지불했어도 비행기에 탈 수 없어요. ❾ 물론 비자가 보안상의 이유로 존재한다는 건 이해하지만, 정확히 어떤 보안상의 이유인지 의문이 들어요. ❿ 오히려 이 추가 조건은 특별한 이유 없이 여행을 더 어렵게 만드는 것 같은 느낌이에요. ⓫ 네, 그래서 이게 제가 엄격한 비자 규정 관련 뉴스 영상에서 기억하는 내용입니다.

핵심 표현 ≫ ❻ But what **stood out** the most to me was the visa issue.

stand out은 '두드러지다, 눈에 띄다'라는 뜻이에요. 따라서 이 문장에서 what stood out the most는 '가장 눈에 띄었던 것'이라는 의미예요.

ex What **stood out** the most to me was the service.
저에게 가장 인상 깊었던 건 서비스였어요.

❼ Some countries require a visa, **while** others don't.

여기서 while은 '반면에'라는 뜻으로, 일부는 그렇지만 다른 일부는 그렇지 않다는 대조를 표현해요.

ex Some countries are safe, **while** others are not.
어떤 나라들은 안전하지만, 다른 나라들은 그렇지 않아요.

오픽 필수 영어 표현

(IH) ❶ strict visa rules 엄격한 비자 규정 ❷ frustration 불편, 불만 ❸ challenge 어려움 ❹ peak seasons 성수기 ❺ undesirable 바람직하지 않은, 불편한 ❻ stand out the most 가장 두드러지다[눈에 띄다] ❼ while 반면에 ❽ board (비행기, 배, 버스 등에) 탑승하다 ❾ be meant for ~을 위한 것이다, 목적으로 하다 ❿ requirement 필요 조건, 필수 사항

Transportation(교통 수단) 질문 한눈에 보기

❶ Description
묘사

I'd like to know about public transportation in your country. What types of public transportation are available? Which one do you prefer to use, and why?

❷ Habit
습관

Tell me about how you usually get around in your country. Do you drive your own car or use public transportation? Why do you prefer that method?

❸ Past Experience
과거 경험

When did you first use public transportation? How long ago was it? Where were you going? What were you planning to do? Tell me everything about that day in as much detail as possible.

❹ Comparison
비교

What changes have you noticed in the public transportation system in your country since you were a child? What was the public transportation system like when you were younger? How is it different now?

❺ RP11
롤플레이

I'd like to give you a situation to act it out. You're planning a weekend trip to a nearby city and want to compare transportation options. Call the local travel information center and ask three or four questions to help you decide how to travel.

❻ RP12
롤플레이

I'm sorry, but there's a problem I need you to resolve. You're at a bus station, but the bus you need to take is delayed by more than an hour. Talk to the staff, explain your situation, and suggest two or three possible solutions.

❼ RP13
과거 경험

That's the end of the situation. Tell me about a time when something went wrong while you were using transportation, like a bike, bus, or train. What was the problem, and how did you handle it? Please describe everything that happened in detail.

❽ IHU14
사회 / 이슈

People use different types of transportation in cities. What are two common options people use to get around? How are they different in terms of cost, convenience, or environmental impact? Why do you think someone might choose one over the other?

❾ IHU15
사회 / 이슈

Recently, there have been news reports about new high-speed train lines opening in some countries. Have you seen or heard anything about this in the news? What are your thoughts on how high-speed trains might change the way people travel in the future?

❶ Description 묘사

QUESTION

ch09-1.mp3

I'd like to know about public transportation in your country. What types of public transportation are available? Which one do you prefer to use, and why?

당신의 나라의 대중교통에 대해 알고 싶습니다. 어떤 종류의 대중교통이 있나요? 그중에서 어떤 것을 주로 이용하고, 그 이유는 무엇인가요?

IM ≫ 학생 답변

In our country, people used to use the subway, the public transportations. Actually, that transportation is very basically to go to job or everywhere. And the price is very cheap than other transportation.
And also, I used to use transport, I used to use subway transportation every single day. When I go to somewhere, like, it's very useful to go to somewhere.

학생 답변 요약

우리나라 사람들은 기본적으로 출퇴근이나 이동할 때 지하철을 많이 이용한다. 다른 교통수단보다 요금이 저렴하다. 나도 매일 지하철을 이용했고, 어디든 가기 편리하다.

IM ≫ 전략 답변

Step 1 MP 말하기	**요약** 한국 사람들은 지하철을 선호한다. 저렴하기 때문이다.
	❶ To keep it short, people in my country prefer to use the subway. ❷ I think it's mainly because it's cheap.

Step 2 MP 관련 예시 말하기	**요약** 버스보다도 저렴하고 역이 많아 이용하기 편리하다.
	❸ To be honest, it's the cheapest public transportation option we have. ❹ It's even cheaper than the bus! ❺ And also, there are so many subway stations, especially in Seoul. ❻ And so, I think it's well worth the money.

Step 3 MP와 연결하며 마무리	**요약** 그래서 지하철이 가장 선호되는 대중교통 수단이다.
	❼ So yeah, that's why the subway is the most preferred method of public transportation.

❶ 간단히 말하면, 우리나라 사람들은 지하철을 이용하는 걸 선호해요. ❷ 저렴하다는 게 주된 이유인 것 같아요. ❸ 솔직히 말하면, 지하철은 가장 저렴한 대중교통 수단이에요. ❹ 버스보다도 더 싸요! ❺ 게다가 특히 서울에는 지하철역이 정말 많아요. ❻ 그래서 값어치를 충분히 한다고 생각해요. ❼ 그래서 지하철이 사람들에게 가장 선호되는 대중교통 수단인 것 같아요.

핵심 표현 ❻ And so, I think it's **well worth the money**.

well worth the money는 '돈을 쓸 만한 가치가 있는'이라는 뜻이에요. 그냥 worth the money라고 해도 되지만, well을 붙이면 '충분히 그럴 만한'이라는 강조의 뉘앙스가 돼요.

ex The trip was **well worth the money**.
그 여행은 충분히 돈을 쓸 가치가 있었어요.

학생 답변

Oh, transportations? You know what? I have very strong thought about transportations in my country. The public transportation system is very good here. I'm very proud of it.
We have bus, subway, taxi, and even public bike here. And we can go everywhere with those things.
But the most thing I usually take is bus. There is a good road for only bus. So, it never gets traffic jam. I really love it.
Now I think, having a great transportation system is a miracle.

학생 답변 요약

우리나라의 대중교통 시스템은 정말 잘되어 있고 자랑스럽다.
버스, 지하철, 택시, 공용 자전거가 있어서 어디든 갈 수 있다.
나는 보통 버스를 가장 자주 이용한다. 전용 차선 덕분에 막히지 않아서 좋다.
좋은 교통 시스템이 있다는 게 정말 기적이라고 생각한다.

전략 답변

Step 1 MP 말하기	요약 한국의 교통 시스템, 특히 버스는 좋다. 시간에 맞춰 오는 게 마음에 든다. ❶ To keep it short, our transportation system in Korea is pretty good, especially our buses. ❷ I love how they're almost always on schedule.
Step 2 MP와 다른 예시 말하기	요약 아쉬운 점도 있다. 버스가 붐벼서 자리 잡기 어렵고, 운전이 거칠 때는 불편하다. ❸ Now, there are a few minor things that could be improved. ❹ For example, buses are usually packed, so it's not easy to get a seat. ❺ It can also be a bit uncomfortable when the drivers are a little too rough.

<table>
<tr>
<td rowspan="1">Step 3
MP로 돌아와
관련 예시 말하기</td>
<td>[요약] 그래도 전반적으로 버스는 훌륭하다. 거의 늦지 않고 전용 차선이 있어 지연도 적다.

❻ But other than that, our buses are amazing.
❼ They're rarely late.
❽ And we even have dedicated bus lanes to help prevent delays.</td>
</tr>
<tr>
<td>Step 4
MP와 연결하며 마무리</td>
<td>[요약] 그래서 나는 한국 버스가 인상적이라고 생각한다.

❾ So yeah, that's why I'm impressed with our buses.</td>
</tr>
</table>

❶ 간단히 말하자면, 한국의 대중교통 시스템은 꽤 좋아요, 특히 버스가요. ❷ 버스가 거의 항상 정시에 오는 게 정말 마음에 들어요. ❸ 물론, 개선할 수 있는 몇 가지 작은 점들도 있죠. ❹ 예를 들어, 버스에는 보통 사람이 많아서 자리를 잡기가 쉽지 않아요. ❺ 그리고 기사님이 좀 너무 거칠게 운전할 때는 약간 불편할 수도 있어요. ❻ 하지만 그것 말고는, 우리나라의 버스는 정말 훌륭해요. ❼ 늦는 일이 거의 없거든요. ❽ 게다가 버스 전용 차로가 있어서 지연되는 일이 잘 없죠. ❾ 그래서, 네, 제가 우리나라 버스 시스템에 감탄하는 이유가 바로 그거예요.

핵심 표현 ❷ I love how they're almost always **on schedule**.

on schedule은 '일정대로, 제시간에'라는 뜻으로 기차, 버스, 수업 같은 것이 정해진 시간에 맞춰 이뤄질 때 자주 써요.

[ex] The project is **on schedule**.
프로젝트가 일정대로 진행되고 있어요.

❽ And we even have **dedicated bus lanes** to help prevent delays.

dedicated는 '전용의'라는 뜻으로, dedicated bus lanes라고 하면 '버스 전용 차선'을 의미해요.

[ex] There are **dedicated bike lanes** in the city.
도시에 자전거 전용 도로가 있어요.

(IM) ❻ be worth ~의 가치가 있다
(IH) ❷ be on schedule 정시에[일정대로] 진행되다 ❸ minor 사소한, 작은 ❺ rough 거친, 난폭한 ❻ other than that 그것 말고는 ❽ dedicated bus lane 버스 전용 차선

QUESTION

Tell me about how you usually get around in your country. Do you drive your own car or use public transportation? Why do you prefer that method?

당신의 나라에서는 보통 어떻게 이동하나요? 자신의 차를 운전하나요, 아니면 대중교통을 이용하나요? 그 방법을 선호하는 이유는 무엇인가요?

IM 학생 답변

I used to use public transportation like such as subway or bus. Because I cannot drive. So, also I don't have any car.
And if I use the public transportation, it's very useful to go somewhere like... And then, the price is very cheap.

학생 답변 요약

나는 지하철이나 버스 같은 대중교통을 이용한다. 왜냐하면 운전을 못하고 차도 없기 때문이다.
대중교통은 어디든 가기 편리하고 요금도 저렴하다.

IM 전략 답변

Step 1 MP 말하기 (행동 중심)	요약 어디 갈 때 보통 지하철이나 버스를 탄다. ❶ To keep it short, I mainly take the subway or bus whenever I need to go somewhere.
Step 2 MP 관련 예시 말하기	요약 차가 없어도 불편하지 않고, 주차나 기름값 걱정이 없다. 게다가 출근 시간에도 지하철은 항상 제시간에 온다. ❷ To be honest, it's the most convenient way to commute. ❸ I don't have a car, but even if I did, I think I would still use public transportation most of the time. ❹ I don't have to worry about parking or gas prices. ❺ And also, during rush hour, the subway is always on time, which is great.
Step 3 MP와 연결하며 마무리	요약 그래서 보통 지하철이나 버스를 탄다. ❻ So yeah, that's why I usually take the subway or bus.

❶ 간단히 말하면, 저는 어딘가에 갈 때 주로 지하철이나 버스를 이용해요. ❷ 솔직히 말하면, 그게 가장 편리한 출퇴근 방법이에요. ❸ 저는 차가 없지만, 차가 있다고 해도 대부분 대중교통을 이용했을 것 같아요. ❹ 주차나 기름값 걱정을 할 필요가 없거든요. ❺ 게다가 출퇴근 시간에도 지하철은 항상 정시에 와서 정말 좋아요. ❻ 그래서 보통 저는 지하철이나 버스를 타요.

Like I said before, in the previous question, I usually take a bus to get somewhere in my city. It's really convenient.
I don't have to waste my time on the road with it. And you know what? An air conditioning system of the bus is also great.
It's really cool. So, I don't sweat whenever I take it.
But the main reason I love taking the bus is it has bus-only way on the road. It's fastest way to get the destinations in my city.

학생 답변 요약

보통 시내에서 어딘가 갈 때 버스를 탄다. 편리하다.
버스를 타면 길에서 시간을 낭비하지 않아도 된다. 버스에는 에어컨이 잘 나와서 땀이 나지 않는다.
가장 좋아하는 이유는 버스 전용 차로가 있어서 목적지에 가장 빨리 갈 수 있기 때문이다.

IH ▶ 전략 답변

Step 1 MP 말하기 (행동 중심 – 현재)	[요약] 나는 어디를 갈 때 보통 버스를 탄다. 편리하다. ❶ To keep it short, whenever I need to go somewhere, I usually prefer taking the bus. ❷ It's really convenient.
Step 2 빠른 비교 전략 (MP와 반대 내용 – 과거)	[요약] 예전에는 버스를 거의 안 탔다. 자전거가 더 저렴해서 탔지만 여름엔 땀 때문에 힘들었다. ❸ In the past, I almost never took the bus. ❹ I preferred riding my own bike since it was cheaper. ❺ But it was extremely annoying in the summer because I sweat a lot.
Step 3 MP로 돌아와 관련 예시 말하기 (현재)	[요약] 요즘은 거의 항상 버스를 탄다. 에어컨이 잘 나오고, 돈을 조금 더 써도 시간 절약되고 땀을 안 흘려서 좋다. ❻ But these days, I almost always take the bus. ❼ And in the summer, it's always well air-conditioned. ❽ And even though I could save money by riding my bike, I think it's still worth paying for the bus. ❾ It saves time, and I can be sure I won't be drenched in sweat.
Step 4 MP와 연결하며 마무리	[요약] 그래서 버스가 내가 이동할 때 주로 이용하는 교통수단이다. ❿ So yeah, that's why the bus is my main option whenever I need to get somewhere.

❶ 간단히 말해서, 보통 어딘가에 갈 일이 있으면 저는 주로 버스를 타요. ❷ 정말 편리하거든요. ❸ 예전에는 거의 버스를 타지 않았어요. ❹ 자전거를 타는 걸 더 좋아했죠. 그게 더 저렴했으니까요. ❺ 하지만 여름에는 너무 짜증 났어요. 전 땀을 많이 흘리거든요. ❻ 그런데 요즘은 거의 항상 버스를 타요. ❼ 여름에는 버스 안이 항상 에어컨이 잘돼 있어서 시원하거든요. ❽ 물론 자전거를 타면 돈을 절약할 수 있지만, 저는 버스비를 내더라도 그만한 가치가 있다고 생각해요. ❾ 시간을 절약할 수 있고, 땀으로 흠뻑 젖을 일도 없으니까요. ❿ 그래서 네, 제가 어딘가 갈 때 주로 버스를 타는 이유는 바로 이거예요.

❼ And in the summer, it's always well air-conditioned.

air-conditioned는 '에어컨이 설치된'이라는 뜻의 형용사예요. well을 붙이면 '냉방이 잘된'
이라는 의미가 돼요.

> ex Our office is **well air-conditioned**.
> 사무실은 냉방이 잘돼 있어요.

❾ It saves time, and I can be sure I won't be drenched in sweat.

학생들이 It saves my time이라고 어색하게 쓰는 경우가 많아요. 원어민은 보통 It saves time
이나 It saves me time이라고 해요.

> ex This app **saves** me **time** every day.
> 이 앱은 매일 제 시간을 절약해 줘요.
>
> Online shopping **saves time**.
> 온라인 쇼핑은 시간을 절약해 줘요.

오픽 필수 영어 표현

(IM) ❶ somewhere 어딘가, 어느 곳 ❹ gas prices 기름 값 ❺ rush hour 혼잡 시간, 출퇴근 시간 ❺ be on time 제시간
에 오다, 지각하지 않다

(IH) ❺ sweat 땀을 흘리다 ❼ air-conditioned 에어컨이 설치된, 냉방이 된 ❾ be drenched in sweat 땀에 흠뻑 젖다

문제, 전략 답변

ch09-3.mp3

QUESTION

When did you first use public transportation? How long ago was it? Where were you going? What were you planning to do? Tell me everything about that day in as much detail as possible.

> 처음으로 대중교통을 이용했던 때는 언제인가요? 얼마나 오래전이었나요? 어디로 가고 있었나요? 무엇을 하려고 했었나요? 그날의 경험에 대해 자세히 말해주세요.

IM > 학생 답변

When I was teenager, I used the bus at the first time. Actually, at that time, we don't have the subway transportation in our country.
So, actually, I had to go to school, so I had to use the public transportation. The first thing is the bus or walking. But I used to use the bus transportation.

학생 답변 요약

십대 때 처음으로 버스를 탔다. 그 당시 우리나라에는 지하철이 없었다.
학교에 가야 해서 대중교통을 이용해야 했고, 걸어가는 것보다 버스를 선택했다.

IM > 전략 답변

Step 1 MP 말하기	**요약** 고등학교 때 처음 버스를 탔다. 시간이 많이 절약돼서 정말 좋았다. ❶ To keep it short, I remember taking the bus for the first time in high school. ❷ And I really liked it because it saved me so much time.
Step 2 MP 관련 예시 말하기	**요약** 지하철이 없어 학교 갈 때 버스를 탔다. 버스로 10분 걸렸지만, 걸으면 30분 넘게 걸렸다. ❸ To be honest, I lived in a small city, so we didn't have the subway back then. ❹ And so, my mom let me take the bus to school. ❺ And it was amazing because the bus only took 10 minutes. ❻ In comparison, when I walked to school, it took me more than 30 minutes!
Step 3 MP와 연결하며 마무리	**요약** 그래서 그게 내가 처음으로 대중교통을 이용했던 경험이다. ❼ So yeah, that was my first experience using public transportation.

❶ 간단히 말하면, 처음 버스를 탔던 건 고등학교 때였어요. ❷ 시간을 정말 많이 절약해 줘서 좋았어요. ❸ 솔직히 저는 작은 도시에 살았기 때문에 그때는 지하철이 없었어요. ❹ 그래서 엄마는 제가 학교 갈 때 버스를 타게 하셨어요. ❺ 버스로는 10분밖에 걸리지 않아서 정말 놀라웠어요. ❻ 비교를 하자면, 걸어서는 30분이 넘게 걸렸거든요! ❼ 그래서 그게 제가 처음 대중교통을 이용했던 경험이에요.

❻ In comparison, when I walked to school, it took me more than 30 minutes!

in comparison은 '비교하자면'이라는 뜻으로, 앞뒤 상황을 비교할 때 쓰면 문장이 더 매끄러워져요.

ex **In comparison**, this job is much easier.
비교하자면, 이 일은 훨씬 쉬워요.

학생 답변

It was when I was 8. I was heading to a swimming center, and I took a subway for the first time. I clearly remember this because it was my first time to take a public transportation alone.

It was great! Because the subway was like a robot for me. You know, when I was 8, I was really interested in not only for the swimming but also robot. And I've never seen that kinds of huge things in my life before! It was really big, long, and even fast.

And the landscape I saw through the window was really wonderful. So yeah, that's pretty much about I clearly remember of my first time for taking the public transportation.

8살 때 수영장에 가면서 처음으로 지하철을 탔다. 혼자 대중교통을 이용한 첫 경험이라 뚜렷이 기억한다.
지하철이 마치 로봇 같아서 정말 멋졌다. 당시 나는 수영뿐만 아니라 로봇에도 관심이 많았다. 그렇게 크고 길고 빠른 것을 본 건 처음이었다.
창밖 풍경도 멋져서, 대중교통을 처음 탔던 기억이 아직도 생생하다.

전략 답변

Step 1 MP 말하기	요약 8살쯤 수영 수업에 가면서 엄마와 처음 지하철을 탔다. 미래적인 느낌이 들어 놀라운 경험이었다.
	❶ To keep it short, I think I was about 8 years old when this happened. ❷ I was on my way to swimming class, and I took the subway for the first time with my mom. ❸ And I remember it feeling like such an amazing experience because it seemed so futuristic.
Step 2 MP와 다른 예시 말하기	요약 다른 점들도 좋았다. 지하철은 크고, 창밖 풍경이 빨리 지나가는 게 좋았다.
	❹ Now, I enjoyed many other things about it. ❺ For example, I loved how big it was. ❻ And I also really liked the scenery flying past the window so quickly.

<table>
<tr>
<td rowspan="2">Step 3
MP로 돌아와
관련 예시 말하기</td>
<td>요약 가장 좋은 건 영화 속 같다는 느낌이었다. 엄마 차를 탈 때와는 전혀 달랐다.</td>
</tr>
<tr>
<td>❼ But the best part was that everything felt like a movie.
❽ I felt like I was riding in a giant robot on my way to swimming class.
❾ It was such a different feeling compared to being in my mom's car.</td>
</tr>
<tr>
<td>Step 4
MP와 연결하며 마무리</td>
<td>요약 그게 내가 처음 기억하는 지하철 경험이다.

❿ So yeah, that was my first memorable experience taking the subway.</td>
</tr>
</table>

❶ 간단히 말해서, 아마 제가 8살쯤이었을 때 겪은 일이에요. ❷ 수영 수업에 가는 길이었는데, 엄마랑 같이 처음으로 지하철을 탔어요. ❸ 그리고 정말 놀라운 경험처럼 느껴졌던 게 아직도 기억나요, 마치 미래 같았거든요. ❹ 그 외에도 재미있었던 부분들이 많았어요. ❺ 예를 들어, 지하철이 정말 커서 좋았죠. ❻ 창밖 풍경이 빠르게 스쳐 지나가는 것도 너무 좋았어요. ❼ 그런데 가장 좋았던 건 모든 게 영화 같았다는 점이에요. ❽ 수영 수업에 가는 길에 거대한 로봇을 타고 있는 것 같은 기분이었어요. ❾ 엄마 차를 타는 것과는 완전히 다른 느낌이었죠. ❿ 그래서, 네, 그게 바로 제가 처음 지하철을 탔을 때의 기억에 남는 경험이었어요.

핵심 표현 ❻ And I also really liked the scenery **flying past** the window so quickly.

fly past는 '빠르게 스쳐 지나가다'라는 뜻이에요. 시간, 풍경, 물체가 쓱 지나가는 걸 묘사할 때 쓰면 아주 자연스러워요.

ex Time **flew past** during the concert.
콘서트 동안 시간이 순식간에 지나갔어요.

The cars **flew past** us on the highway.
고속도로에서 차들이 우리 곁을 빠르게 지나갔어요.

오픽 필수 영어 표현

(IM) ❷ save me so much time 나의 시간을 많이 절약해주다 ❸ back then 그 당시에는 ❹ let me~ 내가 ~하게 해주다[허락하다] ❻ in comparison 비교해보면

(IH) ❸ futuristic 미래적인, 미래처럼 보이는 ❻ scenery 풍경, 경치 ❻ fly past 빠르게 스쳐 지나가다 ❼ feel like ~인 것처럼 느껴지다 ❽ giant 거대한, 매우 큰

4 Comparison 비교

ch09-4.mp3

QUESTION

What changes have you noticed in the public transportation system in your country since you were a child? What was the public transportation system like when you were younger? How is it different now?

어릴 적 이후, 당신 나라의 대중교통 시스템에서 어떤 변화를 보았나요? 어렸을 때의 대중교통은 어땠나요? 지금은 어떻게 달라졌나요?

IM 학생 답변

Compared to before, like, when I was younger vs now. There are many public transportation in Seoul. And other countries also they have another public transportation.

And actually, when I was child, they don't have the automatic pay, like, a, when I touch the card, for now, when I touch the card like a machine, to the machine.

But when I was young, they don't have like this machine. I always used to cash.

학생 답변 요약

예전과 지금을 비교하면, 서울에는 대중교통이 많고 다른 나라에도 각자 대중교통이 있다.
어릴 때는 지금처럼 교통카드를 기계에 대는 자동 결제 시스템이 없었다.
그때는 항상 현금을 써야 했다.

IM 전략 답변

Step 1 MP 말하기 (현재)	요약 지금은 결제 시스템이 쉽다. 삼성페이로 대중교통을 이용할 수 있다. ❶ To keep it short, the payment system is so much easier now. ❷ I can just use Samsung Pay on my phone to take any public transportation in Korea.
Step 2 MP와 반대 내용 말하기 (과거)	요약 어렸을 때는 표를 따로 사야 해서 불편했다. ❸ In the past, when I was a child, it wasn't that easy. ❹ You had to buy tickets separately before using the subway or bus, which was annoying.
Step 3 MP로 돌아와 관련 예시 말하기 (현재)	요약 지금은 휴대폰이 바로 티켓이라서 미리 살 필요가 없어 편리하다. ❺ But these days, your phone is your ticket to go anywhere you want. ❻ It's convenient because you don't need to buy tickets beforehand.

<table>
<tr><td>Step 4
MP와 연결하며 마무리</td><td>[요약] 그래서 대중교통 시스템이 많이 개선되었다고 느낀다.

❼ So yeah, that's one major improvement I've noticed with public transportation.</td></tr>
</table>

❶ 간단히 말하면, 지금은 결제 시스템이 훨씬 더 쉬워졌어요. ❷ 한국에서는 휴대폰으로 삼성페이를 사용해서 어떤 대중교통이든 탈 수 있거든요. ❸ 예전에, 제가 어렸을 때는 그렇게 간단하지 않았어요. ❹ 지하철이나 버스를 타기 전에 따로 표를 사야 해서 불편했죠. ❺ 하지만 요즘은 휴대폰이 곧 티켓이라서 어디든 갈 수 있어요. ❻ 미리 표를 살 필요가 없으니까 편리하죠. ❼ 그래서 네, 그게 제가 대중교통에서 느낀 큰 변화 중 하나예요.

(핵심 표현) ❻ It's convenient because you don't need to buy tickets **beforehand**.

beforehand는 '미리, 사전에'라는 뜻으로 in advance와 같은 뜻이에요. in advance는 공식적인 상황에서 많이 사용하는 반면, beforehand는 일상적인 대화에서 많이 사용해요.

[ex] Payment must be made **in advance**.
결제는 사전에 이루어져야 합니다. (공식적인 안내 문구에 사용)

You should pay **beforehand**.
결제를 미리 하는 게 좋아. (일상 대화에서 사용)

 학생 답변

> You know what? The cost for all of public transportation is really expensive nowadays. And I really dislike it. Because It's stealing money from my wallet. Yeah, I agree I can easily go somewhere with it.
> But when I was young, the bus ticket was only 50 cents. It was very cheap. So, I could take it without any kinds of burdens about money.
> But these days, the bus ticket is 1 dollar and half. If I go to work and get back home by a bus or subway, I have to pay more than 3 dollars for a day. So yeah, I think the cost for transportation is really crazy.
>
> **학생 답변 요약**
>
> 요즘 대중교통 요금이 너무 비싸서 싫다. 지갑에서 돈이 빠져나가는 느낌이다.
> 어릴 때는 버스비가 50센트라 부담 없이 탈 수 있었다.
> 하지만 지금은 1.5달러라서 출퇴근만 해도 하루에 3달러가 든다. 그래서 요금이 정말 미쳤다고 생각한다.

 전략 답변

<table>
<tr><td>Step 1
MP 말하기
(현재)</td><td>[요약] 요즘은 한국의 대중교통 요금이 비싸서 싫다.

❶ To keep it short, I feel like the fare for public transportation in Korea these days is quite high.
❷ And I really dislike that.</td></tr>
</table>

<table>
<tr><td>Step 2
MP와 반대 내용 말하기
(과거)</td><td>요약 어릴 때는 버스 요금이 50센트 정도라 부담이 없었다.

❸ In the past, when I was a kid, I remember the bus fare being only about 50 cents.
❹ It was so cheap.
❺ And so, I never felt burdened to take the bus.</td></tr>
<tr><td>Step 3
MP로 돌아와
관련 예시 말하기
(현재)</td><td>요약 지금은 왕복하면 4달러라서 너무 비싸게 느껴진다.

❻ But these days, it's nearly 2 dollars.
❼ That means if I go out and come back home, I'm spending at least 4 dollars just on bus fare.
❽ I find that a little too expensive.</td></tr>
<tr><td>Step 4
MP와 연결하며 마무리</td><td>요약 그래서 예전보다 대중교통 요금이 크게 달라졌다고 느낀다.

❾ So yeah, that's the main difference I've noticed with public transportation over time.</td></tr>
</table>

❶ 간단히 말해서, 요즘 한국의 대중교통 요금이 꽤 비싼 것 같아요. ❷ 그리고 저는 그게 정말 싫어요. ❸ 예전에 어렸을 때는 버스 요금이 50센트밖에 안 했던 걸로 기억해요. ❹ 정말 저렴했죠. ❺ 그래서 버스를 타는 게 전혀 부담스럽지 않았어요. ❻ 그런데 요즘은 거의 2달러예요. ❼ 그래서 외출했다가 집에 돌아오면, 하루에 교통비로만 최소 4달러는 쓰게 돼요. ❽ 좀 너무 비싸다고 생각해요. ❾ 네, 그래서 그게 제가 시간이 지나면서 대중교통에서 가장 크게 느낀 차이예요.

핵심 표현

❸ In the past, when I was a kid, **I remember** the bus fare **being** only about 50 cents.

「I remember + 명사 + being ~」 패턴은 '~가 ~였던 걸 기억한다'라는 뜻이에요.

ex **I remember** the food **being** cheap.
음식이 저렴했던 걸 기억해요.

❽ I **find** that a little too expensive.

여기서 find는 '~라고 생각하다, 느끼다'라는 의미예요. 개인적인 의견을 말할 때 자주 쓰여요.

ex I **find** that a bit strange.
저는 그게 좀 이상하다고 생각해요.

5 RP11 롤플레이

ch09-5.mp3

QUESTION

I'd like to give you a situation to act it out. You're planning a weekend trip to a nearby city and want to compare transportation options. Call the local travel information center and ask three or four questions to help you decide how to travel.

상황을 드릴 테니 연기를 해주세요. 당신은 주말에 근처 도시로 여행을 가려고 하는데, 교통수단을 비교하고 싶습니다. 지역 여행안내 센터에 전화해서 서너 가지 질문을 하고 어떻게 여행할지 결정하세요.

IM ▷ 학생 답변

Hello, how are you? Can I ask you something? I'd like to go travel your country, but I'm not sure…
Do you have the any public transportation, like, Uber or, like, public bicycle? Actually, I want to just to walking. And if I'm so tired, I want to use the public bicycle. Do you have?
Or you don't have any public, like, bicycle transportation? Or do you have the rental Uber just for one day?

학생 답변 요약

그 나라에 여행을 가고 싶은데…
우버나 공공 자전거 같은 교통수단이 있나요?
공공 자전거가 없으면 하루만 빌릴 수 있는 우버라도 있나요?

IM ▷ 전략 답변

Step 1 간단한 상황 설명	요약 주말에 여동생과 여행을 계획하고 싶어요.
	❶ Hi there, I'd like to plan a weekend trip with my sister.
	❷ And I have a few questions.
Step 2 첫 번째 질문하기 긍정 반응	요약 부산행 기차 좌석이 있나요? YES
	❸ I'm wondering… do you have any train seats to Busan? 질문
	❹ Oh really? 반응
	❺ You have many available? 상대방 말
	❻ That's great. 반응

<table>
<tr><td rowspan="2">Step 3
두 번째 질문하기
긍정 반응</td><td>요약 얼마인가요? 50달러</td></tr>
<tr><td>❼ How much are they? 질문
❽ Oh, only 50 dollars per seat? 상대방 말
❾ That's amazing. 반응</td></tr>
<tr><td rowspan="2">Step 4
마무리</td><td>요약 도와주셔서 감사합니다.</td></tr>
<tr><td>❿ OK, I'd like to buy them with your tour package.
⓫ Thanks a lot for your help.</td></tr>
</table>

❶ 안녕하세요, 주말에 여동생과 여행을 계획하고 싶어서요. ❷ 몇 가지 질문이 있어요. ❸ 혹시 부산행 기차 좌석이 있나요? ❹ 아, 정말요? ❺ 좌석이 많다고요? ❻ 정말 좋네요. ❼ 가격은 얼마인가요? ❽ 아, 좌석당 50달러밖에 안 한다고요? ❾ 정말 놀랍네요. ❿ 좋아요, 그럼 여행 패키지와 함께 구매하고 싶어요. ⓫ 도움 주셔서 정말 감사합니다.

 ❺ You have many **available**?

You have many seats available?이라고 할 수 있는데, seats가 문맥상 분명하니까 생략했어요. 원어민들은 이런 식으로 자주 줄여 말해요.

ex Do you have any left? (= Do you have any tickets left?)
남은 거 있나요?

Are there many **available**? (= Are there many rooms available?)
남은 게 많나요?

I'll take two, please. (= I'll take two tickets, please.)
두 장 주세요.

IH 학생 답변

Hi, this is information center, right? Oh, yeah, hi. I'm planning to go to a capital city on this Saturday. But I don't know how to get there from my hometown.
Can I ask what options I have to get to the capital city from here? Okay. Okay, I can take bus or subway?
What's the time difference between the subway and the bus? Oh yeah? The bus is 30 minutes faster than subway? Okay, I'll take the bus on Saturday.
Thank you so much for your help! Have a great day.

학생 답변 요약

이번 주 토요일에 수도에 가려고 하는데, 가능한 방법을 몰라요.
수도에 가는 방법이 무엇인가요?
지하철과 버스의 시간 차이가 얼마나 나나요?
감사합니다.

Step 1 간단한 상황 설명	요약 서울에 가려고 하는데 방법을 잘 모르겠어요. ❶ Hi there, is this the information center? ❷ Great. ❸ I'm planning to visit Seoul this Saturday, but I'm not sure how to get there.
Step 2 첫 번째 질문하기 긍정 반응	요약 어떤 교통수단을 추천하시나요? 버스 ❹ I'm wondering… what are my options? 질문 ❺ Oh, you suggest taking the bus? 상대방 말 ❻ Sounds good. 반응
Step 3 두 번째 질문하기 긍정 반응	요약 요금이 얼마인가요? 20달러 ❼ How much is it? 질문 ❽ Around 20 dollars? 상대방 말 ❾ Wow, that's great. 반응
Step 4 세 번째 질문하기 긍정 반응	요약 다른 방법도 있나요? 기차, 60달러 ❿ Are there any other options? 질문 ⓫ Oh, I can take the train, but it's 60 dollars? 상대방 말 ⓬ OK, that's good to know. 반응
Step 5 마무리	요약 버스를 이용할게요. 감사합니다. ⓭ I think I'll go with the bus. ⓮ I'll come by later this evening to make the purchase. ⓯ Thanks so much for your help!

❶ 안녕하세요, 안내센터 맞나요? ❷ 좋습니다. ❸ 이번 주 토요일에 서울을 방문할 예정인데, 어떻게 가야 할지 잘 모르겠어요. ❹ 어떤 선택지가 있는지 궁금합니다. ❺ 아, 버스를 타는 걸 추천하신다고요? ❻ 좋네요. ❼ 요금이 얼마인가요? ❽ 약 20달러요? ❾ 와, 정말 괜찮네요. ❿ 다른 방법도 있나요? ⓫ 아, 기차를 탈 수도 있는데 60달러라고요? ⓬ 알겠습니다, 좋은 정보네요. ⓭ 그럼 저는 버스를 이용하겠습니다. ⓮ 오늘 저녁에 들러서 구매할게요. ⓯ 도움 주셔서 정말 감사합니다!

핵심 표현 ⓭ I think I'll **go with** the bus.

go with는 '~를 선택하다, 고르다'라는 뜻으로 choose보다 더 캐주얼하고 구어체적인 느낌이에요.

ex I'll **go with** the chicken.
저는 치킨으로 할게요.

오픽 필수 영어 표현

IM ❸ seat 좌석 ❺ available 이용 가능한, 남아 있는
IH ❸ how to get 가는 방법 ⓭ go with ~로 선택하다, 고르다

RP12 롤플레이

QUESTION

I'm sorry, but there's a problem I need you to resolve. You're at a bus station, but the bus you need to take is delayed by more than an hour. Talk to the staff, explain your situation, and suggest two or three possible solutions.

죄송하지만 당신이 해결해야 할 문제가 있습니다. 당신은 버스 정류장에 있는데, 타야 할 버스가 한 시간 이상 지연되고 있습니다. 직원에게 상황을 설명하고, 가능한 해결책 두세 가지를 제안해 보세요.

IM >> 학생 답변

Hi, I have some problem. I have to use the bus number is zero, but I waited for a long time, like 1 hour or 1 hour half. But the bus is not coming.
How can I do? Or do you have any another bus number? I have to go city center. If you have, could you let me know?
And what time they start driving or what time they coming?

학생 답변 요약

0번 버스를 타야 하는데 1시간 넘게 기다려도 오지 않아요.
어떻게 해야 할까요? 아니면, 다른 버스가 있나요?
그리고 몇 시에 운행하나요?

IM >> 전략 답변

Step 1 간단한 상황 설명	**요약** 제 버스가 안 와요. ❶ Hi there, here's my bus ticket. ❷ I've been waiting for more than an hour, but my bus still hasn't arrived.
Step 2 첫 번째 제안하기 부정 반응	**요약** 계속 기다려야 하나요? NO ❸ I'm wondering… should I just keep waiting? 제안 ❹ Oh, no? 상대방 말 ❺ There was an accident? 상대방 말 ❻ That's terrible. 반응
Step 3 두 번째 제안하기 긍정 반응	**요약** 어떤 다른 선택지가 있나요? 다음 버스 타기 ❼ Then what are my options? 제안 ❽ Oh, I can take the next bus from platform 12? 상대방 말 ❾ Great, I'll do that. 반응

<table>
<tr><td>Step 4
마무리</td><td>요약 도와주셔서 감사합니다.
⑩ Thanks a lot for your help.</td></tr>
</table>

❶ 안녕하세요, 여기 제 버스 티켓인데요. ❷ 한 시간 넘게 기다렸는데 아직 제 버스가 오지 않아서요. ❸ 계속 기다려야 하나요? ❹ 아, 아니라고요? ❺ 사고가 있었어요? ❻ 안됐군요. ❼ 그러면 전 어떤 선택지가 있나요? ❽ 아, 12번 승강장에서 다음 버스를 탈 수 있다고요? ❾ 좋아요, 그렇게 할게요. ⑩ 도움 주셔서 정말 감사합니다.

 학생 답변

Hi, excuse me, I'm waiting for the bus number 7. But it's not coming for last an hour. I have an appointment I really have to go.
Is there any other buses I can take? Oh yeah? I can also get there with the bus number 8? Oh, great!
So, when does the bus number 8 arrive here? Oh, okay, that bus now approaching is number 8. I got it. I will take that one.
Thank you so much for your help!

학생 답변 요약

7번 버스를 한 시간 넘게 기다렸지만 오지 않아요.
다른 버스가 있나요?
8번 버스는 언제 오나요?
감사합니다.

 전략 답변

<table>
<tr><td>Step 1
간단한 상황 설명</td><td>요약 타야할 버스가 아직 안 왔어요.
❶ Hi, excuse me.
❷ This is my bus ticket.
❸ My bus was supposed to arrive at 7 p.m., but it's now 7:10.</td></tr>
<tr><td>Step 2
첫 번째 제안하기
부정 반응</td><td>요약 조금 더 기다리면 될까요? NO
❹ I was wondering… is there a delay?
❺ Should I just wait a little longer? 제안
❻ Oh, there was an accident? 상대방 말
❼ That's very unfortunate. 반응</td></tr>
<tr><td>Step 3
두 번째 제안하기
긍정 반응</td><td>요약 어떤 다른 선택지가 있나요? 다른 버스
❽ I really need to take this bus.
❾ What are my options? 제안
⑩ Oh, I can take a different bus? 상대방 말
⑪ Bus number 8 at 7:20? 상대방 말
⑫ Perfect. 반응</td></tr>
<tr><td>Step 4
마무리</td><td>요약 감사합니다.
⑬ I'll head over there right now.
⑭ Thanks so much for your help.</td></tr>
</table>

❶ 저기요, 실례합니다. ❷ 이게 제 버스 티켓인데요. ❸ 원래 이 버스가 오후 7시에 도착해야 했는데, 지금 7시 10분이네요. ❹ 혹시… 지연된 건가요? ❺ 조금만 더 기다리면 될까요? ❻ 아, 사고가 있었나요? ❼ 안타깝네요. ❽ 저는 꼭 이 버스를 타야 하는데요. ❾ 저에게 어떤 선택지가 있나요? ❿ 아, 다른 버스를 탈 수 있다고요? ⓫ 7시 20분에 오는 8번 버스요? ⓬ 완벽하네요. ⓭ 지금 바로 그쪽으로 가겠습니다. ⓮ 도움 주셔서 정말 감사합니다.

핵심 표현 ⓭ I'll **head** over there right now.

head는 '향하다, 가다'라는 뜻으로 go보다 방향성이 강조돼요.

ex I'm **heading** home now.
저는 지금 집으로 가고 있어요.

QUESTION

That's the end of the situation. Tell me about a time when something went wrong while you were using transportation, like a bike, bus, or train. What was the problem, and how did you handle it? Please describe everything that happened in detail.

이것으로 상황 종료입니다. 자전거, 버스, 기차 같은 교통수단을 이용하다가 문제가 생긴 적이 있나요? 어떤 문제가 있었고, 어떻게 해결했나요? 그때 있었던 일을 자세히 설명해 주세요.

 **학생 답변**

When I was in Seoul, I had to go to work. So I used the bus. But at that time, suddenly the bus is broken. The bus was broken.
So our, me and other passengers was shocked.
So, the bus driver told us, if you guys can… if you guys have some time, you guys had to transfer another bus number or another bus.
So at that time, I was so annoying because I don't, I didn't have any time to go to work. So, actually, like, you know… So as soon as possible, I had to change the bus and also other passengers as well. So, we didn't have any choice.

학생 답변 요약

서울에서 출근길에 버스를 탔는데 갑자기 고장이 나서 승객들이 놀랐다.
버스 기사님이 다른 버스로 갈아타야 한다고 안내했다.
출근 시간이 촉박해서 짜증 났지만 어쩔 수 없이 다른 승객들과 함께 바로 갈아탔다.

 **전략 답변**

Step 1 MP 말하기	**요약** 버스가 갑자기 고장이 나 짜증 났다. ❶ To keep it short, I once took the bus and it suddenly stopped working. ❷ It was really annoying.
	요약 버스가 꽉 찬 상태에서 엔진이 꺼졌다. 회사에 늦은 상황이라 답답했고 결국 다른 버스로 옮겨야 했다.
Step 2 MP 관련 예시 말하기	❸ To be honest, the bus was packed, and then all of a sudden, the engine shut off. ❹ I was already late for work, so it was very frustrating. ❺ In the end, we had to move to another bus. ❻ And I couldn't do anything about it.

❶ 간단히 말하면, 제가 버스를 탔는데 갑자기 고장이 난 적이 있어요. ❷ 정말 짜증 났어요. ❸ 솔직히 버스가 꽉 차 있었는데, 갑자기 엔진이 꺼졌어요. ❹ 이미 회사에 늦은 상태여서 정말 답답했어요. ❺ 결국 우리는 다른 버스로 옮겨야 했어요. ❻ 어쩔 수가 없었죠. ❼ 그래서 네, 그게 제가 버스를 타면서 겪었던 안 좋은 경험 중 하나예요.

핵심 표현 ❸ To be honest, the bus was packed, and then all of a sudden, the engine **shut off.**

shut off는 '꺼지다, 멈추다'라는 뜻으로 엔진, 전기, 기계 등이 갑자기 멈출 때 자주 써요.

ex The lights **shut off** suddenly.
불이 갑자기 꺼졌어요.

학생 답변

Once I took a subway, but I fell a sleep because I was really tired. So yeah, of course I passed my destination.
And I took the opposite train again and got back to the destination. It was quite embarrassed.
But you know what? Fortunately, because I passed my destination, I could see whole new city beyond my neighborhood. It had different atmosphere. And the park there was really beautiful. Even though I used more time to come back to the right destination, but I thought it was worth it. I could see a lot of new things there.

학생 답변 요약

피곤해서 지하철에서 잠들었다가 목적지를 지나쳤다.
반대편 열차를 타고 돌아와 목적지에 도착했는데, 그때 정말 창피했다.
하지만 덕분에 새로운 동네와 아름다운 공원을 볼 수 있어서 결국은 가치 있는 경험이었다.

Step 1 MP 말하기	요약 지하철에서 깜빡 잠들었다. 내릴 역을 지나쳐 버려서 충격을 받았다.	
	❶ To keep it short, I once took the subway and accidentally fell asleep. ❷ And when I woke up, I was shocked to realize I had completely passed my stop!	
Step 2 MP와 다른 예시 말하기	요약 하지만 좋은 점도 있었다. 낮잠을 개운하게 잤고 아름다운 공원을 발견했다.	
	❸ Now, two good things came out of it. ❹ For one, I felt so refreshed. ❺ It was a really good nap. ❻ And I also spotted a beautiful park outside the subway window, so I made a mental note to visit it in the near future.	
Step 3 MP로 돌아와 관련 예시 말하기	요약 그래도 전반적으로는 좋지 않은 경험이었다. 잠든 게 놀라웠고 시간을 낭비해 짜증 났다.	
	❼ But overall, it was still a negative experience. ❽ I was surprised at myself for actually falling asleep. ❾ And then I got annoyed because I had just lost valuable time.	
Step 4 MP와 연결하며 마무리	요약 그게 내가 겪은 지하철에서의 부정적인 경험이다.	
	❿ So yeah, that's one negative experience I've had while taking the subway.	

❶ 간단히 말해서, 지하철을 탔다가 그만 깜빡 잠이 들어버린 적이 있어요. ❷ 그리고 깼을 때, 내려야 할 정거장을 완전히 지나쳐버렸다는 걸 알고 정말 충격을 받았죠! ❸ 그런데 좋은 점도 두 가지 있었어요. ❹ 첫째, 너무 개운했어요. ❺ 정말 꿀같은 낮잠이었거든요. ❻ 그리고 지하철 창밖으로 아름다운 공원을 발견해서, 가까운 시일 안에 가봐야겠다고 마음속으로 메모했어요. ❼ 하지만 전반적으로는 여전히 좋지 않은 경험이었어요. ❽ 정말로 잠들었다는 사실에 제 자신에게 놀랐어요. ❾ 그리고 소중한 시간을 낭비했다는 게 짜증이 났었죠. ❿ 그래서 네, 그게 지하철을 타면서 제가 겪은 안 좋았던 경험 중 하나예요.

 ❸ Now, two good things **came out of** it.

come out of는 '~에서 나오다, ~의 결과로 생기다'라는 뜻으로, 여기서는 '그 일에서 좋은 결과가 나왔다'라는 의미예요.

ex A new idea **came out of** the meeting.
회의에서 새로운 아이디어가 나왔어요.

❻ And I also spotted a beautiful park outside the subway window, so I **made a mental note** to visit it in the near future.

make a mental note는 '마음속에 기억해 두다, 명심하다'라는 뜻이에요.

ex I **made a mental note** of the address.
저는 그 주소를 기억해 뒀어요.

(IM) ❶ stop working 작동을 멈추다 ❸ packed 꽉 찬, 붐비는 ❸ engine 엔진 ❸ shut off (기계 · 전기 등이) 꺼지다, 멈추다
(IH) ❶ fall asleep 잠들다 ❷ pass one's stop 정류장(역)을 지나치다 ❸ come out of ~에서 나오다, 비롯되다, 생겨나다 ❹ feel refreshed 상쾌하게 느끼다 ❺ nap 낮잠, 선잠, 잠깐 자다 ❻ make a mental note 마음속으로 기억하다, 꼭 기억해 두다 ❾ lose valuable time 소중한 시간을 잃다

IHU14 사회 / 이슈

문제, 전략 답변

ch09-8.mp3

QUESTION

People use different types of transportation in cities. What are two common options people use to get around? How are they different in terms of cost, convenience, or environmental impact? Why do you think someone might choose one over the other?

사람들은 도시에서 다양한 교통수단을 이용합니다. 사람들이 이동할 때 흔히 이용하는 두 가지 교통수단은 무엇인가요? 그 두 가지는 비용, 편리함, 환경적 영향 측면에서 어떻게 다른가요? 왜 사람들이 어떤 한 가지를 다른 것 대신 선택한다고 생각하나요?

IH >> 학생 답변

To keep it short, the popular public transportations are the bus and the subway in my country. And I think the biggest difference between these two things is how far does it go.

I think since the subway go farther than the bus, the people who go to the other cities usually take the subway. And the people who go to just near their hometown take the bus.

And I think subway is a bit more convenient because every stations are connected like a big cave. So, we don't have to wait outside for a long time.

학생 답변 요약

우리나라에서 인기 있는 대중교통은 버스와 지하철이다.
지하철은 멀리 갈 때, 버스는 근처로 갈 때 이용한다.
지하철은 역이 연결돼 있어 밖에서 오래 기다릴 필요가 없어 더 편리하다.

IH >> 전략 답변

Step 1 MP 말하기 (A, B)	요약 한국 사람들은 주로 버스와 지하철을 이용한다. ❶ To keep it short, people in my country mainly use either the bus or the subway. ❷ And I think both have their own benefits.
Step 2 A를 자세히 설명	요약 버스는 노선이 많고 바로 타기 편하다. 지하로 내려가지 않아도 돼서 빠르고 편리하다. ❸ For example, people love taking the bus because it's readily available. ❹ And there are so many routes to choose from. ❺ It's also technically faster than the subway since you don't have to go underground, which makes it very convenient.

<table>
<tr><td>Step 3
B를 자세히 설명</td><td>요약 지하철은 정확하고 믿을 만하다. 거의 제시간에 오고, 역마다 화장실도 있어 편하다.

❻ Of course, the subway is also considered convenient.
❼ It requires a bit more walking, but the schedules are far more accurate than the bus for obvious reasons.
❽ Trains usually arrive within the minute, which I find incredibly impressive.
❾ And you can also easily find restrooms at most stations, which is a huge plus.</td></tr>
<tr><td>Step 4
MP와 연결하며 마무리</td><td>요약 그래서 한국에서 가장 흔한 교통수단은 버스와 지하철이다.

❿ So yeah, those are the two most common transportation options people prefer here in Korea.</td></tr>
</table>

❶ 간단히 말해서, 우리나라 사람들은 주로 버스나 지하철을 이용해요. ❷ 그리고 저는 두 가지 모두 각각의 장점이 있다고 생각해요. ❸ 예를 들어, 사람들은 버스를 좋아하는데, 그 이유는 쉽게 이용할 수 있기 때문이에요. ❹ 그리고 선택할 수 있는 노선도 정말 다양하죠. ❺ 또 지하로 내려가지 않아도 되기 때문에 따지자면 지하철보다 빠른 경우도 있어서 매우 편리해요. ❻ 물론 지하철도 편리하다고 여겨져요. ❼ 조금 더 걸어야 하긴 하지만, 당연히 버스보다 운행 시간이 훨씬 정확해요. ❽ 열차는 보통 1분 이내로 도착하는데, 그 점이 정말 놀랍다고 생각해요. ❾ 그리고 대부분의 역에서 화장실을 쉽게 찾을 수 있다는 것도 큰 장점이에요. ❿ 그래서 네, 이것들이 한국에서 사람들이 가장 많이 선호하는 두 가지 교통수단이에요.

핵심 표현

❸ For example, people love taking the bus because it's **readily** available.

readily는 '쉽게, 손쉽게, 곧바로'라는 뜻이에요.

ex He **readily** agreed to help.
그는 흔쾌히 돕겠다고 했어요.

❼ It requires a bit more walking, but the schedules are **far more** accurate than the bus for obvious reasons.

「far more + 형용사」는 '훨씬 더 ~한'이라는 강조 표현이에요.

ex He is **far more** confident now.
그는 지금 훨씬 더 자신감 있어요.

문제, 전략 답변

ch09-9.mp3

QUESTION

Recently, there have been news reports about new high-speed train lines opening in some countries. Have you seen or heard anything about this in the news? What are your thoughts on how high-speed trains might change the way people travel in the future?

최근 일부 국가에서 새로운 고속철도 노선이 개통된다는 뉴스가 있었습니다. 이와 관련된 뉴스를 보거나 들은 적이 있나요? 고속열차가 앞으로 사람들의 여행 방식을 어떻게 바꿀 것이라고 생각하나요?

IH > 학생 답변

Yeah, I heard about the news about Hyper-loop train. It sounds really amazing, right? Because the top speed of it is more than 300km per hour. I think it's really cool. And it will make people more convenient.
Simply because, you know, it can save a lot of times by its crazy speed. But just one thing I'm worrying about this is safety.
You know, it's way too fast, right? So, if it has any kinds of problem, the size of the accident will not be small.
So yeah, I think this is really amazing technology, but I also hope the inventor make safety stuffs too. But its speed is still fantastic.

학생 답변 요약

하이퍼루프 기차에 대한 뉴스를 들었는데, 시속 300km 이상이라서 정말 멋지다고 생각했다.
속도가 빠르니까 시간을 많이 절약할 수 있지만, 안전이 걱정됐다.
그래서 멋진 기술이라고 생각하면서도, 발명가가 안전장치도 잘 만들기를 바랐다.

Step 1 MP 말하기	요약 유튜브에서 하이퍼루프 열차에 대해 들었다. 승객 캡슐이 엄청난 속도로 달려서 놀랍다고 생각했다. ❶ To keep it short, I heard about "hyperloop trains" on YouTube. ❷ They're basically passenger pods that travel at extremely high speeds. ❸ And I thought that was amazing.
Step 2 MP와 다른 예시 말하기	요약 하지만 사람들은 안전 문제와 높은 비용을 걱정했다. ❹ Now, some people are worried about this new innovation. ❺ For example, how safe could it really be, especially if there's an accident? ❻ And others also worry about how expensive it might be.
Step 3 MP로 돌아와 관련 예시 말하기	요약 그래도 나는 속도에 감탄했다. 시속 1,000km라서 국내 이동 시간이 크게 줄어들 수 있다. ❼ But overall, I was just blown away by the speed. ❽ Once built, it could travel at around 1,000 kilometers per hour! ❾ That would save so much time for domestic travel or commuting.
Step 4 MP와 연결하며 마무리	요약 그래서 그게 뉴스 영상에서 본 기억에 남는 내용이다. ❿ So yeah, that's the news clip I remember watching on YouTube.

❶ 간단히 말하자면, 유튜브에서 '하이퍼루프 열차'에 대해 들었어요. ❷ 기본적으로 매우 빠른 속도로 이동하는 승객용 캡슐이에요. ❸ 그리고 저는 그게 정말 놀랍다고 생각했어요. ❹ 그런데, 어떤 사람들은 이 새로운 혁신에 대해 걱정을 하더라고요. ❺ 예를 들어, 사고가 난다면 과연 얼마나 안전할 수 있을까요? ❻ 그리고 또 다른 사람들은 비용이 얼마나 비쌀지 걱정해요. ❼ 하지만 전체적으로 저는 그 속도에 정말 압도당했어요. ❽ 완성되면 시속 1,000킬로미터 정도로 달릴 수 있다고 하더라고요! ❾ 그러면 국내 여행이나 통근 시간도 엄청나게 절약할 수 있겠죠. ❿ 그래서 네, 그게 제가 유튜브에서 본 뉴스 영상에서 기억나는 내용이에요.

핵심 표현 ▶ ❺ For example, **how** safe **could it** really **be**, especially if there's an accident?

❻ And others also worry about **how** expensive **it might be.**

「how + 형용사 + could / might it be」 구조는 '얼마나 ~할 수 있을지'라는 의문을 표현해요.

ex **How** difficult **could it be**?
얼마나 어렵겠어요?

How dangerous **might it be**?
얼마나 위험할 수 있을까요?

오픽 필수 영어 표현

IH ▶ ❷ passenger pod 승객용 캡슐 ❷ at extremely high speeds 극도로 빠른 속도로 ❹ innovation 혁신 ❼ be blown away by ~에 감명받다, 놀라다 ❾ domestic travel 국내 여행

CHAPTER 09

Transportation

CHAPTER 10 Weather 날씨

Weather(날씨) 질문 한눈에 보기

❶ Description 묘사	Tell me about the weather where you live. How are the seasons? What is the weather like in each season? Which season do you personally like?
❷ Habit 습관	When you check the weather forecast, what kind of information do you pay attention to first, like temperature, rain, or wind? Why is that most important for you? How does it influence your plans for the day?
❸ Past Experience 과거 경험	Severe weather conditions can do a lot of damage. Tell me about an experience you had related to severe weather conditions. Perhaps a city was flooded, or maybe businesses or schools closed due to heavy snow. What was the problem? How did you deal with that situation? Give me all the details about that experience.
❹ Comparison 비교	How has the weather changed over the years where you live? What was the weather like when you were younger? How is it different these days?
❺ RP11 롤플레이	I'd like to give you a situation to act it out. You're at a clothing store because you want to buy something suitable for the upcoming season. Talk to the shop staff and ask three or four questions about the right clothes for different weather.
❻ RP12 롤플레이	I'm sorry, but there's a problem I need you to resolve. You were planning a picnic today, but it has started raining heavily. Call your friend, explain the situation, and suggest two or three other things you could do instead.
❼ RP13 과거 경험	That's the end of the situation. Have you ever had any trouble due to unexpected weather? What happened? Who were you with? How did you deal with that situation? Tell me everything that happened due to the unexpected weather.
❽ IHU14 사회 / 이슈	Different countries have very different types of weather. Can you tell me about a country that has weather that's really different from your country's? What kinds of things would be fun or difficult for someone living there?
❾ IHU15 사회 / 이슈	These days, there's been a lot of news about extreme weather events, like heatwaves or heavy rain. What kinds of stories have you seen or heard about lately? How do you usually respond when you hear about these kinds of weather-related events?

1 Description 묘사

ch10-1.mp3

QUESTION

Tell me about the weather where you live. How are the seasons? What is the weather like in each season? Which season do you personally like?

당신이 사는 곳의 날씨에 대해 이야기해 주세요. 계절은 어떤가요? 각 계절의 날씨는 어떻나요? 개인적으로 어떤 계절을 좋아하나요?

IM ≫ 학생 답변

We have four seasons in my country. I lived in Seoul, though.
So actually, I like autumn and winter compared to other seasons. Because I hate the summer season.
Always summer season has the rainy day, so… And humidity. So, actually I prefer the cold season like autumn and winter.

학생 답변 요약

우리나라에는 사계절이 있고, 나는 서울에 산다.
나는 여름을 싫어해서 가을과 겨울을 더 좋아한다.
여름은 비가 자주 오고 습해서, 추운 계절을 선호한다.

IM ≫ 전략 답변

Step 1 MP 말하기	**요약** 우리나라에는 사계절이 있지만 나는 날씨가 딱 좋아서 가을을 가장 좋아한다. ❶ To keep it short, we have four seasons in my country, but I like autumn the most. ❷ The temperature is perfect in my opinion.
Step 2 MP 관련 예시 말하기	**요약** 봄은 비가 많고, 여름은 덥고, 겨울은 춥다. 하지만 가을은 적당해 산책하기 좋다. ❸ To be honest, spring is too rainy, summer is too hot, and winter is too cold. ❹ But fall is just right. ❺ I live in Seoul, and during the fall, all I need is a sweater. ❻ The weather is very nice to go out for a walk.
Step 3 MP와 연결하며 마무리	**요약** 그래서 내가 가을을 가장 좋아한다. ❼ So yeah, that's why I like autumn the most.

❶ 간단히 말하면, 우리나라에는 사계절이 있지만 저는 가을을 가장 좋아해요. ❷ 기온이 딱 알맞은 것 같거든요. ❸ 솔직히 봄은 비가 너무 많이 오고, 여름은 너무 덥고, 겨울은 너무 추워요. ❹ 하지만 가을은 딱 좋죠. ❺ 저는 서울에 사는데, 가을에는 스웨터 한 벌만 있으면 충분해요. ❻ 산책하기에 날씨가 정말 좋아요. ❼ 그래서 그게 제가 가을을 가장 좋아하는 이유입니다.

5 I live in Seoul, and **during the fall**, all I need is a sweater.

학생들은 흔히 in fall만 쓰는데, 원어민들은 during the fall도 자주 써요. '가을 동안 내내'라는 뉘앙스가 있어서 의미가 더 풍부해져요.

ex **During the summer**, we often go swimming.
여름 동안 우리는 수영을 하러 자주 가요.

학생 답변

Here in Korea, we have four seasons. And I personally like winter. Because I really hate getting sweat outside.
We have other seasons like spring, summer, and fall. But especially in the summer, it's extremely hot here. I always get sweat if I walk around the street in the summer. It's so damp. And I very hate it.
But in the winter, it's really cold, so I never get sweat. That's why I like winter among four kinds of seasons.

한국에는 사계절이 있는데, 나는 개인적으로 겨울을 좋아한다. 땀 흘리는 걸 싫어하기 때문이다. 다른 계절도 있지만, 특히 여름은 너무 덥고 밖에만 나가도 땀이 난다. 여름은 습해서 정말 싫다. 겨울에는 춥지만 땀이 안 나서 좋다. 그래서 사계절 중 겨울을 좋아한다.

전략 답변

Step 1 MP 말하기	요약 한국에는 사계절이 있다. 나는 시원함 때문에 겨울을 가장 좋아한다. **1** To keep it short, here in Korea, we have four seasons. **2** And I personally like winter the most because I enjoy staying cool.
Step 2 MP와 다른 예시 말하기	요약 여름은 덥고 땀이 많이 난다. 봄과 가을도 낫지만, 여전히 덥다. **3** Now, summer is the complete opposite. **4** For example, it gets very hot, and I tend to sweat a lot. **5** Spring and fall are better than summer, but I still sweat quite a bit.
Step 3 MP로 돌아와 관련 예시 말하기	요약 겨울은 시원하고, 춥더라도 옷을 더 껴입으면 돼서 좋다. **6** But during the winter, I almost never sweat. **7** I love how I'm always feeling cool. **8** And if it gets too cold, I can just put on more layers.
Step 4 MP와 연결하며 마무리	요약 그래서 겨울을 더 좋아한다. **9** So yeah, that's the main reason I prefer winter over the other seasons.

1 간단히 말해서, 여기 한국에는 사계절이 있어요. **2** 그리고 저는 개인적으로 겨울을 가장 좋아하는데, 시원하게 지내는 걸 즐기기 때문입니다. **3** 그런데 여름은 정반대예요. **4** 예를 들어, 너무 더워서 땀을 많이 흘리곤 하죠. **5** 봄과 가을은 여름보다는 낫지만, 그래도

꽤 많이 땀을 흘립니다. ❻ 하지만 겨울에는 거의 땀을 흘리지 않아요. ❼ 항상 시원하게 느껴지는 게 정말 좋아요. ❽ 그리고 너무 춥다면 옷을 더 껴입기만 하면 돼요. ❾ 그래서 네, 이게 제가 다른 계절들보다 겨울을 더 좋아하는 주된 이유입니다.

핵심 표현 ❺ Spring and fall are better than summer, but I still sweat **quite a bit**.

quite a bit은 '꽤 많이'라는 뜻이에요. a little보다는 훨씬 강하고, a lot보다는 조금 덜 강한 느낌이에요.

ex He knows **quite a bit** about computers.
그는 컴퓨터에 대해 꽤 많이 알아요.

❽ And if it gets too cold, I can just **put on more layers**.

layer는 '겹쳐 입는 옷'을 말해요. put on more layers는 '겹겹이 더 입다'라는 뜻의 자연스러운 표현이에요.

ex I **put on another layer** because it was cold.
저는 추워서 옷을 한 겹 더 입었어요.

2 Habit 습관

QUESTION

When you check the weather forecast, what kind of information do you pay attention to first, like temperature, rain, or wind? Why is that most important for you? How does it influence your plans for the day?

일기예보를 확인할 때, 기온 · 비 · 바람 같은 정보 중에서 가장 먼저 확인하는 것은 무엇인가요? 그게 왜 가장 중요한가요? 그 정보가 하루 계획에 어떤 영향을 주나요?

 **IM** 학생 답변

When I check the weather forecast, I used to check if the day have rainy or rainy day at that day, so… Because I hate rainy day.
So if raining the day, they let me know you have, you should take the umbrella like uh… or careful to me. So, I check the weather if rain or no.

학생 답변 요약

일기예보를 볼 때 가장 먼저 비가 오는지 확인한다. 비 오는 날을 싫어하기 때문이다.
비가 오면 우산을 챙기라고 알려주기 때문에 확인한다. 그래서 비가 오는지 안 오는지를 항상 확인한다.

 **IM** 전략 답변

Step 1 MP 말하기 (행동 중심)	**요약** 일기예보를 볼 때 주로 비를 확인한다. ❶ To keep it short, I usually pay attention to the rain when I check the weather forecast.
Step 2 MP 관련 예시 말하기	**요약** 비 올 확률이 40퍼센트 이상이면 항상 우산을 챙긴다. 젖는 게 정말 싫다. ❷ To be honest, nothing else is more important. ❸ When I go out, I need to know if I should bring an umbrella. ❹ And so, if the chance of rain is more than 40%, I always take one. ❺ I just hate getting wet.
Step 3 MP와 연결하며 마무리	**요약** 그래서 항상 비가 오는지를 확인한다. ❻ So yeah, that's why I always check for the rain.

❶ 간단히 말하면, 저는 일기예보를 볼 때 보통 비에 신경을 써요. ❷ 솔직히 다른 건 그다지 중요하지 않아요. ❸ 외출할 때 우산을 가져가야 할지 알아야 하거든요. ❹ 그래서 비 올 확률이 40퍼센트 이상이면 항상 우산을 챙겨요. ❺ 젖는 게 정말 싫거든요. ❻ 그래서 저는 항상 비가 오는지를 확인해요.

④ And so, if the chance of rain is more than 40%, I always take one.

chance of rain은 '강수 확률'이라는 뜻으로 뉴스나 일상에서 자주 쓰여요.

ex The **chance of rain** is low this week.
이번 주는 비 올 확률이 낮아요.

학생 답변

What I always check in the weather forecast is rain. Simply because if it rains, and if I don't have umbrella, I cannot go anywhere. It would be really stressful.
And you know, these days we can easily check the weather forecast on the phone. It shows weather, temperature, rain, snow… everything!
But like I said, what I always check is rain. I can walk in the hot or cold temperature, but not in the rain. That's why I always check the rain first.

학생 답변 요약

날씨 예보에서 항상 확인하는 건 비다. 우산이 없는데 비가 오면 아무 데도 못 가기 때문에 스트레스 받는다.
요즘은 휴대폰으로 쉽게 날씨를 확인할 수 있고, 날씨·기온·비·눈을 다 보여준다.
그래도 나는 항상 비만 먼저 본다. 덥거나 추워도 걸을 수 있지만, 비 오는 건 못 참아서 꼭 확인한다.

전략 답변

Step 1 MP 말하기 (행동 중심 – 현재)	요약 일기예보에서 비가 오는지를 가장 먼저 확인한다. ❶ To keep it short, every time I check the weather forecast, I'm usually looking to see if it's going to rain.
Step 2 빠른 비교 전략 (MP와 반대 내용 – 과거)	요약 예전에는 기온만 확인하고 옷차림을 조절했다. ❷ In the past, I only checked the temperature. ❸ If it was hot, I dressed lightly. ❹ And if it was cold, I wore more layers. ❺ I didn't really care about the rain.
Step 3 MP로 돌아와 관련 예시 말하기 (현재)	요약 요즘은 비만 신경 쓴다. 우산 없이 비 맞는 게 싫다. ❻ But these days, it's the opposite. ❼ About 90% of the time, I double-check for rain. ❽ I find it extremely annoying when I'm caught outside without an umbrella.
Step 4 MP와 연결하며 마무리	요약 그래서 항상 비가 오는지를 가장 먼저 확인한다. ❾ So yeah, that's the main reason I always check to see if it's going to rain or not.

❶ 간단히 말해서, 저는 일기 예보를 볼 때마다 보통 비가 오는지 먼저 확인해요. ❷ 예전에는 기온만 확인했어요. ❸ 그래서 덥다면 옷을 가볍게 입었어요. ❹ 춥다면 옷을 더 껴입었죠. ❺ 비에 대해서는 크게 신경 쓰지 않았습니다. ❻ 하지만 요즘은 반대예요. ❼ 거의 90퍼센트는 비가 오는지 두 번 확인합니다. ❽ 우산 없이 밖에 있으면 정말 짜증 나거든요. ❾ 그래서 저는 항상 비가 올지 안 올지를 확인해요.

❽ I find it extremely annoying when I'm caught outside without an umbrella.

be caught은 '갑자기 ~에 당하다'라는 뜻으로 여기서는 '우산 없이 비를 맞다'라는 의미예요.

ex We **were caught** outside during the storm.
우리는 폭풍우 동안 밖에 있었어요.

오픽 필수 영어 표현

(IM) ❶ pay attention to ~에 주의를 기울이다 ❶ weather forecast 일기 예보 ❹ chance of rain 비 올 확률 ❹ take 챙기다 ❺ get wet 젖다

(IH) ❸ dress lightly 가볍게 입다 ❻ the opposite 반대인 것 ❽ be caught outside without ~ 없이 밖에서 곤란한 상황에 처하다

QUESTION

Severe weather conditions can do a lot of damage. Tell me about an experience you had related to severe weather conditions. Perhaps a city was flooded, or maybe businesses or schools closed due to heavy snow. What was the problem? How did you deal with that situation? Give me all the details about that experience.

악천후는 많은 피해를 줄 수 있습니다. 당신이 겪었던 악천후와 관련된 경험에 대해 이야기해 주세요. 예를 들어, 도시가 홍수 피해를 입었다거나 폭설로 가게나 학교가 문을 닫았을 수도 있습니다. 어떤 문제가 있었나요? 그 상황을 어떻게 대처했나요? 그 경험에 대해 모든 세부 사항을 말해주세요.

IM ▷ 학생 답변

Before we had rainy season like a typhoon coming our country. But I had to go to work.
If I was, if I were if I was a student actually, school blocked the day or just to stop running. But work is different.
So, huge rainy day, I had to go. And I went. I didn't have any choice because I had to work and I make the money, you know?

학생 답변 요약

우리나라는 태풍 같은 장마가 왔을 때도 출근해야 했다.
학생이었다면 학교가 쉬었을 텐데 직장은 달랐다.
많은 비가 와도 어쩔 수 없이 일하러 갔다. 돈을 벌어야 했기 때문이다.

IM ▷ 전략 답변

Step 1 MP 말하기	**요약** 출근했을 때 옷이 흠뻑 젖은 적이 있다. 여벌 옷이 없어 최악이었다. ❶ To keep it short, I once arrived at work completely wet. ❷ And it was terrible because I didn't have any spare clothes.
Step 2 MP 관련 예시 말하기	**요약** 우산을 썼지만 비가 너무 심해 완전히 젖었고, 그대로 일해야 해서 힘들었다. ❸ To be honest, there was heavy rain that day. ❹ I had an umbrella, but it didn't help. ❺ I still got drenched from head to toe. ❻ And I still had to work while I was wet, which was very frustrating.
Step 3 MP와 연결하며 마무리	**요약** 그래서 그게 비에 관한 나쁜 기억 중 하나다. ❼ So yeah, that's one bad memory I have about the rain.

❶ 간단히 말하면, 한번은 회사에 완전히 젖은 채 도착한 적이 있어요. ❷ 여벌 옷이 없어서 정말 끔찍했죠. ❸ 사실 그날은 비가 엄청 많이 왔어요. ❹ 우산을 가지고 있었지만 소용이 없었어요. ❺ 결국 머리부터 발끝까지 다 젖어버렸어요. ❻ 그리고 젖은 상태로 일을 해야 해서 정말 답답했어요. ❼ 그래서 그게 비에 관한 안 좋은 기억 중 하나입니다.

---

 ❺ I still **got drenched** from head to toe.

get drenched는 '흠뻑 젖다'라는 뜻으로 보통 비나 물에 완전히 젖었을 때 써요.

ex We **got drenched** playing outside.
우리는 밖에서 놀다가 흠뻑 젖었어요.

 학생 답변

> I studied abroad in the Philippines. And the raining season of the Philippines was really crazy! It poured down. Even the classes were canceled because of the rain! I love the Philippines. But to be honest, the drain system of it was not really good. So, whenever it rained, the city was always flooded.
> The good thing of it for me is I didn't have to go to school. But it also damaged a lot to the city. The buses couldn't move because of it. And, yeah, so that's the reason classes were canceled at that time.
>
> **학생 답변 요약**
>
> 나는 필리핀에서 유학했다. 그 나라의 우기는 정말 심했다. 비가 너무 많이 와서 수업이 취소되기도 했다.
> 필리핀을 좋아하지만 배수 시설이 좋지 않아 항상 도시가 침수됐다.
> 학교를 안 가도 돼서 좋았지만, 도시에는 큰 피해가 있었고 버스도 운행하지 못했다.

 전략 답변

Step 1 MP 말하기	**요약** 몇 년 전 필리핀에서 유학할 때, 장마철 비가 말도 안 되게 많이 와서 정말 미친 날씨였다. ❶ To keep it short, a few years ago, I studied abroad in the Philippines. ❷ And I remember the rainy season being absolutely crazy. ❸ I had never seen so much rain in my life!
Step 2 MP와 다른 예시 말하기	**요약** 비를 제외하면 날씨는 대부분 좋았다. 햇볕은 선탠하기에 완벽했고, 겨울에도 따뜻했다. ❹ Now, aside from the rain, the weather there was beautiful most of the time. ❺ For example, the sunshine was perfect for getting a nice tan. ❻ And even during the winter, the weather stayed pleasantly warm.

<table>
<tr><td rowspan="2">Step 3
MP로 돌아와
관련 예시 말하기</td><td>요약 장마철엔 도시가 잠기고 건물도 피해를 입었다.</td></tr>
<tr><td>❼ But during the monsoon season, it got really intense.
❽ The entire city I lived in was pretty much flooded.
❾ I liked that I didn't have to go to school, but unfortunately, a lot of buildings were damaged.</td></tr>
<tr><td rowspan="2">Step 4
MP와 연결하며 마무리</td><td>요약 그게 필리핀에서 겪은 폭우에 대한 경험이었다.</td></tr>
<tr><td>❿ So yeah, that was my crazy rain experience in the Philippines.</td></tr>
</table>

❶ 간단히 말하자면, 몇 년 전 저는 필리핀에서 유학을 했어요. ❷ 그리고 우기가 정말 말도 안 되게 심했던 게 기억나요. ❸ 제 인생에서 그렇게 많은 비는 처음 봤어요! ❹ 하지만 비만 빼면, 그곳의 날씨는 대부분 아름다웠습니다. ❺ 예를 들어, 햇볕이 완벽해서 피부를 예쁘게 태울 수 있었죠. ❻ 그리고 심지어 겨울에는 쾌적하고 따뜻한 날씨가 계속되었어요. ❼ 하지만 장마철에는 정말 심각해졌어요. ❽ 제가 살던 도시 전체가 거의 다 잠겼습니다. ❾ 학교에 가지 않아도 되는 건 좋았지만, 안타깝게도 많은 건물들이 피해를 입었어요. ❿ 그래서 네, 그게 제가 필리핀에서 겪었던 미친 듯한 폭우 경험이었습니다.

핵심 표현 ❺ For example, the sunshine was perfect for **getting a** nice **tan**.

get a tan은 '피부를 태우다, 햇볕에 그을리다'라는 뜻으로, a nice tan이라고 하면 '예쁘게 그을린 피부'라는 뉘앙스예요.

ex I don't want to **get a tan**.
저는 피부를 태우고 싶지 않아요.

4 Comparison 비교

ch10-4.mp3

QUESTION

How has the weather changed over the years where you live? What was the weather like when you were younger? How is it different these days?

당신이 사는 곳의 날씨는 시간이 지나면서 어떻게 변했나요? 어렸을 때 날씨는 어땠나요? 지금은 어떻게 달라졌나요?

 **IM** ▷ **학생 답변**

When I was young, even if it rained, I didn't mind, I didn't care to wet. Because, there are, had, there didn't have a lot of air pollution.
But these days, you know, everywhere all of the world have same problem. It's like, like air pollution. So we can't get wet, like, rainy days. So, I think this is the different situation compared to few years ago.

학생 답변 요약

어렸을 때는 비를 맞아도 신경 쓰지 않았다. 그때는 공기 오염이 심하지 않았기 때문이다.
하지만 요즘은 전 세계가 공기 오염 문제를 겪고 있다. 그래서 비 오는 날 함부로 젖을 수 없고, 예전과는 다른 상황이라고 생각한다.

 **IM** ▷ **전략 답변**

Step 1 MP 말하기 (현재)	**요약** 요즘은 비가 자주 와서 싫다. 우산을 항상 들고 다녀야 해서 귀찮다. ❶ To keep it short, it rains a lot these days. ❷ And I hate it because it's annoying to carry an umbrella all the time.
Step 2 MP와 반대 내용 말하기 (과거)	**요약** 예전에는 비가 거의 오지 않아 우산이 필요 없었다. ❸ In the past, I remember it almost never rained, which was great. ❹ It was mostly dry, so I usually didn't need to carry an umbrella.
Step 3 MP로 돌아와 관련 예시 말하기(현재)	**요약** 하지만 요즘은 비가 자주 와서 우산을 챙기는 게 귀찮다. ❺ But these days, it rains quite often. ❻ And it's annoying to always carry an umbrella.
Step 4 MP와 연결하며 마무리	**요약** 그래서 요즘 날씨가 예전과 다르다고 느낀다. ❼ So yeah, that's what's different about the weather these days.

❶ 간단히 말하면, 요즘 비가 많이 와요. ❷ 항상 우산을 들고 다녀야 해서 싫어요. ❸ 예전에는 비가 거의 안 왔던 걸로 기억하는데, 정말 좋았어요. ❹ 대부분 건조해서 보통 우산을 챙길 필요가 없었거든요. ❺ 하지만 요즘은 비가 꽤 자주 와요. ❻ 그래서 항상 우산을 챙겨야 해서 불편해요. ❼ 그래서 네, 요즘 날씨가 달라진 점이 바로 이것입니다.

(핵심 표현) ❹ It was mostly **dry**, so I usually didn't need to bring an umbrella.

날씨를 이야기할 때 dry는 '비가 거의 안 오는'이라는 뜻이에요.

(ex) It's usually **dry** in this area.
이 지역은 보통 비가 잘 안 와요.

 학생 답변

> It's extremely hot here. I cannot live without an air conditioning system. I really hate this hot temperature.
> But you know what? The weather was not this much hot before when I was child. Even though it was hot, I could stand with electric fan and ice cream.
> I mean, It was fine. But these days, ice cream and fans are no use. Ice cream is melted in just 2 minutes.
> And I guess it's getting hotter and hotter because of the global warming. This is not a weather people can live. So, yeah, I absolutely love the weather before.

학생 답변 요약

요즘은 너무 더워서 에어컨 없이는 살 수 없다. 나는 이 더운 날씨가 싫다.
어릴 때는 지금처럼 덥지 않았고, 선풍기와 아이스크림만으로도 견딜 수 있었다.
하지만 요즘은 아이스크림도 금방 녹고, 선풍기도 소용이 없다.
지구 온난화 때문에 점점 더 더워지는 것 같아서, 예전 날씨가 훨씬 좋았다고 생각한다.

 전략 답변

Step 1 MP 말하기 (현재)	(요약) 요즘 여름이 너무 덥고 습해서 에어컨 없이는 살기 힘들다. ❶ To keep it short, it's extremely hot here, especially in the summer. ❷ And so, it's really difficult to live without an air conditioner.
Step 2 MP와 반대 내용 말하기 (과거)	(요약) 예전에는 여름에도 시원해서 밖에서 놀기 좋았다. ❸ In the past, I remember it being cool even during the summer. ❹ And so, I could go out with my friends without sweating too much. ❺ I really loved the weather back then.

<table>
<tr><td>Step 3
MP로 돌아와
관련 예시 말하기
(현재)</td><td>요약 요즘은 너무 덥고 습해서 밖에 오래 못 있고, 보통 카페에서 에어컨을 즐긴다.

❻ But these days, it's just way too hot.
❼ It's also humid, so staying outside for too long is almost impossible.
❽ When it's scorching, I usually find a nice café and stay indoors to enjoy the cool AC.
❾ Honestly, I don't know what happened to our weather.</td></tr>
<tr><td>Step 4
MP와 연결하며 마무리</td><td>요약 그래서 날씨가 예전과 크게 달라졌다고 느낀다.

❿ So yeah, that's how I feel the weather has changed over time.</td></tr>
</table>

❶ 간단히 말해서, 여기는 정말 더워요, 특히 여름에는요. ❷ 그래서 에어컨 없이는 살기가 정말 힘들어요. ❸ 예전에는 여름에도 시원했던 걸로 기억해요. ❹ 그래서 친구들과 밖에 나가도 땀을 많이 흘리지 않았었죠. ❺ 저는 그 당시의 날씨가 정말 좋았어요. ❻ 하지만 요즘은 너무 더워요. ❼ 게다가 습하기까지 해서, 밖에 오래 있는 건 거의 불가능하죠. ❽ 날씨가 아주 찌는 듯이 더운 날엔 보통 괜찮은 카페에 들어가 시원한 에어컨 바람을 즐기곤 해요. ❾ 솔직히, 우리나라의 날씨에 무슨 일이 생긴 건지 모르겠어요. ❿ 그래서 네, 저는 시간이 지나면서 날씨가 이렇게 변했다고 느껴요.

핵심 표현 ▶ ❽ When it's scorching, I usually find a nice café and stay indoors to enjoy the cool **AC.**

AC는 air conditioning의 줄임말로 일상 대화에서는 거의 항상 이렇게 줄여서 써요.

ex Do you have **AC** in this room?
이 방에 에어컨 있나요?

Q UESTION

문제, 전략 답변

ch10-5.mp3

I'd like to give you a situation to act it out. You're at a clothing store because you want to buy something suitable for the upcoming season. Talk to the shop staff and ask three or four questions about the right clothes for different weather.

상황을 드릴 테니 연기를 해주세요. 다가오는 계절에 맞는 옷을 사기 위해 의류 매장에 와 있습니다. 점원에게 날씨에 맞는 옷에 대해 서너 가지 질문을 해보세요.

IM ▷ 학생 답변

I'd like to buy some jacket. Because the winter season is coming, you know? So, could you mind recommend some jacket or coat? Actually, I prefer to long coat.
And, do you have any, like, a hat? Like fur hat. I'do like to buy that one as well.

학생 답변 요약

겨울이 다가오고 있어요.
재킷이나 코트를 추천해 주세요.
털모자 같은 것도 있나요?

IM ▷ 전략 답변

Step 1 간단한 상황 설명	요약 재킷을 하나 사려고 해요. ❶ Hi there, I'm looking for a new jacket. ❷ I think it will be cold this winter.
Step 2 첫 번째 질문하기 긍정 반응	요약 롱 패딩 코트가 있나요? YES ❸ I'm wondering… do you have long puffer coats? 질문 ❹ Oh really? 반응 ❺ You have them in different colors? 상대방 말 ❻ That's great. 반응
Step 3 두 번째 질문하기 긍정 반응	요약 얼마인가요? 100달러 ❼ How much are they? 질문 ❽ Oh, only 100 dollars? 상대방 말 ❾ That's amazing. 반응

<table>
<tr><td rowspan="1">Step 4
마무리</td><td>요약 도와주셔서 감사합니다.

⑩ OK, I'm ready to buy one.
⑪ Thanks a lot for your help.</td></tr>
</table>

❶ 안녕하세요, 새로 재킷을 하나 사려고 찾고 있어요. ❷ 이번 겨울은 추울 것 같아서요. ❸ 혹시 롱 패딩 코트 있나요? ❹ 아, 정말요? ❺ 여러 색상으로 나온다고요? ❻ 좋네요. ❼ 가격이 얼마인가요? ❽ 오, 100달러밖에 안 하나요? ❾ 정말 놀랍네요. ⑩ 알겠습니다, 하나 살게요. ⑪ 도와주셔서 감사합니다.

IH ≫ 학생 답변

Hi, excuse me. I'm looking for two T-shirts.
One is for this season and the other one is upcoming season. So, would you recommend me some kinds of T-shirts here?
Yeah, this season. It's kinda cold. Okay. Oh so, you recommend me long sleeve shirts for this season? Yeah okay, it's good, it's good.
And what is the other one? The summer season. Summer is coming. It's going to be hot. Sleeveless shirts, okay. But I'm not sure the sleeveless T-shirts is good for the workplace. Yeah, it's not a formal thing, right? Oh, so, just a normal T-shirts? Yeah, okay. I think so too. I will take it.
So what kind of color do you have for the T-shirts? Blue, black and red? Okay, I think black would be good. So, I will buy long sleeve shirt and, you know, the T-shirts as black.
Okay, thank you for your help.

학생 답변 요약

이번 시즌용과 다음 시즌용 티셔츠 두 벌을 찾고 있어요.
추천 좀 해주세요.
다른 건요?
이 티셔츠는 어떤 색상이 있나요?
도와주셔서 감사합니다.

IH ≫ 전략 답변

<table>
<tr><td>Step 1
간단한 상황 설명</td><td>요약 겨울옷과 봄옷을 한 벌씩 사고 싶어요.

❶ Hi there, I'm looking to purchase something trendy.
❷ I need one item for the current winter and another for the upcoming spring.</td></tr>
<tr><td>Step 2
첫 번째 질문하기
긍정 반응</td><td>요약 추천해 주실 만한 게 있나요? 긴팔 셔츠

❸ I'm wondering… do you have anything you recommend? 질문
❹ Oh, this long-sleeve shirt is your best seller? 상대방 말
❺ Looks great. 반응</td></tr>
</table>

CHAPTER 10　Weather

<table>
<tr><td rowspan="4">Step 3
두 번째 질문하기
긍정 반응</td><td>요약 봄옷은 어떤 걸 추천하시나요? 민소매 티셔츠</td></tr>
<tr><td>❻ What about for spring? 질문</td></tr>
<tr><td>❼ Oh, that sleeveless T-shirt is a limited edition? 상대방 말</td></tr>
<tr><td>❽ Perfect, that's exactly what I was looking for. 반응</td></tr>
<tr><td rowspan="5">Step 4
세 번째 질문하기
긍정 반응</td><td>요약 삼성페이 결제되나요? YES</td></tr>
<tr><td>❾ Do you accept Samsung Pay? 질문</td></tr>
<tr><td>❿ Oh yeah? 반응</td></tr>
<tr><td>⓫ You accept everything? 상대방 말</td></tr>
<tr><td>⓬ Great. 반응</td></tr>
<tr><td rowspan="3">Step 5
마무리</td><td>요약 둘 다 살게요.</td></tr>
<tr><td>⓭ I'll take both, please.</td></tr>
<tr><td>⓮ Thanks so much for your help!</td></tr>
</table>

❶ 안녕하세요, 트렌디한 것을 사고 싶어요. ❷ 이번 겨울용으로 하나, 그리고 다가오는 봄용으로 또 하나 필요합니다. ❸ 혹시 추천해 주실 만한 게 있나요? ❹ 아, 이 긴팔 셔츠가 베스트셀러라고요? ❺ 멋지네요. ❻ 봄용은 어떤 게 있을까요? ❼ 아, 저 민소매 티셔츠가 한정판이라고요? ❽ 완벽하네요, 딱 제가 찾던 거예요. ❾ 삼성페이 결제되나요? ❿ 아, 그래요? ⓫ 모든 결제 다 받으신다고요? ⓬ 좋네요. ⓭ 두 개 다 살게요. ⓮ 도와주셔서 정말 감사합니다!

 ❷ I need one item for the current winter and another for the **upcoming** spring.

upcoming은 '다가오는, 곧 있을'이라는 뜻이에요.

ex I'm excited about the **upcoming** trip.
저는 다가오는 여행이 기대돼요.

오픽 필수 영어 표현

(IM) ❸ puffer coat 패딩 코트
(IH) ❶ trendy 유행하는, 최신의 ❷ upcoming 다가오는 ❹ long-sleeve shirt 긴팔 셔츠 ❼ sleeveless T-shirt 민소매 티셔츠 ❼ limited edition 한정판

RP12 롤플레이

QUESTION

I'm sorry, but there's a problem I need you to resolve. You were planning a picnic today, but it has started raining heavily. Call your friend, explain the situation, and suggest two or three other things you could do instead.

죄송하지만 당신이 해결해야 할 문제가 있습니다. 오늘 소풍을 계획했는데, 갑자기 비가 많이 오기 시작했습니다. 친구에게 전화해서 상황을 설명하고, 대신 할 수 있는 두세 가지 다른 활동을 제안해 보세요.

IM ▶ 학생 답변

Hi. Actually, it rained and raining outside.
So can we change our appointment another day? But, so, you know, we don't like rainy. So we don't want to wet, you know?
So what about the another day or we can go to some shop, like a department or center, you know?

학생 답변 요약

밖에 비가 많이 오고 있어.
다른 날로 바꿀까?
아니면 실내인 백화점 같은 곳은 어때?

IM ▶ 전략 답변

Step 1 간단한 상황 설명	요약 비가 너무 많이 오니까 소풍 가지 말자. ❶ Hey Jasmine, it's pouring. ❷ And so, I'm not sure if a picnic is a good idea.
Step 2 첫 번째 제안하기 부정 반응	요약 다음 주말은 어때? NO ❸ I'm wondering… how about next weekend instead? 제안 ❹ Oh, no? 상대방 말 ❺ You already have plans with your family? 상대방 말 ❻ Alright, I understand. 반응
Step 3 두 번째 제안하기 긍정 반응	요약 영화 보러 가는 건 어때? YES ❼ Then how about we just go to the movies today? 제안 ❽ Yeah? 반응 ❾ You like that idea? 상대방 말 ❿ Great! 반응

<table>
<tr><td>Step 4
마무리</td><td>[요약] 오늘 저녁에 보자

⓫ I'll send you the movie tickets, my treat!
⓬ See you this evening.</td></tr>
</table>

❶ 재스민, 지금 비가 너무 많이 쏟아져. ❷ 그래서 오늘 소풍 가는 건 좋은 생각이 아닌 것 같아. ❸ 혹시 다음 주말은 어때? ❹ 아, 안 된다고? ❺ 이미 가족이랑 약속이 있다고? ❻ 알겠어, 이해해. ❼ 그럼 오늘 그냥 영화 보러 가는 건 어때? ❽ 그래? ❾ 좋은 생각인 것 같아? ❿ 좋아! ⓫ 내가 영화표 보낼게, 내가 사는 거야! ⓬ 오늘 저녁에 보자.

[핵심 표현] ⓫ I'll send you the movie tickets, **my treat**!

my treat는 '내가 살게, 내가 낼게'라는 뜻이에요.

[ex] Let's grab coffee. **My treat**.
커피 마시자. 내가 낼게.

학생 답변

> Hi, David, I'm Jay. Yeah, where are you right now? I'm okay. So I, I guess, it will take more to 30 minutes, right? Yeah, I think so, okay. I'm at a park right now, but I think it's raining. Yeah, it just started raining. So, I think we need to change our plan. We need to go inside. Yeah, okay, so, while you are coming here, I'm going to search about the café we can go into. Yeah.
> Oh, you didn't have lunch yet? I got it. So, I'm going to search about the restaurant. So, we can have lunch first and after that, at the restaurant, we can search about the café or other plans we can go. Yeah, okay, sure. Okay, so, see you then.
> I will… yeah, but it's raining right now. So, I will be something, I will be somewhere, I can avoid the rain. Okay, just call me then, I will get there.
>
> **학생 답변 요약**
> 비가 오기 시작해서 실내로 들어가야 할 것 같아.
> 점심 아직 안 먹었지?
> 이따가 보자.

전략 답변

<table>
<tr><td>Step 1
간단한 상황 설명</td><td>[요약] 비가 너무 많이 와.

❶ Hi David, it's Jay.
❷ Where are you right now?
❸ Oh, you just got on the subway?
❹ OK, so about 30 more minutes then.
❺ Alright, well, it's starting to rain quite a bit right now.</td></tr>
</table>

<table>
<tr>
<td>Step 2
첫 번째 제안하기
부정 반응</td>
<td>[요약] 소풍 대신 카페 가는 게 어때? NO

❻ I was wondering… instead of having a picnic, how about we just hang out at a café? [제안]
❼ Oh, you haven't had lunch yet? [상대방 말]
❽ Yeah, I guess a café's not the best idea then. [반응]</td>
</tr>
<tr>
<td>Step 3
두 번째 제안하기
긍정 반응</td>
<td>[요약] 맥도날드에 먼저 갈래? YES

❾ Then what about going to McDonald's first? [제안]
❿ We can head to a café afterwards.
⓫ Yeah? [반응]
⓬ You like that idea? [상대방 말]
⓭ Perfect. [반응]</td>
</tr>
<tr>
<td>Step 4
마무리</td>
<td>[요약] 곧 보자.

⓮ See you soon.
⓯ I'll get there a little earlier than you.</td>
</tr>
</table>

❶ 안녕 데이비드, 나 제이야. ❷ 너 지금 어디야? ❸ 아, 이제 막 지하철 탔어? ❹ 알겠어, 그럼 한 30분 정도 더 걸리겠네. ❺ 음, 지금 비가 꽤 많이 오기 시작했어. ❻ 그래서 생각해 봤는데… 소풍 대신 그냥 카페에서 시간 보내는 게 어때? ❼ 아, 너 아직 점심 안 먹었다고? ❽ 그렇구나. 그럼 카페는 좋은 아이디어가 아닐 수도 있겠다. ❾ 그러면 먼저 맥도날드 가는 건 어때? ❿ 그러고 나서 카페에 가도 되고. ⓫ 그래? ⓬ 괜찮은 것 같다고? ⓭ 완벽하네. ⓮ 곧 보자. ⓯ 내가 너보다 조금 일찍 도착할 거야.

(핵심 표현) ❹ **OK, so about 30 more minutes then.**

여기서는 It will take about 30 more minutes then. 이 완전한 문장이에요. 하지만 원어민은 일상 대화에서 이렇게 주어와 동사를 생략해서 쓰기도 해요.

[ex] **A:** How much longer do we have to wait? 얼마나 더 기다려야 해?
B: About 10 minutes left. 10분 정도 남았어.

A: Hey, where are you? 야, 너 어디야?
B: Almost there. 거의 다 왔어.

QUESTION

That's the end of the situation. Have you ever had any trouble due to unexpected weather? What happened? Who were you with? How did you deal with that situation? Tell me everything that happened due to the unexpected weather.

이것으로 상황 종료입니다. 예상치 못한 날씨 때문에 곤란했던 적이 있나요? 그때 무슨 일이 있었나요? 누구와 함께 있었나요? 그 상황을 어떻게 해결했나요? 그 예상치 못한 날씨 때문에 어떤 일이 일어났는지 모두 이야기해 주세요.

IM ≫ 학생 답변

Whether I was in London, I didn't carry an umbrella. Because actually, I didn't know that weather is very strange. So, at that time, I thought, "That's okay, just I can buy some umbrella till if it is, if it raining."
So, and then, I went to London, every single day rainy, stop, rainy, stop. So, I didn't have any choice. So, I bought some umbrella. But you know what? I forget it. That means I lost that umbrella.

학생 답변 요약

런던에 갔을 때 우산을 안 챙겨 갔다. 날씨가 이상한 줄 몰랐다. 비가 오면 그냥 사면 된다고 생각했다. 그런데 매일 비가 오다 말다 해서 결국 우산을 샀다. 하지만 결국 그 우산을 잃어버렸다.

Step 1 MP 말하기	요약 런던에서 우산을 잃어버린 적이 있다. 비가 많이 와서 짜증 났다. ❶ To keep it short, I once lost my umbrella in London. ❷ It was so annoying because it rained a lot that day.
Step 2 MP 관련 예시 말하기	요약 비가 갑자기 많이 와서 우산을 샀는데 버스에 두고 내려 또 사야 해서 짜증 났다. ❸ To be honest, I had to buy an umbrella because the rain was unexpected. ❹ And wow, it was really pouring that day. ❺ But when I got off the bus, I must've left my umbrella behind. ❻ It was really frustrating because I had to buy another one!
Step 3 MP와 연결하며 마무리	요약 그래서 그게 내가 겪은 예상치 못한 날씨 경험이다. ❼ So yeah, that was my unexpected weather experience.

❶ 간단히 말하면, 런던에서 우산을 잃어버린 적이 있어요. ❷ 정말 짜증 났어요. 그날 비가 많이 왔거든요. ❸ 사실 비가 예고 없이 와서 우산을 사야 했어요. ❹ 그리고 정말 비가 억수같이 쏟아졌죠. ❺ 그런데 버스에서 내릴 때 우산을 두고 내린 것 같더라고요. ❻ 또 사야 해서 정말 짜증 났어요! ❼ 그래서 네, 그게 바로 제가 겪은 예상치 못한 날씨 경험이었습니다.

핵심 표현 ❺ But when I got off the bus, I **must've left** my umbrella behind.

「must have + p.p.」는 '~했음이 틀림없다'라는 뜻으로 과거에 대한 강한 추측을 나타내요.

ex They **must've left** already.
그들은 이미 떠난 것이 틀림없어요.

 학생 답변

Yeah, of course I have. Me and my girlfriend went on a picnic to Han River Park. And suddenly it started raining.
So we needed to change our our plan. But the thing is, we already ordered some delivery food to a park. So, we needed to wait for the food. Yeah, so, it was really, embarrassed.
Okay, but you know what? Here in Korea, at a park, there are a lot of, you know, huge… parasol, umbrella? I'm not sure what can I call that. But, also, at that moment, there were huge umbrellas to, you know, make a shade from the strong sunshine or, you know, avoid the rain for the citizen. It's a good thing.
So, we could wait our delivery food right under the huge umbrella at the park. So, fortunately, we didn't get wet. So yeah, it was quite embarrassed moment, but fortunately, we didn't got cold.

학생 답변 요약

여자 친구와 한강공원에 소풍 갔는데 갑자기 비가 왔다.
이미 배달 음식을 시켜서 기다려야 했고, 좀 당황스러웠다.
다행히 공원에 큰 파라솔이 있어서 비를 피할 수 있었다.
그래서 젖지 않았고 감기도 걸리지 않았다.

Step 1 MP 말하기	**요약** 한강공원에서 여자 친구와 피크닉을 했다. 갑자기 비가 와서 짜증 났다. ❶ To keep it short, I certainly have! ❷ My girlfriend and I once went on a picnic at Han River Park in Korea. ❸ And out of nowhere, it started to rain. ❹ It was pretty annoying.
Step 2 MP와 다른 예시 말하기	**요약** 비가 오기 전까지는 사진도 찍고 대화도 하며 완벽한 시간을 보냈다. ❺ Now, before the rain, everything was going perfectly. ❻ For example, we took a lot of pictures together. ❼ We also had some deep, meaningful conversations.
Step 3 MP로 돌아와 관련 예시 말하기	**요약** 비 때문에 망칠 뻔했지만, 큰 파라솔 덕분에 젖지 않을 수 있었다. ❽ But when the rain started, it almost ruined the whole thing. ❾ Thankfully, the park had large parasols scattered around. ❿ And so, we quickly found an empty table and opened the umbrella, saving ourselves from getting drenched.
Step 4 MP와 연결하며 마무리	**요약** 짜증 났지만, 결국 파라솔 덕분에 데이트를 할 수 있었다. ⓫ So yeah, it was still a little annoying, but in the end, the parasols saved our date!

❶ 간단히 말해서, 네, 당연히 그런 경험이 있습니다. ❷ 여자 친구와 한국의 한강공원에 소풍을 간 적이 있어요. ❸ 그런데 갑자기 비가 오기 시작했죠. ❹ 꽤 짜증 났습니다. ❺ 그런데 비가 오기 전까지는 모든 게 완벽했어요. ❻ 예를 들어, 같이 사진을 많이 찍었죠. ❼ 또 깊고 의미 있는 대화도 나눴습니다. ❽ 하지만 비가 오기 시작하면서 거의 모든 걸 망칠 뻔했어요. ❾ 그래도 다행히 공원 곳곳에 큰 파라솔들이 있었어요. ❿ 그래서 저희는 얼른 빈 테이블을 찾아 파라솔을 펴고, 비에 흠뻑 젖는 걸 피할 수 있었습니다. ⓫ 그래서 네, 여전히 조금은 짜증 났지만, 결국 파라솔 덕분에 데이트를 잘 즐길 수 있었어요!

❸ And **out of nowhere**, it started to rain.

out of nowhere는 '갑자기, 불쑥'이라는 뜻이에요.

ex He showed up **out of nowhere**.
그는 갑자기 나타났어요.

❾ Thankfully, the park had large parasols **scattered around**.

scattered around는 '여기저기 흩어져 있는'이라는 뜻이에요.

ex Chairs were **scattered around** the hall.
홀 안에 의자들이 여기저기 흩어져 있었어요.

(IM) **❸** unexpected 예상치 못한, 뜻밖의 **❺** leave ~ behind ~을 두고 내리다, 두고 오다 **❺** must've left (분명히/틀림없이) 두고 온 것 같다

(IH) **❸** out of nowhere 갑자기, 느닷없이 **❼** deep, meaningful conversations 깊고 의미 있는 대화 **❽** ruin 망치다 **❾** scattered around 여기저기에 흩어져 있는, 군데군데 있는 **❿** get drenched 흠뻑 젖다

QUESTION

ch10-8.mp3

Different countries have very different types of weather. Can you tell me about a country that has weather that's really different from your country's? What kinds of things would be fun or difficult for someone living there?

나라별로 날씨는 매우 다를 수 있습니다. 당신의 나라와는 정말 다른 날씨를 가진 나라에 대해 이야기해 주실 수 있나요? 그곳에 산다면 어떤 점이 재미있거나, 힘들까요?

IH 〉 학생 답변

I studied abroad in the Philippines for, 2 semesters, I mean, a year. And the Philippine's weather is really different from my country, Korea.
Because it has, I mean, the Philippines has a rainy season for 6 months. And for the 6 months it's really pouring the rain.
It's really strong.
But my country have, my country also have the rainy season, but it's only 2 weeks. It's even less than a month.
But, you know, Philippine's rainy season is really crazy. And the thing is, you know, the drain system of the Philippines is not good. So, whenever it rains, it's always flooded every time. So, it was really terrible. I couldn't go somewhere during the rainy season because my pair of shoes were wet and the buses were all stopped, you know, the classes were also canceled because of the rain. Because it was way too strong.
So, yes, the rainy season is really different between the Philippines and my country, Korea.

학생 답변 요약

필리핀에서 1년간 교환학생을 했는데, 한국과 날씨가 많이 달랐다.
필리핀은 장마가 6개월 동안 이어지고 비가 정말 많이 온다.
반면 한국은 보통 2주 정도만 장마가 있다.
특히 필리핀은 배수 시설이 안 좋아서 비만 오면 항상 침수가 됐다.
그래서 신발이 젖고, 버스가 멈추고, 수업도 취소되는 등 불편이 많았다.
한국과 장마가 크게 다르다고 느꼈다.

전략 답변

Step 1 MP 말하기 (A, B)	[요약] 필리핀과 한국의 날씨는 특히 비에서 차이가 크다. ❶ To keep it short, weather in Korea is very different from the Philippines, especially when it comes to rain.
Step 2 A를 자세히 설명	[요약] 필리핀에서 1년 유학하며 전례 없는 비를 경험했다. 장마철엔 거의 반년 내내 비가 오고, 홍수로 버스 노선이 끊기고 학교도 문을 닫았다. ❷ When I studied abroad in the Philippines for about a year, I experienced rain like I'd never seen before. ❸ During the rainy season, it felt like it never stopped. ❹ Sometimes, it seemed like it rained for half the year! ❺ And the rain was so heavy that many areas ended up flooding. ❻ Bus routes were canceled, schools closed… ❼ It was absolutely insane.
Step 3 B를 자세히 설명	[요약] 한국은 비가 큰 문제가 되지 않는다. 장마가 길어야 2주이고, 비 때문에 학교가 쉬는 일은 없다. ❽ But in Korea, rain is never such a big problem. ❾ We also have a rainy season, but it lasts maybe two weeks at the most. ❿ And schools definitely never close because of rain.
Step 4 MP와 연결하며 마무리	[요약] 그래서 두 나라의 날씨는 확연히 다르다. ⓫ So yeah, the weather is very different between the two countries.

❶ 간단히 말해서, 한국의 날씨는 필리핀과 많이 달라요, 특히 비와 관련해서요. ❷ 제가 필리핀에서 1년 정도 유학했을 때, 전에 본 적 없는 비를 경험했어요. ❸ 우기 동안에는 비가 영원히 그치지 않는 느낌이었어요. ❹ 때로는 반년 내내 비가 오는 것 같기도 했어요! ❺ 그리고 비가 너무 많이 와서 많은 지역이 결국 침수되곤 했어요. ❻ 버스 노선이 취소되고, 학교도 문을 닫았어요… ❼ 정말 말도 안 되는 상황이었죠. ❽ 하지만 한국에서는 비가 그렇게 큰 문제가 되지 않습니다. ❾ 한국에도 장마철이 있긴 하지만, 길어야 2주 정도만 지속돼요. ❿ 그래서 한국에서는 비 때문에 학교가 쉬는 일은 절대 없습니다. ⓫ 그래서 네, 두 나라의 날씨는 정말 많이 다릅니다.

핵심 표현 ❷ When I studied abroad in the Philippines for about a year, I experienced rain **like I'd never seen before.**

like I'd never seen before는 '전에 본 적 없는 것처럼'이라는 뜻으로 강렬한 경험을 표현할 때 자주 쓰여요.

[ex] It was a feeling **like I'd never felt before.**
그것은 전에 느껴본 적 없는 감정이었어요.

CHAPTER 10
Weather

오픽 필수 영어 표현

(IH) ❶ when it comes to ~에 관한 한 ❺ flooding 홍수, 침수 ❼ insane 말도 안 되는

QUESTION

ch10-9.mp3

These days, there's been a lot of news about extreme weather events, like heatwaves or heavy rain. What kinds of stories have you seen or heard about lately? How do you usually respond when you hear about these kinds of weather-related events?

요즘에는 폭염이나 폭우 같은 극한의 날씨 현상에 관한 뉴스가 많이 있습니다. 최근에 보거나 들은 이야기는 어떤 것이 있나요? 이런 날씨 관련 소식을 들으면 보통 어떻게 반응하나요?

IH ▷ 학생 답변

Recently I heard about the news, and the news said, like, the raining season will be started very soon from next week.
I disliked it because I really hate raining season.
Because I don't want to get wet outside from the rain. Yeah, of course it's okay when I'm inside, like, café or restaurant and home, it's okay. I don't care about rain. But if I need to go outside to hang out with my friends or to meet my parents, I really, you know, hate raining. Because if it rains strongly, the umbrella is no use, yeah. I always get wet from the rain, my shoes, my pants and my shirts.
So, that's the main reason, I really hate rainy season.
Yeah, so, the news said the rainy season will be started very soon. So, I have to make a plan that I can stay inside at home or café.

학생 답변 요약

다음 주부터 장마가 시작된다는 뉴스를 들었는데, 나는 장마를 정말 싫어한다.
실내에 있을 때는 상관없지만, 비를 맞는 게 너무 싫다. 특히 밖에 나가야 할 때는 우산도 소용이 없어서 신발, 바지, 셔츠가 다 젖는다. 그래서 장마철이 싫다.
뉴스에서 곧 장마가 시작한다는데, 집이나 카페에 머무를 수 있는 계획을 세워야겠다고 생각했다.

IH ▷ 전략 답변

Step 1 MP 말하기	**요약** 요즘 유튜브 뉴스에 비 소식이 많이 나온다. 폭우로 출근길이 특히 힘들다. ❶ To keep it short, in Korea, it's all over YouTube news clips these days. ❷ We've been having heavy rain, and it's been especially frustrating for commuters.

<table>
<tr><td>Step 2
MP와 다른 예시 말하기</td><td>요약 한국 사람들은 이런 날씨에 익숙하지 않다. 보통 여름은 덥고 습하며 비가 조금 오고, 겨울은 잠깐 춥다.

❸ Now, the videos mention how Koreans aren't used to such extreme weather.
❹ For example, typical summer weather here is hot and humid with mild rain.
❺ And in the winter, it does get cold but only for a short time.</td></tr>
<tr><td>Step 3
MP로 돌아와
관련 예시 말하기</td><td>요약 한국은 여름 장마철에 2주 정도만 비가 오는데, 올해는 3주 넘게 계속 비가 와서 교통이 크게 막혔다.

❻ But when it comes to rain throughout the year, we usually have one monsoon season in the summer.
❼ It does rain a lot during that period, but it lasts a maximum of about two weeks.
❽ And so, we're well prepared for that specific time.
❾ But this year, it's been raining for almost three weeks straight, and it's really taking a toll on commuters.
❿ Traffic has been extremely heavy because of the constant downpour.</td></tr>
<tr><td>Step 4
MP와 연결하며 마무리</td><td>요약 이게 요즘 뉴스 영상에서 다루는 내용이다.

⓫ So yeah, that's what the news clips have been showing lately.</td></tr>
</table>

❶ 간단히 말해서, 요즘 한국에서는 유튜브 뉴스 영상마다 이 이야기가 나오고 있어요. ❷ 최근에 폭우가 이어지고 있는데, 특히 출퇴근하는 사람들에게 큰 불편을 주고 있어요. ❸ 그런데, 영상에서는 한국 사람들이 이런 심한 날씨에 익숙하지 않다고 말해요. ❹ 예를 들어, 한국의 일반적인 여름 날씨는 덥고 습하며 가벼운 비가 오는 정도예요. ❺ 겨울에는 춥긴 하지만 기간이 짧죠. ❻ 1년 중 비와 관련해서는 보통 여름에 장마철이 한 번 있습니다. ❼ 그 시기에는 비가 많이 오긴 하지만 길어야 2주 정도 지속돼요. ❽ 그래서 우리는 그 기간에 맞춰 대비를 잘해둡니다. ❾ 그런데 올해는 거의 3주 동안 계속 비가 오고 있어서 출퇴근하는 사람들에게 큰 피해를 주고 있어요. ❿ 끊임없는 폭우 때문에 교통 체증도 심각해요. ⓫ 그래서 네, 이게 바로 요즘 뉴스 영상에서 다루는 내용입니다.

핵심 표현 ❶ To keep it short, in Korea, it's **all over** YouTube news clips these days.

all over는 '온통, 어디서나'라는 뜻이에요.

ex His face was **all over** the internet.
그의 얼굴은 인터넷에 온통 퍼졌어요.

❾ But this year, it's been raining for almost three weeks **straight**, and it's really taking a toll on commuters.

straight는 '쭉 계속해서'라는 뜻이에요.

ex He worked for 12 hours **straight**.
그는 12시간 내내 일했어요.

오픽 필수 영어 표현

 ❷ commuter 통근자, 출퇴근하는 사람 ❸ be used to ~에 익숙하다 ❹ mild rain 가벼운 비, 약한 비 ❻ throughout the year 일 년 내내, 연중 내내 ❻ monsoon season 장마철 ❾ take a toll on ~에 큰 피해[타격]를 주다 ❿ downpour 폭우